JN094644

考古地域学を学ぶ

——戸沢充則の考古学

はじめに

戸沢充則という考古学者がいた。

戦後第一世代の考古学者として、先土器時代（旧石器時代）研究を牽引し、縄文時代研究でも数多くの業績を残した。その一方で、各地で市民参加の発掘を実践し、開発事業者とも粘り強く交渉しながら、多くの遺跡の保存を実現してきた。また、二〇〇〇年に発覚した旧石器ねつ造事件では、日本考古学協会の前・中期旧石器問題調査研究特別委員会の委員長として事件の解明に貢献した。

本書は、その学問と研究姿勢が、今日の考古学に重要な示唆を与えてくれると考え、エッセンスを取り出し解説するものである。

今日の考古学は、放射性炭素年代測定、炭素・窒素同位体分析、レプリカ法、ＤＮＡ分析などといった自然科学的分析が注目され、新たな発見が話題になっているが、そうした個別・細分化された研究にとらわれて、たとえば縄文土器をつくった人びとの生活や彼ら・彼女らがつくり出した歴史の実態に迫ろうとする研究がおろそかにされてはいないだろうか。

戸沢は、早い時期から学際的研究の視点から自然科学の研究に注目し、そうした分析の成果をも取り入れながら、対象とした地域の歴史叙述を目指した。たとえば縄文時代の千葉県の東京湾岸地域では、漁撈生活を基礎とした地域独自の文化を明らかにして「貝塚文化」を提唱し、八ヶ岳山麓の遺跡研究から縄文時代における中部高地の特色ある「井戸尻文化」を提示したことなどがそれである。

そうした研究の全体を「考古地域史論」と呼んでいたが、これこそ今日、学ぶべきことの核心ととらえ、「考古地域史の学問」という意味で、本書の書名を『考古地域学を学ぶ』とした。

戸沢は二〇一二年四月九日に、この世を去った。今年は没後一〇年、くしくも生誕九〇年にあたる。

その晩年、故郷の岡谷でみずからの考古学を振り返るとともに、時々の仲間と語り合い、研究し合う場として、著名な海戸遺跡の近くに「海戸塾」を設けた。しかし、数年を経たずに病に倒れ亡くなってしまったことから、教え子らが「海戸塾」に集まり、その学問を継承するための本を企画した。そこから本書の編者名を「海戸塾」とした次第である。戸沢の論文・論考・エッセイ・書評などは六六〇本におよぶが、それを三部・八章構成で本書をまとめた。

第Ⅰ部「考古学研究」では、研究の内容を、先土器時代研究、縄文時代研究、学際的研究の三方面から解説した。いずれも研究の視点と方法論に注目し、考古学を学び研究していこうとする人たちの参考になるように配慮した。第Ⅱ部「学問を育むもの」では、そうした研究は一人の優秀な研究者がつくり出したものではなく、諏訪という地域にあって、その歴史、とりわけ名もない人びとの歴史を明らかにしていこうとする先人たちによって育まれたことを明らかにした。第Ⅲ部「社会への責任」では、遺跡の保存活動と教科書問題、そして「旧石器ねつ造事件」を取り上げた。戦前・戦中の皇国史観の下で、その歴史観には触れずに、個別実証的な研究に埋没してきた考古学のあり方に危機感をもっていた戸沢は、その基礎となる遺跡の保存、神話教育の復活につながる「縄文文明」といった誤った教科書の記述、そして前期旧石器ねつ造問題の解決などに積極的に関わり、考古学者として発言・活動してきた。

これだけでは、戸沢考古学の全体像を語りつくしているとはいえないかもしれない。後は読者のみなさんの考えをまつばかりだが、本書が、考古学を学ぶ人びとや文化財に関わる仕事に就く人びとの参考になり、少しでも考古学という学問の世界に魅力を感じていただければ、望外の幸せである。

目次

I 考古学研究

第1章　先土器時代研究

大竹憲昭

1　戦後第一世代の考古ボーイ

戸沢充則は、一九三二年（昭和七）一〇月一九日、長野県岡谷市に生まれた。一九三二年といえば、前年の満州事変、三七年（昭和一二）からの日中全面戦争、四一年（昭和一六）からのアジア太平洋戦争と戦争が続く。戦時下に育った戸沢は、皇国の歴史を信じる純真な少国民であった。

一九四五年、戸沢が諏訪中学（旧制）に入学した年の八月一五日に敗戦。夏休み明けの新学期の教室では、軍国主義と皇国史観に彩られた教科書の墨塗りから授業がはじまった。そして、教師に学校の裏山に連れ出され、そこで縄文土器を拾ったことが、戦後第一世代の考古ボーイの多くが体験した考古学との出会いとなる。

一九四六年一一月三日、日本国憲法が発布された。日本は「万世一系ノ天皇之ヲ統治ス」る君主国家から、「主権が国民に存する」民主国家となった。そして、墨塗りにされた「国史」教科書に代わって、同年八月に小学校用『くにのあゆみ』、一〇月に中学校用『日本の歴史』、一二月に師範学校用『日本歴史』があいついで編纂された。日本歴史の第一ページが建国神話に代わって、石器時代から書き起こされたのである。『日本の歴史』と『日本歴史』ともに、ヨーロッパ考古学の時代区分である石器時代、青銅器時代、鉄器時代の三時期区分と、さらに石器時代が新旧の二時期に分かれることを紹介しながら、日本では旧石器時代の人類の居住の痕跡が認められず、新石器時代からはじまるということと、その新石器時代の文化が「縄文式文化」であると記述された。まさに戸沢が土器を拾った中学校の裏山の小世界が、歴史教科書にも登場したのである。

敗戦という厳しい状況のなかではあるが、新しい民主主義の息吹を感じさせる考古学と出会ってからの戸沢は、単独で遺跡歩きをしたり、地歴部の仲間と発掘をしたりと、学業はそっちのけで、遺跡調査に夢中になる。そんな折に藤森栄一に邂逅した戸沢は、土器の分類など考古学の基礎から報告書の書き方まで、親身でかつ徹底した指導を受ける。その藤森の指導を受けた諏訪中学から諏訪清陵高校の時代に、戸沢は、諏訪湖底の「曽根遺跡研究」や縄文土器の編年研究などで天賦の才能を発揮したことは第2章でふれられる。

高校を卒業すると、藤森私設の諏訪考古学研究所に潜り込み、ここで地域研究者として生きよ

う と考える。そして、戦地でのマラリアが原因で病の身であった藤森に代わって、いまは岡谷市に編入されている川岸村の村誌編纂のためのフィールド調査を夏から秋におこない、一九五二年一月に原稿を完成させている。この『川岸村誌』「第二編　先史原史時代」は、全五章一一六ページからなり、考古資料にもとづいて地域の歴史を叙述したものとして、この時期の市町村史では一頭地を抜くものであった。しかも、これが一九歳の少年の手でなされたということに、まず驚かされる。

ところで、藤森によれば、『川岸村誌』の仕事は、戸沢を「自分のように堕落した学者の弟子として終わらせてはならない」と考え、「かれの研究所の最後の仕事として命じ」、戸沢の「東都遊学の価値判断がかかった」、いわば卒業検定として課したと述懐している（藤森 一九七〇）。卒業の検定試験に「合格」云々は別として、戸沢の明治大学の入学に際しては、藤森が入試の締め切りの直前になって杉原荘介に電話をして手続きを確かめ、ほとんど滑り込み状態で志願の期限に間に合わせただけでなく、『川岸村誌』の原稿料が入学資金として役立てられたという（戸沢 二〇〇三a）。

2 出発点——茶臼山遺跡と八島遺跡

茶臼山遺跡の発掘

一九五二年四月、戸沢は明治大学に入学する。一九四九年四月に私大で最初の考古学講座が開設されたばかりで、新興の気概がみなぎる明大考古学研究室では、静岡県静岡市の登呂遺跡や群馬県みどり市の岩宿遺跡、神奈川県横須賀市の夏島貝塚など、戦後の考古学史をきざむ発掘で大きな成果をあげていた。とくに一九四六年に相沢忠洋によって発見され、四九年九月に正式な発掘調査を実施した岩宿遺跡では、当時最古の縄文土器とされていた撚糸系土器の下層、更新世の関東ローム層中から石器群を発見した。調査担当者である杉原らは、縄文時代に先行するヨーロッパの時代区分でいう旧石器時代の遺跡と確信したが[1]、当時の学界では、それを否定する意見の方が強かった。一九五一年七月には、東京都板橋区の茂呂遺跡でも関東ローム層中から、後に茂呂型ナイフ形石器とよばれる石器群が発見され、いよいよ関東地方以外での旧石器（先土器）遺跡の発見が待望されていた。

その待望の発見が、戸沢が明治大学に入学した一九五二年の一〇月に、諏訪考古学研究所の仲間であった松沢亜生によってもたらされた。長野県諏訪市の手長丘丘陵の一角の茶臼山で、市営住宅団地の造成中に削平をまぬがれていた信州ローム層中から多量の石器群が採集されたのである。戸沢は、藤森栄一や松沢らと同年一一月に調査をおこない、関東地方以外の地域でははじめてとなる先土器時代の遺跡の存在を確認したのである。しかも、茶臼山遺跡では、黒曜石の原産地に近いこともあって、それまで関東地方で発見されていた一遺跡で数十点というわずかな量の石器群の出土にくらべて、約八〇〇点という当時としては多量な石器群を発見しただけでなく、ナイフ形石器や刃器、掻器、局部磨製石器、石核、石片など質的にも優れたものであった[2]（図1―1）。

このように関東地方以外ではじめての先土器時代の遺跡の発見となった茶臼山遺跡ではあったが、従来までの遺跡とはちがって、豊富に出土した石器群の評価をめぐり強い批判を受けた。それは最初の先土器時代編年とされる杉原荘介と芹沢長介の編年観にあった。杉原は岩宿文化Ⅰ（握斧・剝片石器文化）・Ⅱ文化（剝片石器文化）→茂呂文化（ナイフ状刃器＝ナイフ形石器）→上ノ平文化（尖頭器）→縄文文化と整理し（杉原 一九五三）、剝片石器文化の刃器とナイフ状刃器を区分した。芹沢もHand axe→Blade→Knife blade→切出形石器→Pointと石器の変遷を整理した（芹沢 一九五四）。そうした標準石器の編年に対して、茶臼山遺跡ではknife blade（ナイフ形石器）とblade（刃器）が一緒に出土したことから、層位的な認識に疑問が投げかけられた。とくに、当時、新石器時代の石器とされた磨製石器（局部磨製石器）がともなったことは、多くの考古学者から常識では考えられないとの批判を受けた。

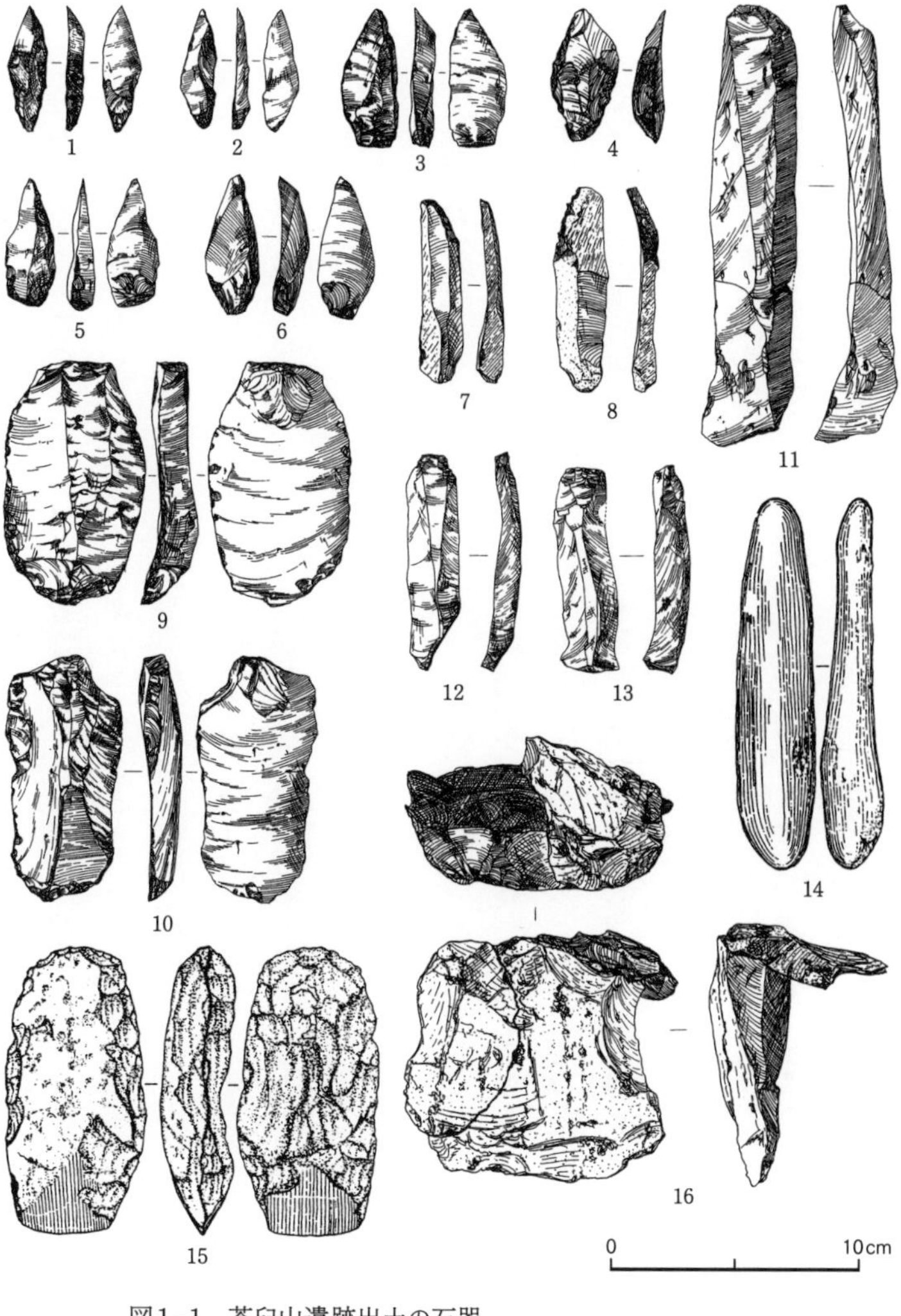

図1-1　茶臼山遺跡出土の石器

1〜8 ナイフ形石器、9・10 掻器、11〜13 剝片（刃器）、14 棒状石器、15 局部磨製石器、16 接合資料そうした批判に対して、戸沢は、茶臼山遺跡から出土した資料を全体として総合的に把握し、それを先土器時代研究の基礎資料とすることができないかを模索したのである。その試みとして、多量の石器や石片から石器製作の工程を復原することで、一見多様な特徴を示す剝片が一連の剝片剝離作業によってつくり出されたばかりか、それら剝片を素材として、ナイフ形石器がつくられたことを明らかにした。つまり茶臼山遺跡では、ナイフ形石器や刃器を含む剝片は、石核などそのほかの石器も含めて、分離することができない単一の石器群であるという見通しをもつことができたのである。

八島遺跡の発掘

一九五五年八月、戸沢は、松沢ら明大の学部生の仲間と長野県諏訪市の八島遺跡を発掘する。八島遺跡は、ポイント（尖頭器、狭義の槍先形尖頭器）を主体とする遺跡であった。出土したポイントは、片面・半両面・両面という三種類の加工技術をもち、それらが同一の層位から出土したのである。当時、ポイントは、古い順に片面加工、半両面加工、両面加工という発展段階を示すと考えられていた。それは前述した芹沢の石器編年に代表されるように、遺跡から出土したすべての石器群を対象とせずに、一部の石器だけを取り上げて、それを標準的な材料として編年が組み立てられていた。そのために、ポイントも片面加工、半両面加工、両面加工という三種類に標準的な役割を与え、それが技術面からみて段階的に発展したものと考えたのである。そうした当時の石器編年観によれば、八島遺跡のポイントは、出土層位のとらえ方に問題があって、三つの段階（時期）に分けられることになる。

しかし、戸沢は、八島遺跡で同一の層位から出土したという事実をもとに、それらの石器群の全体を石器研究のための最小の単位としての「インダストリー」[3]ととらえて、片面・半両面・両面加工の全体をポイントの発展段階の一様相、つまり一時期のものと把握したのである。とくに八島遺跡では、黒曜石の原産地からわずか一キロと至近にあることから、黒曜石の大小さまざまな角礫を素材として、ポイントを主体とした多様な形態の石器をつくり出してはいるが、調整加工技術の未熟さから画然とした形態につくり分けられないところに、八島インダストリーの古さを読みとろうとした。

そして、従来、発展段階のちがいと認識されていた片面加工と両面加工のポイントについて、一つのインダストリーにおける機能差をもった二つの形態的なバラエティーと考えた。また、半両面加工のポイントは、それが素材の制約と技術の未発達に由来するとして、「一つの古い様相をもつ槍である」と解釈したのである。その報告書「長野県八島における石器群の研究」（戸沢一九五八）の副題には、ズバリ「古い様相をもつポイントのインダストリー」とつけたところに、当時の標準石器の編年に対する新たな石器群の認識を示そうとした戸沢の気概がうかがえる。

戸沢の先土器時代研究の出発点には、岩宿遺跡の発見以降、日本各地で遺跡の発見があり、つぎつぎに新知見がもたらされたことがある。そのなかにあって、茶臼山遺跡と八島遺跡との出会いが研究の基礎を形成した。同時に、日本先土器時代の研究の方向性を構築した時期であったといえよう。茶臼山遺跡では、中央の研究者からの層位優先主義標準化石的な石器編年重視にもとづく評価に強い疑問をもち、完全な一単位の石器群の把握と分析こそが重要優先課題であることに気づかされた。さらに八島遺跡で、「インダストリー」という用語、研究の方向性が打ち出されていったといえるだろう。

3　新たな石器群研究の方法の提案——インダストリー論

先土器時代研究史の整理

戸沢のインダストリー論とは、一言でいえば、〝一遺跡の一つのまとまりのある石器群をどのように活かしていくかという観点で研究の基本的な方法と理論の構築を模索した〟ことである。茶臼山遺跡の実態が正しく一時点の石器組成を示すものであることを八島遺跡の調査で再確認した戸沢は、新たな石器群の認識を示す基本的な概念として「インダストリー」を提示した。この概念を本格的に方法論としてまとめたのが、「先土器時代における石器群研究の方法—考古学的な資料を、歴史学的な認識の素材とするまでの、整理と理解の過程に関する方法論への試みとして。—」(戸沢　一九六五)である。

まず戸沢は、一九四九年の岩宿遺跡の発掘調査以降の一五年におよぶ先土器時代研究史をつぎのように整理する。

①関東・中部地方で多数の石器が発見され、それらの石器がいずれも土器をともなわないで、ローム層中から確認された。とくに長野県では、茶臼山・杉久保遺跡でナイフ形石器、北踊場・上ノ平・馬場平遺跡で尖頭器が発見され、ナイフ形石器などの地域差を具体的に示す石器群もあって、研究史上で重要な役割をはたした。

②杉原と芹沢による最初の先土器時代の編年体系が発表された（杉原 一九五三、芹沢 一九五四）。とくに芹沢編年は、握斧（敲打器）→刃器→ナイフ形石器→切出形ナイフ形石器→尖頭器→細石器という「標準化石」として、石器の変遷を整理した。これらの編年案は、全国的な規模での石器群の理解を助けたが、同時に二、三の矛盾も指摘された。

③一九五五年以降、先土器時代研究は一つの転機を迎えた。遺跡や遺物が全国から発見され、この時代の総括的な著述が杉原や芹沢によってなされた（杉原 一九五六、芹沢 一九五七）。一方で、石器編年の細別や地域性の問題が追究され、「標準化石」の羅列ではもはや解決できないことが明らかとなって、新たな研究方法が検討されるべき段階に入った。

④長野県南箕輪村の神子柴遺跡や新潟県津南町の本ノ木遺跡などで、それまでの編年体系からはみ出す石器群が続出した。また、ナイフ形石器の観察を中心に、従来の編年を根本的に再編成しようとする議論などとあいまって、③で指摘された新たな研究方法による具体的な成果がみえ

はじめた。それは同時に、新たな体系化のための出発点ともいえる。

インダストリーが成立する要点

こうした先土器時代の研究史をふまえて、戸沢は、インダストリーが成立する要点をつぎのように述べる。

①現在までの研究は、石器の型式論的な研究をもとに、先土器時代の編年を組み立てることに主要な目標がおかれ、その成果は敲打器文化から細石器文化にいたる主体的な石器の発展の階梯を示す大別を明らかにした。そして、そのおのおのの大別のなかにある石器群の差を、さらに細別しようとする動きと、それにもとづいて先土器時代の編年と分布のあり方とを再検討しようという動きが認められる。研究史の概観は、そのような動向に、一つの方法論的な基礎を与える必要があることを教えている。

②いま、われわれがもつべき研究の態度は、一つの遺物の背後に人間の意志を、そして一群の石器のうちに歴史の主体者としての人間の具体的な姿を反映させるという見通しの上に立って、研究のための正しい方法を確立することである。

以上の二つの前提を先土器時代の実際的な研究で生かすために、「インダストリー」という形でとらえられるものを、先土器時代研究の基本的な概念として、理解の出発点におこうと、戸沢は提案する。

インダストリーとは

では、そのインダストリーとは、いかなる概念か。インダストリー（industry）という用語は、工業とか生産という字義を離れて、ヨーロッパの旧石器研究のなかから生まれた、いわば特殊な専門用語であって、それを要約すれば「一つの遺跡（文化層）から出た石器群全体」をインダストリーと表現している。これを実践的に再構築化した戸沢は、インダストリーとは「一遺跡あるいは一つの文化層から発見された石器群（および他の遺物・遺構）を、型式論的方法と形態論的な方法で処理して得られる先土器時代文化研究の最小の基本的な単位」として規定する。したがって、インダストリーの摘出は、発掘から石器群の分類にいたる方法論的にはもっとも基礎的で低位の段階をもってはじめられるがゆえに、実証科学としての考古学の科学性を保つために必要な研究方法として、つぎの四つを示す。

層位論的研究：一つの遺跡で同時期に使用された遺物の同時性と、その時間的な相対（前後）関係を明らかにする。とくに遺跡における遺物のあり方への細心の注意を喚起し、遺跡調査における原位置的認識を示す。

形態論的研究：石器の形態の観察にもとづいて、その機能や用途を究明する。石器の形態をより正確に観察するためには、そのみかけの形状だけでなく、石器に残る使用痕を顕微鏡的な細かさで観察し、その数量的な比率を調査する必要性も説く。

型式論的研究：形態別に分類された石器群を、さまざまな特徴を手がかりとして、時間的なつながりと空間的な広がりをもつ視野のなかで理解する。また、石器の変化がたんなる型式の変化か、あるいは形態という本質的な変化かを決定する重要な役割ももつ。

技術論的研究：石器製作工程の復原をとおして、完成された石器に反映された製作者の意志、そのための石器がもつ機能の解明に近づく。

カルチュア、フェイズ、ステイジ

さらに戸沢は、インダストリーとは、石器群研究の最小の単位として、あくまでも先土器時代の複雑な問題を解決する最初の手がかりであるにすぎないので、その後の方法論的展開として、カルチュアの存在と、その認識のためのフェイズとステイジの概念を提示する。

フェイズ（phase＝分布）とは、インダストリーの空間的広がり、つまり相似た形態組成と共通の型式をもち、同時性の認められる石器文化が、一定の地域に分布する状態をいう。

ステイジ（stage＝段階）とは、インダストリーの時間的つながり、つまりいくつかのインダストリーの比較は、その間に時間的な差異とともに、時間的なつながりをもつことをいう。

インダストリーのフェイズが時間的な限定を必要とするのに対して、一つのステイジは一つの空間的な限定を必要とする。

このフェイズとステイジから導かれるものがカルチュア（culture）だとすれば、カルチュアとは「空間的な広がりと、時間的なある一連のつながりをもった一群のインダストリーとして理解される」と認識する。そして、「このようにして把握されたカルチュアの性格を、先土器時代の基本概念として措定したインダストリーのもつ基礎的な条件（方法）にまでさかのぼって考えてみるとき、ここに到達したカルチュアの概念は、特殊性と普遍性とを両面にそなえ、地域的、時間的に動きのある、したがって考古学的に許される限りの科学性と正当性とをもった歴史的な内容をそなえたものと信ずる」とした。

この論文の主旨は、日本では、多くの場合、石器しか出土しない。石器を細かく観察、分類、分析することは当たり前のことであるが、さらにそれらは個々一点ずつの石器ではなく、なんらかの関係ある一群であるという視点で石器群を理解することが先土器時代研究の基礎であり、そこからスタートすべきであると強調していることであろう。

さらに、この「先土器時代における石器群研究の方法」は、「考古学的な資料を、歴史学的な認識の素材とするまでの、整理と理解の過程に関する方法論への試みとして。」という長い副題に示されているとおり、いまだ試論の段階にとどまるとはいえ、肝心なことは「先土器時代の研究の全体的な見通しの上に立って、研究を進めていく姿勢」であって、そのためのインダストリー・カルチュア論だということである。

なお、戸沢はこの後一九六七年に提出した学位論文で、フェイズとステイジを合体させ、空間的に一定のひろがりと、時間的に一連のつながりをもつ石器文化の一群を「様相＝phase」とし、方法論的展開を整理発展させている。

つまり、戸沢にはこの時にすでに、インダストリー論の目的は、考古資料を歴史学的な認識の基本資料にまで止揚し、後年の戸沢の主たる仕事であった「考古資料地域史論」「歴史叙述」へつなげる、という論理的展開がすでに構築されていたといってもいいだろう。

4 新たな石器群研究の実践——砂川遺跡

砂川石器文化（インダストリー）の実態

戸沢が「先土器時代における石器群研究の方法」で、新たな石器群研究の方法としてインダストリー論を提案した翌一九六六年の春に、戸沢のもとに待望の知らせが入った。埼玉県所沢市在住の篤農家で、考古学に興味をもっていた本橋清が、自身の畑からナイフ形石器を含む豊富な石器を採集したとして、戸沢のもとに知らせに来たのである。本橋は、ゴボウの作付けで遺跡が破壊される前に調査するよう懇請したので、同年秋に明大考古学研究室の企画で砂川遺跡の発掘調査が実施された。

砂川遺跡の発掘調査報告書である「埼玉県砂川遺跡の石器文化」（戸沢 一九六八）の冒頭で、戸沢はつぎのように述べている。

「東京都茂呂遺跡で、昭和二六年に、ナイフ形石器を示準的な石器としてもつ石器文化が、はじめて正式に発掘調査されて以来（杉原他 一九五九）、関東地方では各地で、しばしばナイフ形石器の発見が報ぜられ、その数もかなりにのぼる。しかし調査の仕方にやや難点のある埼玉県市場坂遺跡（滝沢 一九六二・一九六四）で、総数六〇点余というまとまった数のナイフ形石器をふくむ石器群が採集されているのをのぞくと、他はおおむね数点のナイフ形石器や石片などが出土しただけの、零細な資料をもつ遺跡が大部分であった。そのため、いわゆる「茂呂型（系）ナイフ形石器」を指標とする、関東地方のナイフ形石器をもつ石器文化は、その技術的特徴・石器形態の組成・型式の比較など、石器文化を分析するための基本的な点で、いく多の満たされぬ不備をもっていたことは否定できない」

このように砂川遺跡の発掘調査の当初の目的は、零細な資料から満足な結果がえられていない関東地方のナイフ形石器をもつ石器群の整理とその編年の再構築にあった。ところが、実際の発掘調査の成果は、当初の予想をはるかに超えるものとなった。それは戸沢が提案した新たな石器群研究、つまりインダストリー論を実践するのに、砂川遺跡はまたとない場を提供したからである。その内容は、報告者の戸沢によって、つぎの三点にまとめられている。

第一は、「非常に攪乱・移動の少ない、良好な遺存状態のもとで発見された、多くの残核・剥片・石器などがたがいに接合し、砂川石器文化の剝片剝離技術の実態を、かつて例をみないほど明らかに復原的に観察できること」

砂川遺跡出土の石器群は、個体別変化に富んだ珪岩を主体としていることから、三六一点にのぼる全資料について、石材の個体識別をおこなった結果、二八の個体別資料に分けることができた。その二八の個体別資料分類表を作成するとともに、個体ごとの接合関係を試みた結果、一五個体で計一二二点の接合資料をえることができた。それら接合資料の観察から、戸沢は、接合資料六に集約的にみられるような剝片剝離工程を「砂川型刃器技法」ととらえたうえで、その特徴をつぎの三点にまとめた。

①ナイフ形石器やその他の石器の素材となる刃器を目的の剝片とする剝片剝離技術で、両設打面石核のほぼ同一位置にあたる主剝離作業面から、連続的に剝離作業をおこなう剝片剝離技術である。

②打面の再生と移動が顕著で、最終的に残された残核の形状だけから、その剝離技術の体系を観察・分析することは、ほとんど不可能に近い。

③砂川型刃器技法やそれに類する剝片剝離技術は、信越地方から東北地方など東日本一帯の、とくにナイフ形石器を示準とする石器群のなかに普遍的に存在する。

第二は、「合計二三点の一括出土数をかぞえるナイフ形石器は形態・型式ともにいくつかのバラエティーをもち、ナイフ形石器をもつ石器文化の型式的関連や、形態組成について、やや正確な見通しをうることができる」

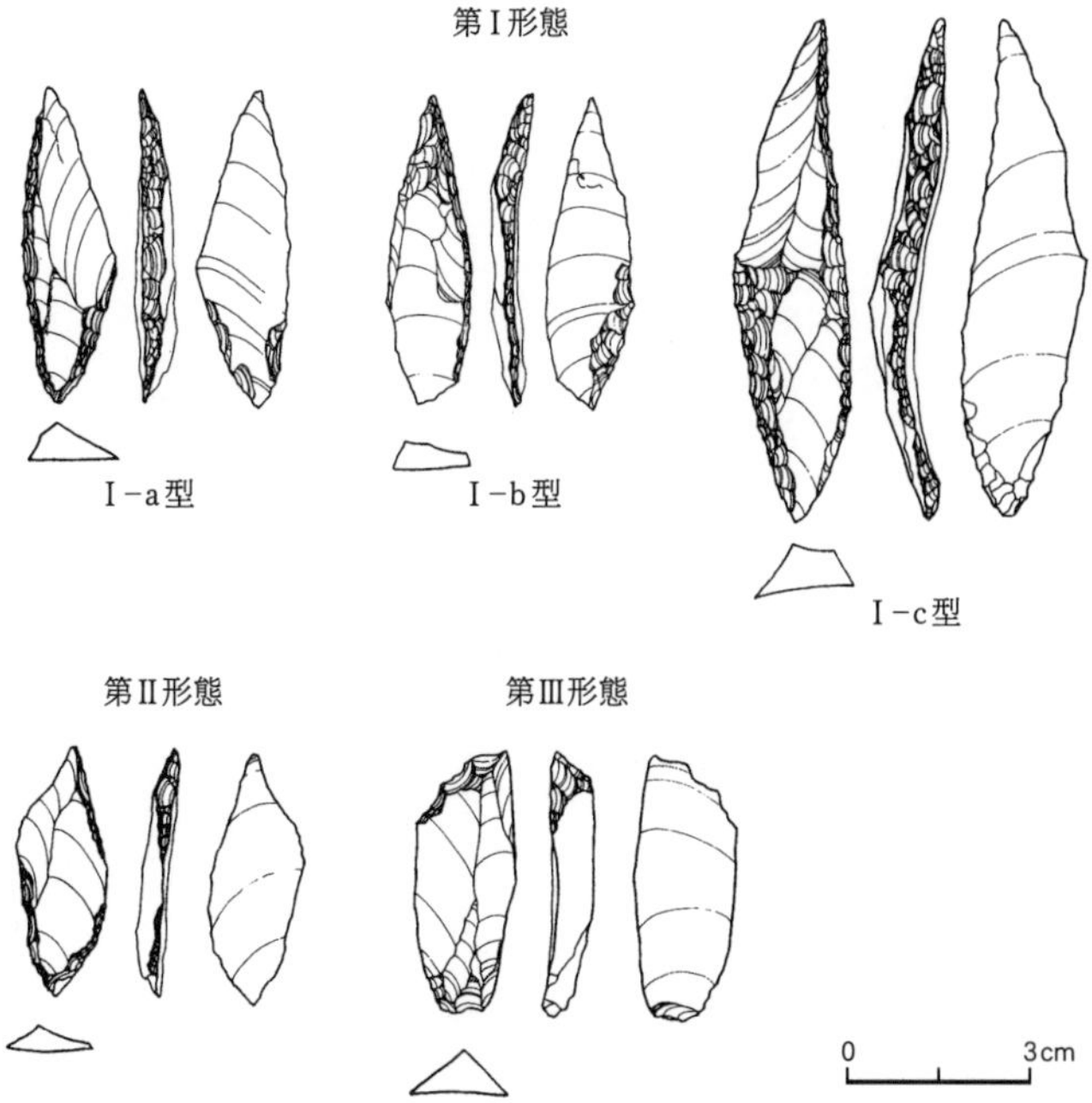

図1−2　砂川遺跡出土ナイフ形石器の形態と型式

ナイフ形石器については、同一の刃器（刃器状剥片）を素材として、全体をナイフの身に仕上げながら、機能的には単一でないとして、刺突を主要な機能とする第Ⅰ形態、切り削ることを主要な機能とする第Ⅱ形態、切截を主要な機能とする第Ⅲ形態の三つの形態に分類した（図1−2）。さらに、第Ⅰ形態については、形状・調整加工技術から、a・b・cの三つの型式に分類した。そこには「形態は型式の細分とは区別され、型式の細分は形態の区分のもとで試みられるべきである」という、戸沢の強い考えがあった。そして、a型が茂呂・茶臼山遺跡の茂呂型に最も近く、b型とc型が砂川遺跡に特徴的なナイフ形石器であると、型式論的な評価をした。

この第一と第二の内容は、砂川遺跡から出土したすべての石器群の個体別資料分析とそれにもとづく接合資料分析から、砂川刃器技法とよばれる剝片剝離技術を復原するとともに、砂川遺跡の主体となるナイフ形石器の形態と型式の特徴から、砂川石器文化（インダストリー）の実態をとらえることに成功した。鈴木次郎らが砂川遺跡での「分析によって、遺跡から出土した全資料は、石器群全体の中での具体的な位置づけを初めてうることができたといえるのである。剝片・砕片のすべてを含んで、石器群が生きた資料としてインダストリーの内容を語ることになった」と述べている（鈴木・矢島 一九七八）ように、砂川遺跡の発掘調査とその研究は、戸沢が提案したインダストリー論の具体的な実践と、その方法の見通しを具体的に提示する場となったのである。

遺跡の構造研究

ところで、戸沢は、もう一つ重要な問題があることを示唆しているが、じつは、これこそがその後の先土器時代研究に大きな影響をあたえることになった、戸沢自身が後に「遺跡の構造研究」と名づけた研究成果である。それを、ここでは第三の内容としておくが、戸沢は、報告書でつぎのように述べている。

第三は、「この二点のほかにも、それと関係をもち、あるいはそれから発生するような重要な問題がある」

砂川遺跡A地点[4]からは、三六一点の石器群が出土したが、それらは南北一〇メートル、東西四メートルという狭い範囲に、三つのグループに分かれて遺存していた（図1-3）。

第一群　北側に径三メートル前後の円形の分布を示し、九点のナイフ形石器と二点の残核をもつグループ。

第二群　中央に長径五メートル×短径四メートルの範囲に、他の二つとはやや分布を粗にするが、九点のナイフ形石器、一点の彫器、三点の残核をもつグループ。

第三群　南側に径二メートル前後の円形の分布を示し、他の二つとは分布範囲が狭いかわりに密集度は高く、四点のナイフ形石器と一点の残核からなるグループ。

このうち第二群からは、径一メートル弱の範囲を取りかこむように八個の砂岩の円礫が出土し、一部の礫には炭化物の付着がみられただけでなく、礫にかこまれた部分の内側のローム層が他とくらべて暗褐色を呈していたことから、ここを生活の中心的な場と推測した。これに対して、第一群と第三群は、狭い範囲に石片などの分布が密集し、そこで石器製作が集中的におこなわれた形跡が強いと観察した。そのうえで、それら三群のどこが石器製作址で、どこが生活の中心だと断定する必要はなく、「砂川遺跡で観察することのできた上述のような事実は、石器の製作も生

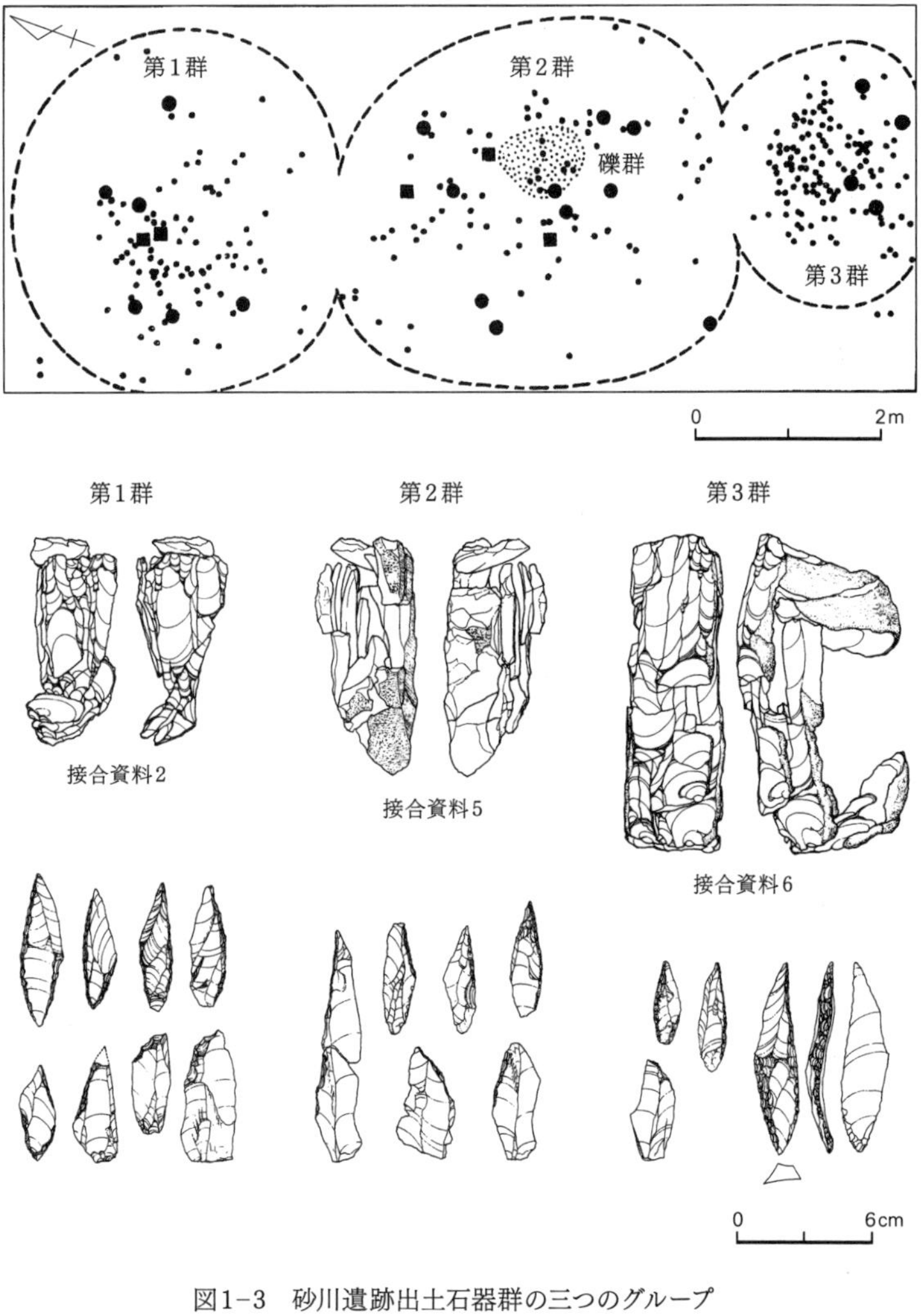

図1−3　砂川遺跡出土石器群の三つのグループ

活の一部分であった先土器時代にあって、居住生活の場所がすなわち石器製作の場所であり、石器製作の場所の近くが居住生活の中心の場所であったという、ごくありふれた小さな遺跡の構造あるいは機能の実態を示す」として、そこに「先土器時代における最小単位の人間集団」を読みとったのである。

石器群の接合資料の存在とそのあり方については、同一の原石から剝離された資料については、同一場所に集中するという当たり前の事実から、ある原石をもった人物がそこに腰を下ろした場所が石器製作の場所となるという先土器時代の遺跡の姿と、使われる道具は製作場所を離れて動くという事実を、石器群の分析から具体的に明らかにした。

最後に、砂川遺跡では、資料の遺存状態がきわめて良好であるにもかかわらず、同一個体に属するべき多くの資料が存在しないという事実から、「石器の素材として近隣の遺跡に運ばれた剝片もあった」として、石器が一つの遺跡のなかだけではなく、他の遺跡に持ち出され、逆に持ち込まれるといった、先土器時代における集団の動きを具体的に復原することを可能にするという、研究方法の確かな見通しを明らかにしたのである。

5 研究の画期——月見野遺跡群

編年体系への見通しと「ブロック」の発見

一九六〇年代の日本は、いわゆる高度経済成長期にあって、大都市圏を中心に人口の集中にともなう開発ラッシュがはじまっていた。国鉄（現・JR東日本）や私鉄各線が走る神奈川県の相模野台地でも、六〇年代後半に入ると開発の波が襲い、台地のいたるところがカットされて赤土が露出していた。そんな相模野台地で分布調査を続けていた明大考古学専攻生で組織した「相模野研究グループ」は、一九六八年春に大和市の黒目川中流域の大規模な宅地造成地で先土器時代の遺跡群を確認した。その報告が明大考古学研究室に入ると、すぐに研究室として発掘調査に取り組むことを決めた。

発掘調査は、一九六八年九～一〇月の約一カ月間、四遺跡八地点で実施された。その結果、立川ローム層の最上部のL1S（ソフトローム層）から下部のBB2L（第二黒色帯下半部）の各層から合計一三カ所の石器群と三一カ所の礫群を検出し、以下のような当初の「予測以上の成果」を収めることになった（明治大学考古学研究室 一九六九）。

第一は、整然とした層序と厚い堆積をもつ相模野台地の立川ローム層中から、石器文化層ごと

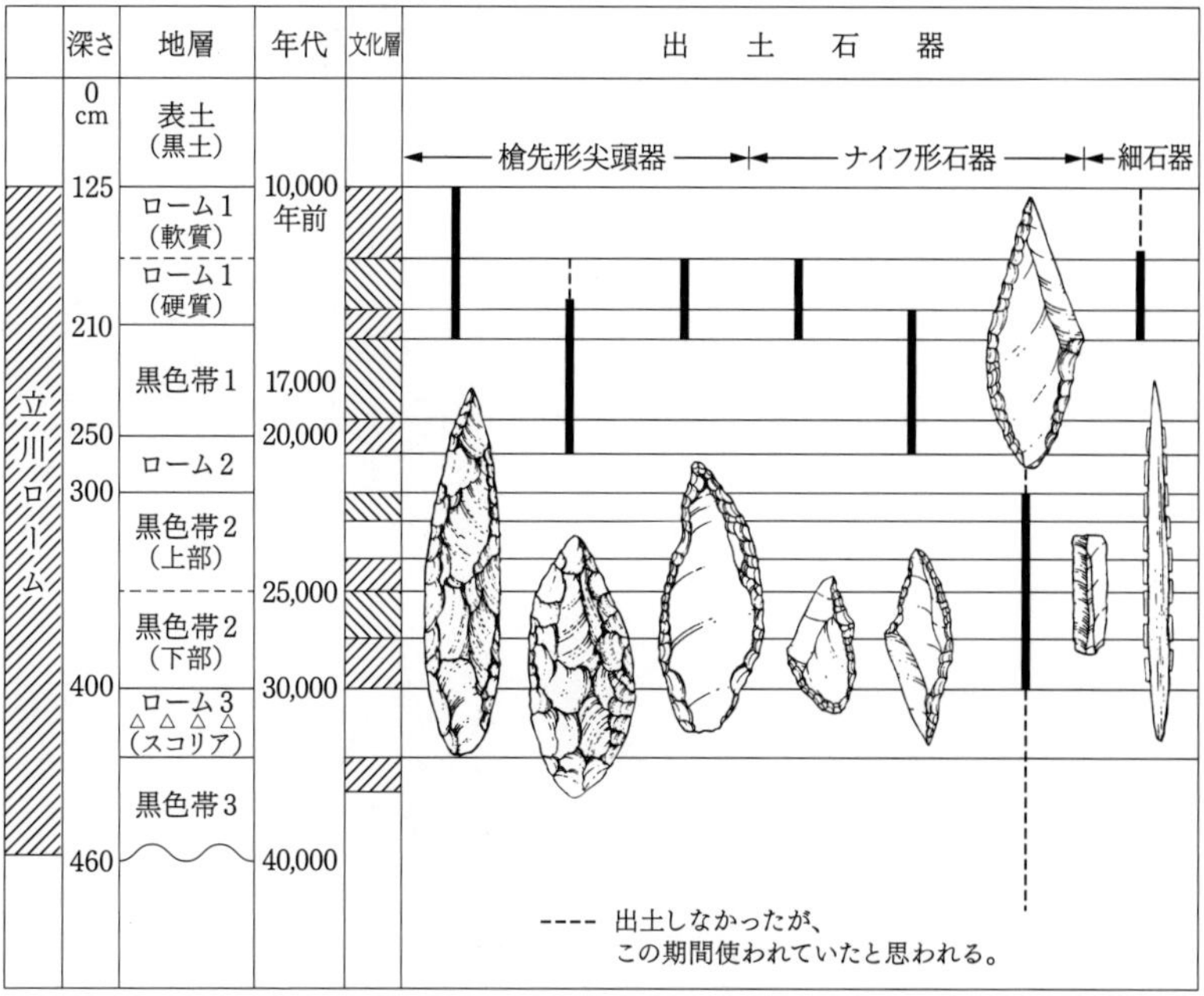

図1‒4　月見野遺跡群の層位と石器の変遷

のまとまりをもった石器群を層位的に検出することができたことで、それら石器群を層序にしたがって序列化できるという、後に相模野編年と称される先土器時代石器群の編年体系への確かな見通しを明らかにした（図1‒4）。

第二は、先土器時代の遺跡では、包含層の破壊や攪乱がない状態において、一群の遺物が集中する範囲は径数メートルの範囲であることと、広範囲にわたる大遺跡の場合でも、そうした遺物群の集合体ととらえることができることから、このような遺物の集中

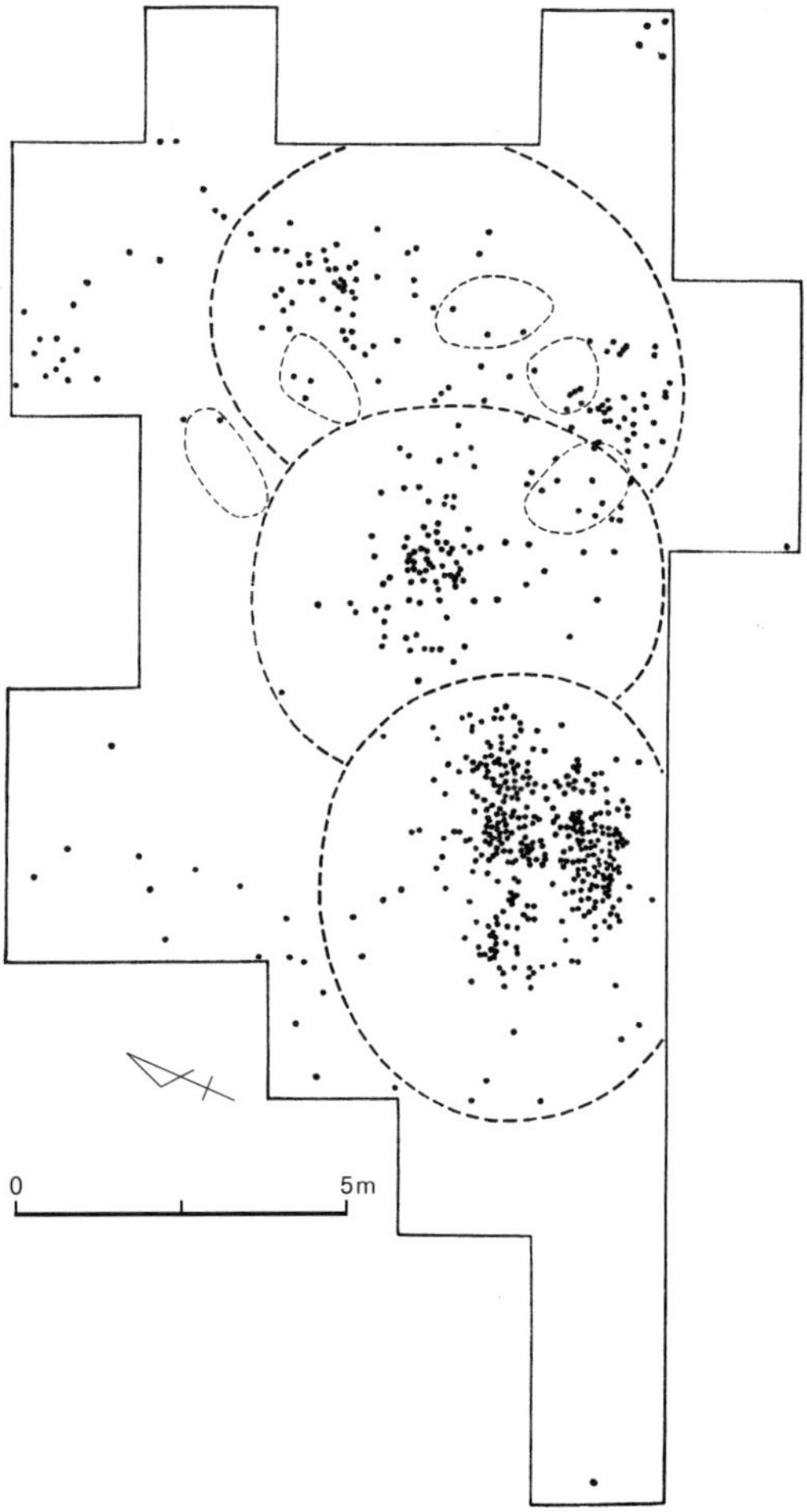

図1–5　月見野第Ⅲ–A遺跡のブロックと礫群

太い破線がブロックの範囲、細い破線が礫群の範囲を示す。
・は石器・石片が遺存した位置を示す。

を「ブロック」とよんだ（図1–5）。そして、単一のブロックは、その大きさや後に述べる礫群の関係などからみて、「先土器時代における最小単位の一生活面―例えば一住居の残映であるかもしれず、同一層準におけるその集合体（ブロック群）は、したがって、一集落を示す可能性が強い」ことを具体的に明らかにした。さらに、同一層準に多数のブロックが存在する場合でも、剝片を多量にもつブロックと石器を多くもつブロックのちがいや、ブロック間での石器組成のあり方は、各ブロックの機能のちがいに帰すべきものと、同質の生活体、たとえば家族の共存と考えるべきものなど、遺跡の構造に関するさまざまな可能性を示唆した。

第三は、BB1上面～BB2下面の層位から検出された三一カ所の礫群について、そのレベルと石器群の垂直分布から、礫群のレベルが当時の生活面ととらえられた。そして、礫群を生活面と想定すると、石器群が生活面の上一〇センチほどのところに「月見野ヴィーナス曲線」とよばれる曲線の極大値がくることから、先土器時代の石器群の垂直方向の移動は意外に大きく、それは霜による凍土、融解などの現象のくり返しであることを明らかにした。

『概報・月見野遺跡群』は、発掘調査終了の直後に、発掘届にともなう行政報告をかねた、いわば内部資料としてまとめられたものである。そのために、出土した資料やその記録について、十分な分析や検討がおこなわれていない段階での報告なので、その内容に正確さを欠いたり、性急な解釈がなされたりなど、問題点があることは否めない。その後、一九六九年一月の東大安田講堂事件に象徴される学園紛争の激化によって、その対応に迫られた戸沢は、月見野遺跡の正式な報告書をまとめる機会を逸して、今日にいたっている。事実、一九六九年四月の月見野遺跡の第二次調査や一九七三年二月の砂川遺跡の第二次発掘調査は、若い研究者に委ねられて、戸沢は指導的立場に立たざるをえなくなって、その後一〇年近く、先土器時代のフィールド調査から離れることになる。しかし、砂川遺跡や月見野遺跡群での課題や問題点は、それぞれの発掘調査に参加した若手の研究者に引き継がれて、研究が進められることになる（安蒜 一九七四・一九七七、鈴木・矢島 一九七八、小野 一九七九ほか）。

「月見野・野川以前と以後」

月見野遺跡群の第二次調査がおこなわれた翌一九七〇年、東京都調布市の野川遺跡が発掘調査された。野川の河川改修にともなうもので、厚さ約三メートルの立川ローム層から一〇枚の文化層が層位的に発見されて、後に武蔵野編年と称される先土器時代石器群の編年の概要が明らかにされた。また、石器群が集中して出土する状態を「ユニット」と称し、それらユニットと礫群・配石をアメリカ考古学のセツルメント・パターンを援用して、先土器時代人の行動の類型化を試みた（小林・小田・羽鳥・鈴木 一九七一）。さらに、日本考古学ではじめてコンピュータを使用して、考古学のデータ解析をおこなったのも野川遺跡である。

ところで、従来の先土器時代遺跡の発掘調査は、いずれも狭い範囲の発掘調査であったが、それは研究が石器群の編年研究を中心的な課題としたためであった。ところが、月見野遺跡群と野川遺跡では、前者が宅地開発、後者が河川改修という、いずれにしても開発のために、遺跡がより広く、より深く発掘調査された結果、先土器時代の遺跡が広い範囲に、それも重層的であることを明らかにするという、発掘調査の質の面でも大きな転換点となった。

こうした研究と発掘調査の質の面で月見野遺跡群と野川遺跡は、その後の先土器時代研究の大きな転換点となったという意味で、戸沢はみずから「月見野・野川以前と以後」と研究史の大きな画期として位置づけた（戸沢 一九七四）。しかし、先土器時代研究からみれば、砂川遺跡にこそ画期があったといえるのではないだろうか。

6 遺跡群研究への視座

矢出川遺跡群での取り組み

一九七九年九月、戸沢は、長野県南佐久郡南牧村の矢出川遺跡に立っていた。一九七九年から八一年の三カ年にわたって実施された明治大学人文科学研究所共同研究「八ヶ岳東南麓における洪積世末期の自然と文化」の代表者として、月見野遺跡群の第一次調査から約一〇年ぶりの本格的な先土器時代のフィールド調査である。この矢出川遺跡での共同研究は、考古学のみならず、植物学、民俗学、地形・地質学、人類生態学、古環境学（環境考古学）などの研究者、学生、地

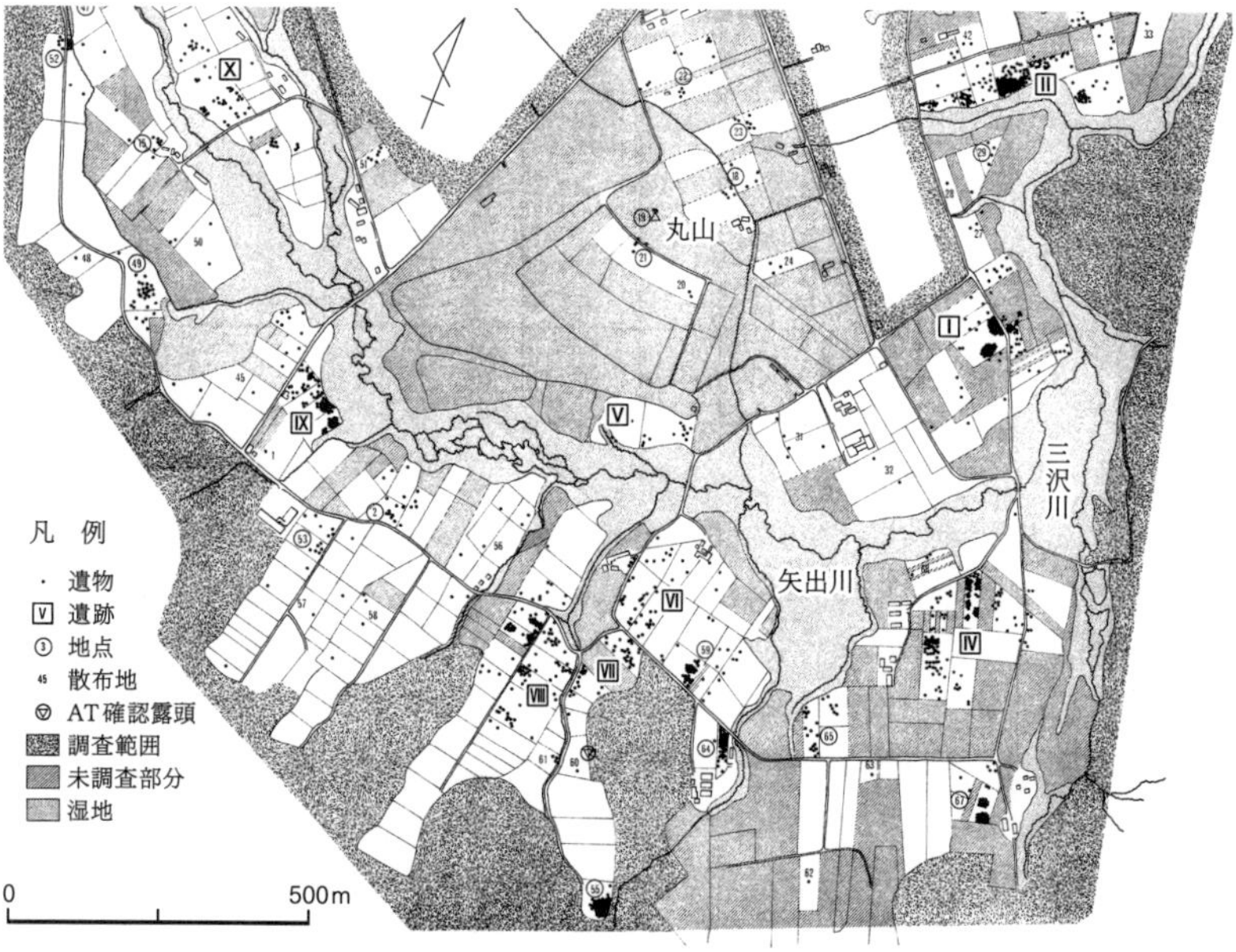

図1-6　矢出川流域における遺跡分布

元の佐久考古学会の会員が集って研究会をおこなうだけでなく、さまざまな課題を設定してフィールド調査を実施した。この矢出川遺跡の学際的な共同研究については、第3章で詳論しているので、それに譲ることにするが、この調査に参加した一人として、要点を述べる。

この矢出川遺跡群の調査は畑地をくまなく踏査していく分布調査という手法で遺跡群の構造を把握しようした調査であったといえよう。この総合調査の考古学分野での成果は、遺跡群を主に分布調査という手法で「遺跡」・「地点」・「散布地」と定義づけたことにあると思う。

「「地点」とは顕著な遺物の集中が認められる場所、「散布地」とは遺物が特定の部分に認められず、またきわめて少数の遺物が発見された場所、そして「遺跡」とは複数の「地点」や「散布地」が集合し、地形的にも一単位として把握できるような場所のことである」と定義された。いままで発掘調査というスタイルをとって遺跡の構造を実践的にとらえてきた戸沢にとって、分布調査というかたちで「遺跡」とはちがう性格をもつ「地点」や「散布地」という性格の包蔵地を認識することにより、遺跡そして遺跡群がより多角的な構造として把握できるものとした(図1–6)。

つまり茶臼山遺跡、八島遺跡にはじまり、砂川遺跡や月見野遺跡群の調査は遺跡内構造であったのに対して、この矢出川遺跡群の調査をとおして「遺跡間構造」ともいうべき、遺跡と遺跡がどのような関係にあるのかという課題に迫ることになったといえよう。遺跡群研究という意味ではたしかに月見野遺跡群の調査があったが、月見野での研究は戸沢にとって先にも述べたように緊急発掘調査という制約があった。遺跡であるところしか調査ができなかったが、この矢出川は遺跡でないところも含めて踏査し、遺跡をみつけていく作業実践がこの成果を導きだしたといえよう。また、戸沢の考えに遺跡が構造的であるという視点に変化はないものの、関連諸科学との総合調査、さらには踏査による遺跡の成り立ち、遺跡群の構造解明を打ち出していった。

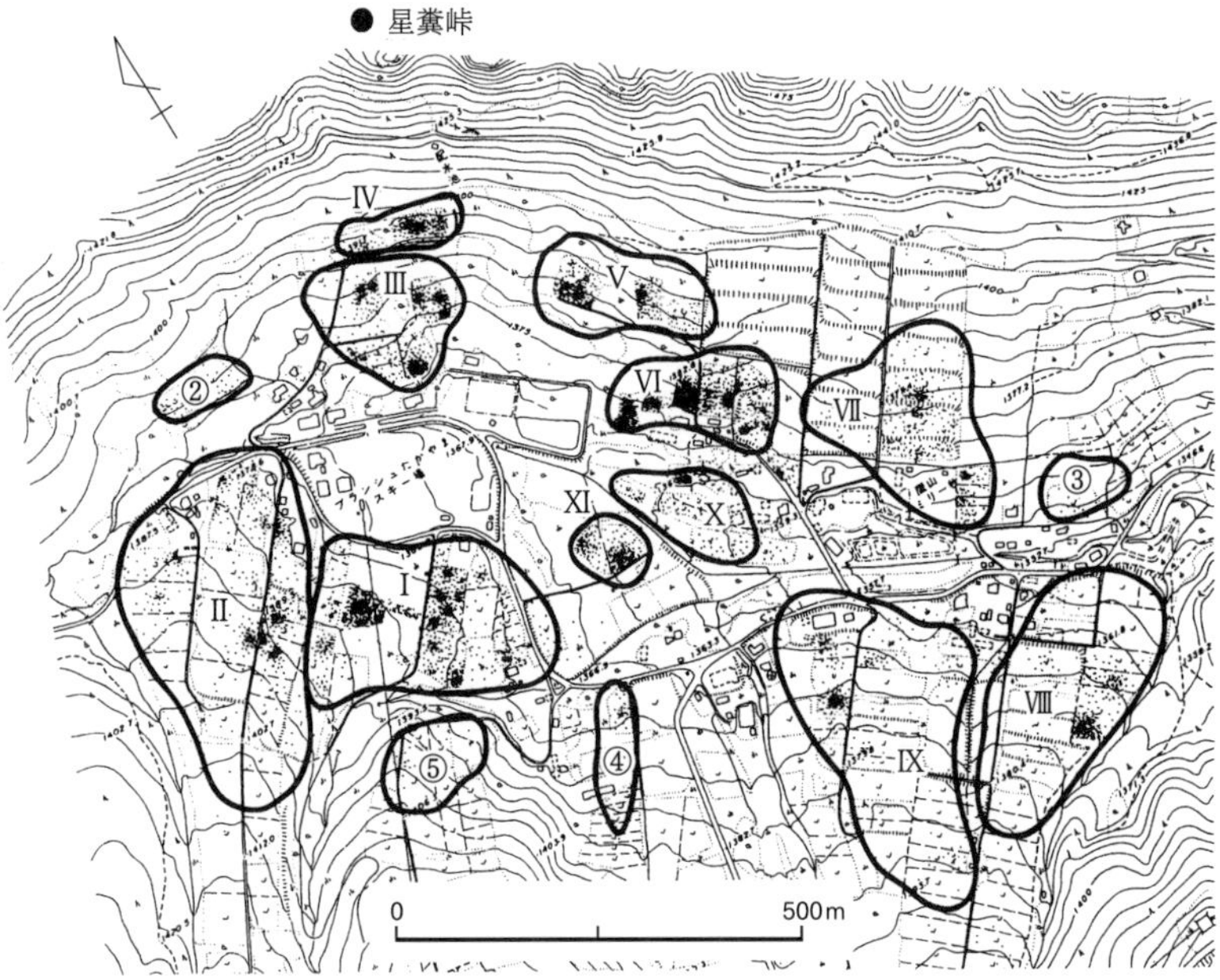

図1−7　鷹山遺跡群の遺跡分布（Ⅰ〜Ⅺは遺跡、丸囲み数字は地点）

黒曜石原産地鷹山遺跡群での取り組み

一九八四年、長野県長門町（現・長和町）のスキー場建設にともなう鷹山遺跡群の発掘調査は、ふたたび戸沢をフィールドによびもどすとともに、黒曜石原産地という戸沢の先土器時代研究の出発点になった茶臼山遺跡や八島遺跡以来の調査となった。この第Ⅰ遺跡M地点の調査が契機となり、組織的な黒曜石原産地遺跡群の調査がはじまった。一九八六・八七年の二カ年にわたる分布調査では、矢出川遺跡群での成果を踏襲し、遺跡群の成り立ちを解明するとともに、原産地遺跡ならではの黒曜石の産出状態も調査した（図1−7）。

それらの成果は報告書『鷹山遺跡群Ⅰ』『鷹山遺跡群Ⅱ』として刊行された。報告書Ⅱで戸沢は「鷹山遺跡群とその周辺をめぐる課題」で一連の調査成果をまとめている。原産地における石器生産体系の復原は、従来の黒曜石の流通がそれを供給され受容する側からだけルートを追うのではなく、黒曜石原産地から石器の動きをとらえるきっかけとなった、と記述されていることからも明らかなように、中部高地の遺跡群と関東の消費地遺跡群とを行き来するモノと人の動きを把握できるという予見を示したといえよう。遺跡群の研究は遺跡群同士の比較研究という広い地域を対象とした新たな研究目標を打ち立てた。

また、その後も鷹山遺跡群の調査は継続され、鷹山遺跡群のまわりの山林にまでおよび、ついには星糞峠において縄文時代の採掘坑の発見へとつながっていった。それは先土器時代における黒曜石の採取、そして縄文時代においては採掘活動をともなうという先土器時代〜縄文時代、石器時代全般にわたり、通史的に人類と黒曜石のかかわりを解明する道を切り開く契機をつくったともいえよう。そして戸沢は二〇〇〇年にはこの鷹山の地に、日本で唯一の黒曜石と人類史に関する研究施設「明治大学黒耀石研究センター」を設置し、今日に至っている。

鷹山遺跡群への取り組みは、先土器時代の遺跡群が、黒曜石の流通をとおして広域の遺跡群のネットワークを形成していることを解明する契機となった。同時に先土器時代の枠を超え石器時代全般の研究視点を示すこととなった。

7　先土器時代研究の体系――歴史叙述の試み

「地域文化」と「時代文化」

一九六五年に、戸沢インダストリー論の骨格をなす論文を『信濃』に書いた二年後、戸沢は、学位論文「先土器時代文化の構造」を提出する。しかしこの論文が世に出たのは、論文提出から約二〇年をへた一九八九年であった。長く出版に至らなかったことは、砂川遺跡や月見野遺跡群の調査にかかわり、また野川遺跡の調査成果など、それまでの先土器時代の研究史を一新するような成果が出て、それらの成果を取り入れたかったからだと、八九年の刊行書の「はじめに」に記している。

一九七五年の『日本の旧石器文化』一巻の「インダストリー論」(戸沢 一九七五)で、学位論文の一章(一部)が要約されている。そこで「原始時代は総体としてゆるやかな発展をたどるものと表現されるが、その中にみられる「変革」や「発展」あるいは「停滞」の時期を正しくとらえること、同時にその動態の法則を明らかにすることこそが、歴史学的体系への重要な手がかりになる」という一節があり、「先土器時代の歴史を、動的にとらえるべき」ことが強調されている。

さらに「先土器時代文化の構造」についてもふれている。もちろん一九六五年の論文でも「石器群研究の方法論的展開」の章で述べている「フェイズ」「ステイジ」「カルチュア」が基幹となっているが、七五年のこの論文では「地域文化」という概念が明示されてくる。「地域文化」とは一定の地域において、段階的につながりの認定される複数の様相をさす。そして地域文化を越え、様相が示す地域の枠をつきやぶって汎日本的な文化を時代と規定し、ここに先土器時代の文化が構造的にとらえられるとした。

一九八六年、『岩波講座日本考古学五巻　文化と地域性』の総論で戸沢は、「文化構造把握の試み──先土器時代文化構造試論」を展開する。ここで戸沢はふたたびインダストリー論に言及する。

そこではっきりと「インダストリー＝石器文化」の上位の概念として「地域文化」と「時代文化」をおいた。そして、「地域文化」と「時代文化」の関係については、伝統を保ってきた地域文化が解体し、新しく別な地域文化に再編成されていく過程が「時代文化」の画期としてとらえられるとした。先土器時代文化は石器文化からいく段階かの分析・総合を試みつつ時代や文化の概念まで結びつける方法・理論として評価されよう。インダストリー論の目的は、歴史叙述にある。

先土器時代の「歴史叙述」

では、戸沢にとって、先土器時代の「歴史叙述」とは、どのようなものであったのであろうか。もちろん静的ではなく動態ある歴史叙述でなければならない。

その歴史叙述の試みの代表例が『講座日本歴史』一巻に収録された「日本の旧石器時代」である（戸沢 一九八四）。表題には「旧石器時代」の時代名称が使われているが、それは編集担当者の原秀三郎からの強い要請があって、再三の協議の結果、「日本の」を加えることで決着したという（戸沢 二〇〇三b）。この「日本の旧石器時代」の構成は、つぎのとおりである。

日本の旧石器時代

一　更新世の日本と人類の出現
　　列島最古の歴史／更新世の日本列島／最古の列島住民

二　石器群の変遷と生産の段階
　　労働と道具／石器製作技術の進歩／日本の旧石器とその変遷／旧石器時代の生産

三　旧石器時代社会の構造
　　集団の基本単位／集団の領域／集団の交流

四　日本旧石器文化の特質
　　東アジアの中の日本旧石器文化／旧石器時代から「縄文時代」へ／日本旧石器時代

史の構成

この論文の第一の特徴は、日本列島最古の石器時代である先土器時代を、人類史的な視点のもとに、東アジア史と日本列島史の側面から、歴史的に位置づけたことである。そして、日本列島に人類が登場し、列島で独自の石器文化を築きながら、世界史的な旧石器時代から新石器時代へという一大転換期を背景に、縄文文化へと発展したという、その歴史的な歩みを見事に叙述している。

論文が書かれたのが三〇年以上前ということで、当然、時代的な制約を受けていることはいうまでもない。たとえば先土器時代の前半期に環状ブロック群とよばれる、中央部を取りかこむ同時期の大規模な円形に配列されたブロックの集まりが群馬県伊勢崎市の下触牛伏遺跡で確認されたのが一九八四年で、それ以降、列島各地から環状ブロック群が発見され、当時とは集団のとらえ方にちがいが出てきている。また、日本でも一九九〇年代から高精度で年代測定できる加速器質量分析法（AMS法）が開発され結果、当時の先土器時代の年代的な枠組みが改訂されてきている。そうした三〇年の研究の進展を考慮しても、戸沢が「日本の旧石器時代」で試みた先土器時代の歴史叙述に古さは感じられず、いま読んでも読み応えがあると感じるのは、筆者一人ではないと思う。

第二の特徴は、戸沢がおこなってきた調査をもとに記述されていることである。「三　旧石器時代社会の構造」の「集団の基本単位」では砂川遺跡での分析（個体別資料分析）がベースになっている。また「集団の領域」では、矢出川遺跡の分布調査の成果が反映されているといえよう。戸沢の先土器時代研究は、研究の出発点から遺跡での発掘調査という実践的研究を土台に、そこでえられた成果や課題について、たえず研究史・学史をふまえながら問題点を整理したうえで、一貫した方法論をもとに解釈をおこない、それらを総合する形で最終目的である歴史叙述まで試みたことに大きな特徴がある。それは個別・細分化されるあまりに、研究の目的を見失ってしまっている現在の先土器時代研究にあって、一つの規範となる研究の体系的な方法を示しているといえる。

8　先土器時代研究を現代社会へ

前節で述べた歴史叙述をおこなう一方で、戸沢は、一九九二年、岩宿文化資料館（現・岩宿博物館）の設立にかかわり、初代館長になる。岩宿時代（先土器時代）に特化した博物館である。戸沢は著作のみならず、博物館というかたちで先土器時代研究の成果を社会に還元した。岩宿博物館の展示、博物館活動のなかに戸沢の歴史叙述が生きているのではないだろうか。

二〇〇〇年一一月に発覚した前期・中期旧石器時代遺跡ねつ造事件は、当時七〇万年前までさかのぼろうかという日本の歴史が、疑惑に包まれたことでもあった。国内外の考古学者を驚愕させ、落胆とともに、社会の眼は厳しく考古学者にむけられた。社会とのコミットを重要視していた戸沢にとって、この事件は、遺憾であると同時に許しがたい事件であっことは想像に難くない。それゆえ、あえて火中の栗を拾うとまでいわれた検証調査の委員長まで引き受けたのだろう。学問は社会とコミットした運動であるということを戸沢は信条にしていた。

さらに、前・中期旧石器の調査方法が、「層位優先」「はるかかなたの地の石器との類似の指摘」など、戸沢が先土器時代研究をはじめた初期の研究史となんら変わらないものであることを披露したにすぎないことも、検証の必要性を感じたのではないだろうか。長野県飯田市の竹佐中原遺跡へのかかわりもその一つであったと思う。二〇〇一年夏、いままであまり日本では目にすることのない（と感じた）石器の調査に筆者は遭遇した。ねつ造事件発覚からまだ半年あまりのことであり、旧石器研究への社会的批判も多々あり、また研究者間でも混乱をきたしていた。そのような時だったので、遺跡の第一報から市民への公開など慎重におこなったものの、今度は本当に大丈夫なのかなどさまざまな批判があり、寄せられる質問には「何万年前なのか」「前・中期旧石器なのか」「似た石器は、ヨーロッパやアジアにあるのか」など事件発覚前の「石器」の評価と同じような内容のことばかりであった。

この時、筆者の頭をよぎったのが、インダストリー論だった。事件発覚後の先土器（旧石器）研究をリセットするには、原点回帰、もう一度前・中期旧石器というものが、日本に存在するのかどうか、それは岩宿遺跡が発見された初期の先土器時代研究史を思い起こし調査を進めるべきだということである。

諸外国の石器との比較がどうのこうの、それが前・中期旧石器かどうかなどといったことよりも、一点、一点の石器の観察・分析、石器製作技術、出土状況などをしっかりとみていくことであった。つまりインダストリーをみきわめることであった。

戸沢にその時言われたことが、「拙速に前・中期旧石器だ、可能性があるなどとは、まだ先のことであり、まずは、着実に石器群の性格を把握することだ」。竹佐中原遺跡では、戸沢の指導のもと「石器文化」をとらえることに努めた。当該期の資料は、まだ日本列島のなかでも少ないので、同様な石器群の資料が増えて、それがとらえられてきた時、それらはフェイズ（様相）となり、カルチュアとして解るようになった時に、地域文化なのか、それとももっと大きな「時代（文化）」としてとらえるべきなのか、はじめて評価が下せるものとなり、いわゆる真の意味での日本列島における「前・中期旧石器時代」の存在が判断されるべきなのであろう。

以上、戸沢の研究の出発点は、零細な資料を標準化石的に羅列するといった編年研究に対し、茶臼山・八島遺跡の発掘資料の一括性を証明する手法として「一単位のまとまりを有意にとらえる」ところからはじまった。石器を自然科学的な標準化石として重要視する当時の先土器時代文化研究の動向に強い不信を抱き、石器を人間の生活と直接かかわりのある歴史的な存在として理解するにはどうしたらよいかと、その方法を真剣に模索するようになったのである。戸沢にとって「インダストリー論」はつねに試論であり、遺跡発掘などつねに実践をともなって修正されていくものであったのかもしれない。

そしていま、戸沢充則の先土器時代研究から学ぶべきことは何か。石器しかほとんど資料として出ることのない日本の先土器時代研究は、やはり石器の観察と分類・分析から出発しなければいけない。個別の石器・石片の観察は、有意な一群の「石器群」となり、一遺跡におけるインダストリーとなる。石器群とインダストリーのちがいは、前者が現象面をとらえたにすぎないのに対し、後者は先土器時代文化を構造的にとらえることを目標にすえた研究の出発点なのである。

遺跡で認識されたインダストリーは、遺跡の成り立ちのなかで構造的にとらえられる。それらインダストリーも一定の地域、一連の時間のなかで、フェイズ（様相）としてとらえられ、複数の様相は「地域文化」としてとらえられるのである。それらがまた「時代（文化）」としてとらえられた時、われわれは、動きのある先土器時代像を描くことができるのではないだろうか。戸沢は考古学が歴史学であるという立場から、それは「歴史叙述」というかたちで実を結ぶわけであるが、人類学や、考古学と人類学を統合した先史学といった学問の立場の研究者も、学問のむかう目標はちがったとしても、その出発点には「資料」があるということに変わりはない。

戸沢は「遺跡は教室だ」とよく話した。先土器時代の遺跡では、必ず出会うのが石器であり、われわれは石器を分類することからはじめる。ただその分類はたんなる記述のための分類であってはならない。「歴史叙述」を視野にもった分類でなくては、正しい先土器時代像は描けない。分類や分析の段階でとどまっていてはいけないのである。それでは社会に還元できないからである。戸沢充則のインダストリー論は、先土器時代研究がひいては考古学が社会に還元できる研究体系を目指していた方法論であった、と私は総括したい。

［注］

［1］ 岩宿遺跡の発掘調査を主導した杉原荘介は、その第一報となる一九五〇年七月刊行の『科学朝日』誌上で、岩宿遺跡発見の石器を「岩宿の旧石器」と題して報告した。また、明治大学考古学研究室では「旧石器展」をおこなう。その後、杉原は、岩宿文化、前縄文文化、無土器文化などと呼称しながら、その時代名称を特定することをしなかったが、一九六〇年に入ってから先土器時代という名称を使用するようになる。その理由として、日本では「研究の方法に土器を従来重視してきたのであるから、土器に基準をおく名称を与えることは、たしかに一つの便法であろう」として、無土器時代と先土器時代の用語を比較した場合、無土器文化には時代性がないので、「先土器時代という名称こそ用いるべきだ」と主張した（杉原 一九六三）。

その杉原の主張を戸沢も支持したが、「無土器文化という名称ほどでないにしても、先土器文化も、また、ないものがその文化の特徴を示している。それならば、その先土器時代文化の主体であり、内容を示すものは、実際に何であろうか。いうまでもなく、それは主として打製の技術だけによってつくられた石器である。」(戸沢 一九六五) ことを強調している。その後、戸沢は、「旧石器時代」「岩宿時代」の名称も使用するが、それはあくまでも、日本列島の旧石器段階である先土器時代としての「日本の旧石器時代」であり、岩宿遺跡の発見を契機とした日本列島における土器発生以前の時代としての「岩宿時代」である。

こうした戸沢の認識にもとづいて、本章では、岩宿遺跡で発見されたヨーロッパの旧石器段階に相当する時代として、日本先土器時代という名称を使用する (以下、日本は略し、先土器時代と表記する)。

[2] 戸沢の一九五六年度卒業論文「茶臼山石器文化」に記されている (未刊)。後に藤森栄一・戸沢充則「茶臼山石器文化」(『考古学集刊』四冊、一九六二年) として報告。

[3] イギリスの考古学者であるバーキット (M.C.Bukitt) は、旧石器時代の研究のための概念として、①artifact、②industry、③culture、④civilization、⑤time sequence の五つを定義づけた (Bukitt, The Old Stone Age : A Study of Palaeolithic Times, 1955)。そのうちの industry について、バーキットは「ある一つの遺跡の人工遺物 (artifact) の一群は、それが全部同一の時代に属するものである場合、その遺跡のインダストリーと呼ぶ」と定義したが、戸沢のインダストリーは、このバーキットの定義を援用したものである。

[4] 砂川遺跡では、本橋清によって、AからE地点の五カ所から石器群が採集されていた。このうち一九六六年秋に発掘調査が実施されたのは、A地点とC地点である。しかし、C地点は耕作によ

る攪乱がひどく、調査で剝片の一つも検出できなかったので、A地点のみが正式に発掘調査された。また、一九七三年二月にA地点に隣接するF地点が第二次調査されたので、A地点の発掘調査を第一次調査とよんでもいる。

［参考文献］

安蒜政雄　一九七四「砂川遺跡についての一考察—体別資料による石器群の検討—」『史館』二号
安蒜政雄　一九七七「砂川遺跡についての一考察—個体別資料による石器群の検討（二）—」『史館』九号
小野正敏　一九七九「先土器時代の遺跡群と集団」『日本考古学を学ぶ』3　有斐閣
小林達雄・小田静夫・羽鳥謙三・鈴木正男　一九七一「野川先土器時代遺跡の研究」『第四紀研究』一〇巻四号
杉原荘介　一九五三「日本における石器文化の階梯について」『考古学雑誌』三九巻二号
杉原荘介　一九五六「縄文文化以前の石器文化」『日本考古学講座』三巻　河出書房
杉原荘介　一九六三「会報」『考古学集刊』二巻一号
杉原荘介・芹沢長介・吉田格　一九五九「東京都茂呂における関東ローム層中の石器文化」『駿台史学』九号
鈴木次郎・矢島國雄　一九七八「先土器時代の石器群とその編年」『日本考古学を学ぶ』1　有斐閣
芹沢長介　一九五四「関東及中部地方に於ける無土器文化の終末と縄文文化の発生とに関する予察」『駿台史学』四号
芹沢長介　一九五七『先史時代（上）—無土器文化—』『考古学ノート』一巻　日本評論新社

滝沢浩　一九六二「埼玉県市場坂遺跡略報」『考古学手帖』一五
滝沢浩　一九六四「埼玉県市場坂遺跡」『埼玉考古』二
戸沢充則　一九五八「長野県八島における石器群の研究―古い様相をもつポイントのインダストリー―」『駿台史学』八号
戸沢充則　一九六五「先土器時代における石器群研究の方法―考古学的な資料を、歴史学的な認識の素材とするまでの、整理と理解の過程に関する方法論への試みとして。―」『信濃』一七巻四号
戸沢充則　一九六八「埼玉県砂川遺跡の石器文化」『考古学集刊』四巻一号
戸沢充則　一九七四「砂川遺跡の第一次調査から第二次調査まで」『砂川先土器時代遺跡―埼玉県所沢市砂川遺跡の第二次調査―』所沢市教育委員会
戸沢充則　一九七五「インダストリー論」『日本の旧石器文化』一巻　雄山閣
戸沢充則　一九八四「日本の旧石器時代」『講座日本歴史』一巻　東京大学出版会
戸沢充則　二〇〇三a「わが考古学事始め」『市民と学ぶ考古学』白鳥舎
戸沢充則　二〇〇三b『考古学のこころ』新泉社
長門町教育委員会・鷹山遺跡群調査団　一九八九『長野県小県郡長門町　鷹山遺跡群Ⅰ』
長門町教育委員会・鷹山遺跡群調査団　一九九一『長野県小県郡長門町　鷹山遺跡群Ⅱ』
藤森栄一　一九七〇「TONちゃんの上京」『考古学とともに―涙と笑いの奮戦記―』講談社
藤森栄一・戸沢充則　一九六二「茶臼山石器文化」『考古学集刊』四冊
明治大学考古学研究室　一九六九『概報・月見野遺跡群』
明治大学考古学研究室　一九八二『報告・野辺山シンポジウム　一九八一』

第2章　縄文時代研究

三上徹也

1　青年戸沢の不満と志向

曽根遺跡研究

信州、諏訪地方には縄文時代の遺跡や遺物が数多くある。そこから戸沢充則の研究ははじまった。

一九四八年、戸沢が諏訪清陵高校一年生（一六歳）の時、地歴部の部誌『清陵考古学』を創刊し、その巻頭に青木茂人・金松直也・手塚昌幸・戸沢充則の共同研究を戸沢がまとめた「曽根遺跡研究」が掲載された。その後、膨大な論文を発表した戸沢の、いわば処女論文といえる（図2―1）。

曽根遺跡は、諏訪湖底から黒や赤の美しく精巧な石鏃が大量に出土することで知られ、その謎

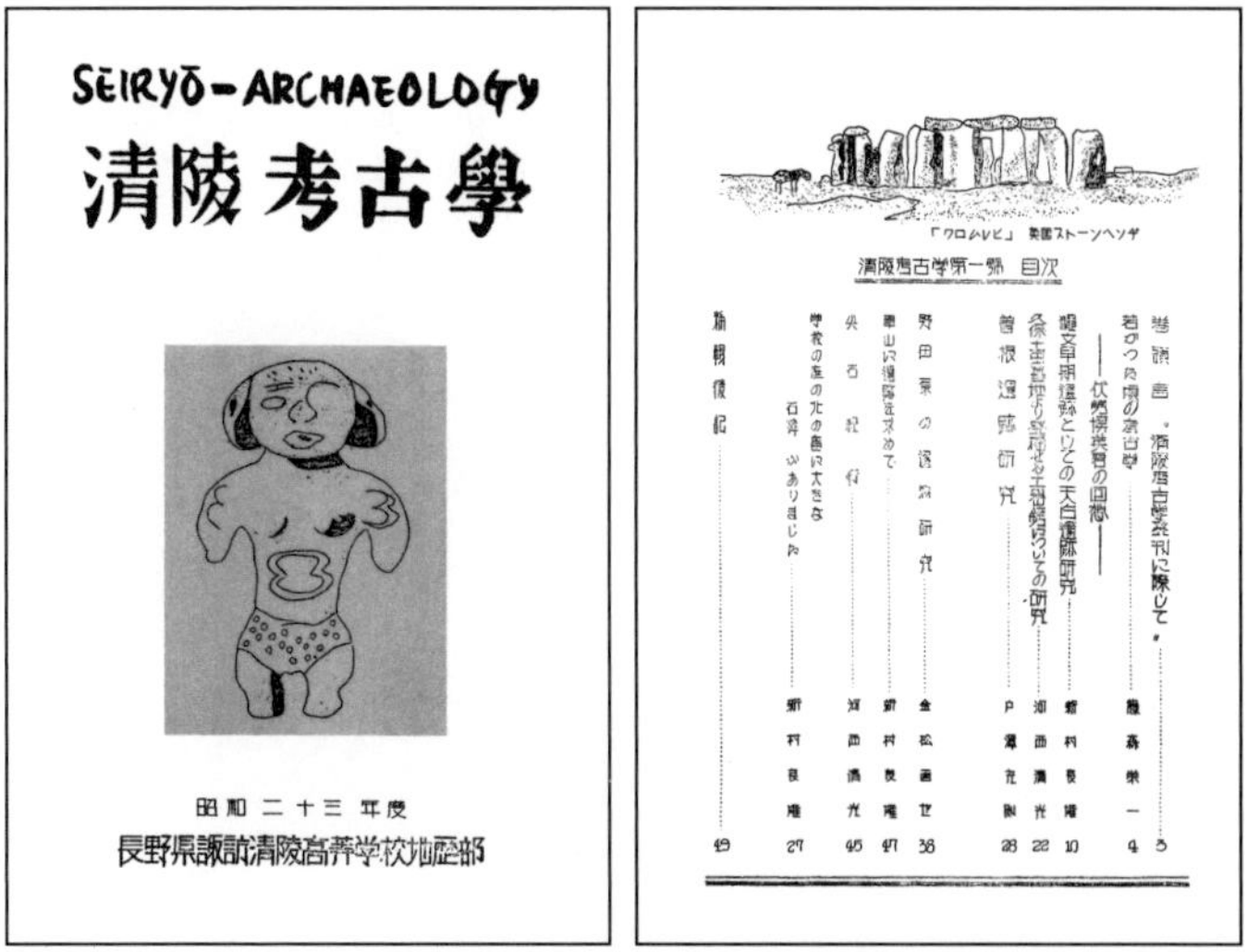

図 2-1 『清陵考古学』創刊号の表紙と目次

をめぐって、明治末から大正にかけて曽根論争とよばれる杭上住居説や地滑り説などが展開された。戸沢らは、従来の説をまとめるとともに、自分たちで地形や地質、湖底での遺物の散乱状態を調査し、採集した石鏃などの遺物を報告し、地盤沈降説を仮定している（現在では、藤森栄一が提唱した、当時は湖面上にあった場所が諏訪湖の水位変動で湖底に沈んだとする観方が有力）。

『清陵考古学』発刊の翌日、一九四八年一〇月三日の日記に、戸沢はつぎように記している。「曽根だけ研究していたのでは、曽根研究も完成しないし、研究も発展しない。（中略）一般にいままでの各先輩の研究は、極めて一局部のみ正確で、大きな視野に立った問題は粗であった。これからの研究は、こんなであってはならない。（中略）諏訪郡全体を、いな日本全体を一つの大遺跡と見た研究でなければ、考古学の完成は至難であろう」。曽根遺跡の解明だけが目指すところではなかった。考古学をはじめる時から、個々の遺跡を有機的に関係する小さなパーツとして、その全体を描き出そうという志向をもっていたことを、まずはおさえておこう。

小さな主題

戸沢がちょうど二〇歳の一九五三年、つぎのようなことを書いている。

「考古学の正道と銘うつ日本先史考古学史の輝かしい伝統が、僕等の研究の方向をどんなに強く指しているとしても、型式編年学の底を流れているべき数多い問題が、殆んどといってよいほど意表されていないはがゆさは、特に幼い僕等にとっては一つの懐疑たらざるを得ない。そこから出発する問題解決の意欲がもしあるならば、率直に、しかも考古学そのものによって、僕等は語らなければならないであろう。そうした意味で、地域と時間を限った考古学事象の中には、僕等が語るべき多くの主題がころがっている」（戸沢　一九五三b）

この「小さな主題」と題する小論は、次節で紹介する高校生の時代に、がむしゃらに勉強を重ねた縄文土器の編年研究に対する強い疑念から、その編年研究の枠をこえるべき新しい試みである「諏訪湖周辺の中期初頭縄文式遺跡―諸磯文化期における漁撈集落と狩猟集落―」（戸沢　一九五三a）の意義をみずから解説したものである。

そこで戸沢が主張したかったことは、縄文土器研究の進展によって、縄文研究の主流になっていた型式編年学が、たんに時間序列を整えるだけの研究になっているという批判である。「型式編年学の底を流れているべき数多い問題」、つまりなぜそのような土器型式の変化が生まれたのか、その背景にどんな生活・社会の変化があったのかという問題が「殆んどといってよいほど意表されていない」ことへのはがゆさがあった。土器研究を止揚させるべく、ふつふつとした思いがうごめいていた。そして、土器研究の方向が問題となる出来事が、間もなく起こる。

土器研究へのまなざし

一九五九年三月、神奈川県横須賀市の夏島貝塚を調査した明治大学考古学研究室のもとに、測定を依頼していた土器の放射線炭素年代値が届いた。BC9450±400年（戸沢　一九五九）。大方の予想をはるかに超えた数字であった。

縄文土器を一挙に世界最古に押し下げたこの数値には、その信憑性への疑念もさることながら、戸沢は数値の先を考えた。「縄文土器の古さをむやみに誇ったり、それだけを問題としようとしているわけではない」「年代が正しいものだと仮定したなら、一体それにはどんな意義があるのだろうか」と問題の本質をみきわめて、「日本文化の基層となった縄文文化の特殊性を、いかに日本の歴史の中に組み込むことができるか」、ひいては「世界史的な立場に導く」と人類史のなかでの土器発明の意義を考えていた。[1] 現在、土器出現の絶対年代はさらに古くなっているのであるが、「一体それにはどんな意義があるのだろうか」の問いにどれほどの答えが用意されているだろうか。

折しも一九五〇年代後半から六〇年代前半にかけて、山形県高畠町の日向洞窟遺跡（一九五六年）、新潟県阿賀町の小瀬が沢洞窟遺跡と群馬県みどり市の西鹿田遺跡（一九五八年）、長野県木曽町の柳又遺跡（一九五九年）、新潟県阿賀町の室谷洞窟遺跡と長崎県佐世保市の福井洞窟遺跡（一九六〇年）、埼玉県秩父市の橋立岩陰遺跡（一九六一年）、愛媛県久万高原町の上黒岩岩陰遺跡（一九六二年）など、土器が出現するころの遺跡の発見が相次ぎ、さかのぼる縄文土器の発見を受けて、縄文文化の起源論問題が活発化する。山内清男・八幡一郎による縄文文化北方起源論にはじまり、南北二系統論、さらには自生論も含めた見解である。

このとき戸沢は、土器が出現したといえども、生活様式を重視する視点から、縄文時代の開始は押型文あるいは撚糸文期におき、それ以前を杉原荘介が提唱した「原土器時代」（杉原 一九六七）を使って区別した。起源論の問題は、縄文文化とは何かという本質論、および時代区分論にかかわる問題であることを強く洞察していた（戸沢 一九六四）。土器が発明されたとはいえ、旧石器時代的生活の母体を変革するほどの役割をはたしていないという見通しから、縄文時代に入っているという印象を避けた時代名称が必要で、「原土器時代」にたどりついたわけである。この点は現在も縄文時代研究の課題である。

その後、先土器時代最後の細石器の変化の様相も明らかとなり、戸沢は、「本当に縄文文化らしい縄文文化というのは、草創期の次の撚糸文土器とか押型文土器が、それぞれの地域に定着する早期の段階」と、あらためて原土器時代とした意義にふれている（戸沢 一九九四）。さらに、この時代は世界全体が自然環境変化の「変動期」にあたり、「地球全体の人類史上の大変化」のいわば日本版と世界史的視野に位置づけた。

土器がいつ登場して、その古さがいかほどかは、けっして単純な古さ競争ではない。土器研究の意義は、土器や新たな土器型式を生んだ歴史背景へ接近する意識をもつべきだということが、戸沢の土器研究へのまなざし、基本的な立場であった。

2 土器型式編年研究の具体的実践

下り林遺跡

言うまでもなく、戸沢は、土器の型式編年研究を軽視していたわけではない。むしろ、つぎのように先駆的な多くの実践をおこなっている。

曽根遺跡研究から二年、一九五〇年、諏訪清陵高校三年生の時、戸沢は「岡谷市下り林遺跡の早期縄文式土器」（戸沢　一九五〇b）を発表した。

下り林遺跡は、長野県岡谷市、諏訪湖盆西北の塩嶺山塊の一角の標高八八〇メートル、諏訪湖面との比高約一二〇メートルの高所にある、早期の押型文土器から田戸下層式・子母口式、そして主体となる鵜ヶ島台式・茅山式、さらに東海系の粕畑式・上の山式と、長野県下ではじめて発見された縄文時代早期に連綿と続いた遺跡であった。

戸沢が採集した一抱えもある土器をみた藤森栄一が、諏訪や長野県はおろか縄文土器のなかでももっとも古い土器であることを示唆し、「これは大発見だよ。これからおおいに研究して考古学界に発表しなさい」と言ったという（戸沢　二〇〇七）。その言葉に、戸沢は大きな希望を膨らませた。

信州では未見の時期の資料であり、藤森に徹底的な指導を受けて層位的な裏づけを含み、早期撚糸文・押型文土器から条痕文土器にいたる各型式を整理して、関東や東海との関係にもふれる、当時としては最先端の知見を示した。撚糸文土器と押型文土器の並行関係にも言及するなど、その後の縄文時代研究の大きな指標の一つとなるきわめて先見的な業績といえた。[2]

樋沢遺跡の研究

戸沢の高校時代は、こうして当時最先端の土器の型式編年研究に重きがおかれ、時に中央学界からも一目置かれるような成果ともなった。大学進学後も、押型文土器の成立発展の問題と撚糸文土器の関係を含め、縄文文化起源問題の一環として整理・発言するようになっていく。そのはじめが諏訪市の細久保遺跡の調査を踏まえたうえでの、岡谷市の樋沢遺跡の調査とその報告「樋沢押型文遺跡」（戸沢　一九五五）である。

一九五二年に調査した樋沢遺跡で、層序の区別を明瞭にして、その上下層の押型文土器の内容を把握した。下層からは山形文を主体とした帯状・異方向施文を主に格子目文とわずかな楕円文、そして斜縄文土器をともなって、しかも胎土は「青磁のような色沢をもつ極薄」を特徴とする一群。上層からは楕円文を主体にそれが全面施文される押型文に撚糸文がともなう一群。こう観察し、前者を「樋沢式」、後者を「細久保式」と命名し、編年関係を示すとともに、関東地方の撚糸文土器との関係にも言及した。それは同時に、中部高地の押型文文化のみならず、縄文文化そのものの発生発展過程の解明も意図された。

層位学的所見にもとづいて、土器の特徴を的確に把握する型式学的研究——この考古学研究の大きな方法論的柱にそった両輪で編年研究が進んでゆく。戸沢は、この基礎的方法論にのっとった土器研究を進めたのである。

「殿村式」「梨久保式」の認定

こうした戸沢の土器研究が早期だけでなく、他の時期にもわたったことを簡単にふり返っておこう。

一九四八年、一六歳の時、藤森栄一との関係を深める本格的な発掘調査が、縄文時代中期の下諏訪町の殿村遺跡でおこなわれて、その内容と成果が翌四九年「殿村遺跡調査報告」（『史実誌』三号）として公表される。ここでは縄文時代中期の勝坂式終末の土器を、関東にない型式として「殿村式」と認定して、分離した。

関東地方で編年された勝坂式や加曽利E式であったが、「殿村式」は「はっきりと関東の編年に比定されるものがない」と見抜く。それもそのはず、ここに指摘された「櫛形文」は、まさしく関東の勝坂式土器にはみられない特徴で、後に井戸尻式と命名される中部高地地方のみにみられる一群の土器だった。

豪壮な中期土器への関心は、ほどなくその起源をたぐるかのような追究となり、矢継ぎ早な成果をあげる。

・一九五〇年「諏訪地方に於る中期初頭縄文式土器の研究」『清陵地歴部報』四号
・一九五一年「長地村梨久保遺跡調査報告」（宮坂光昭との共著）『諏訪考古学』七号
・一九五一年「宮川村晴ケ峯発見の土器」（宮坂昭久との共著）『諏訪考古学』七号

中期初頭土器の型式名として確たる「梨久保式」であるが、戸沢が「諏訪地方の中期初頭縄文式文化の一時期を画する一型式の標準資料を抽出した」として、『清陵地歴部報』に発表した。「梨久保式の設定に当たって最も注意した、藤森氏の踊場式土器との関係、及び晴ケ峯式土器との関係」についても注意深い考察をめぐらせ、踊場式土器とセットをなすこと、そしてその踊場式は晴ケ峯式からスムーズな変遷をたどることを説明し、複雑な様相を示す前期末から中期初頭土器を整然と整理した編年観を描き出す。その成果は、現在の研究の基礎におかれる（赤塩・三上一九九四、中山二〇〇九、三上一九八六）。「梨久保式土器が中期縄文式土器を生み出す直接の母胎である」という認識を示した点も忘れてはならない。

縄文時代終末期の土器研究

関東地方における縄文時代終末期の土器研究は、大正年間の安行式土器の認識以来、山内清男による一九三九年の『日本先史土器図譜』（先史考古学会）によって基礎ができる。その後は一九四九年の群馬県桐生市の千網谷戸遺跡と神奈川県横浜市の桂台遺跡で戦後研究の幕が開け、芹沢長介による雨滝式土器の設定、埼玉県川口市の石神貝塚の調査が研究に拍車をかけた。一九六二年には、四回にわたって早慶明三大学合同研究会が開催されるなど活況を呈した。戸沢もその一翼を担う。

一九六三年に、杉原荘介との連名による「神奈川県杉田遺跡および桂台遺跡の研究」（『考古学集刊』二巻一号）の発表を皮切りに、一九六四年には杉原荘介・大塚初重・小林三郎との共著「千葉県天神前遺跡における晩期縄文式土器」（『駿台史学』一五号）を、一九六五年には杉原荘介と「千葉県堀之内貝塚B地点の調査」（『考古学集刊』三巻一号）を、同じく一九六五年、杉原荘介と「茨城県立木遺跡」（『考古学集刊』三巻二号）、一九六九年には杉原荘介・小林三郎と「茨城県殿内における縄文・弥生両時代の遺跡」(『考古学集刊』四巻三号)と矢継ぎ早に発表していく。

これら一連の研究で、当時不安定であった安行3c式を晩期前半終末の大洞C_1式併行として大洞C_2式に先行させた。また、晩期後半にかけて、関東土着の安行式は消滅する一方で、わずかではあるが、より西方的な色彩をもつ土器が南関東の一部に入りこみつつ「〝くずれのない〟亀ヶ岡式土器がそれに代わる」と、ダイナミックにその状況を説く。後にはこの時期、浅鉢形土器が多くなる状況も含めた土器の形態上の変化を「生活の質的な変化」と歴史的な認識にも言及していく。さらに、関東在地の安行系土器を、縄文をともなうA系列とそれを欠くB系列、また亀ヶ岡系のK系列など、系列関係や組成関係に注目して整理した。

この系列と組成という問題は、型式設定・認定の鍵を握った。このころ姥山Ⅱ式とⅢ式の分離が議論の対象になっていた。器形や文様は同じでありながら縄文の有無を時間差として認識することの是非である。前後の系統性あるいは出土状況の観察から「同一型式内のバラエティ」と戸沢は考え、鷹野光行がいう「同一型式内の種別」(鷹野 二〇〇八)とした。これは現在の研究に根づいていく非常に重要な視点であった。この縄文の有無、という視点で土器を系列的に検討する試みは、先の縄文中期初頭土器と共通する見方といえる。

また、土器の型式的な研究のほかにも、忘れてならない成果がある。一九六六年、半田純子と共著の「茨城県法堂遺跡の調査―「製塩址」をもつ縄文時代晩期の遺跡―」(『駿台史学』一八号)では、晩期の生活とそれまでも注目していた東北との関連をいっそう明確にする視点をもった。

近藤義郎によって検討・命名された「製塩土器」の確認と晩期土器の編年研究を目的とした調査であった。

製塩土器の確認については、遺構と製塩との機能的な関連性に課題を残しつつも、製塩土器と製塩址について一定の手応えを感じとる。また、晩期土器の編年研究については、あらためて東北との関係性を見通した。安行3a式からはじまる大洞B式土器の流入による、在地土器たる安行系への影響である。さらにその後、安行系土器の独自の発展のなかでも、亀ヶ岡系土器が数多く客体的な形で存在する（具体的には大洞BC式期では鉢または台付鉢、大洞C_1式期では皿という特殊な形態）との興味深い事実を導く。

型式編年もさることながら、遺跡の立地や土器の組成といった視点と、背景に生業を絡めつつ、まさに動態論的な観点で縄文文化終末の様子を描いていた。

3　土器の背景に歴史を描く

土器研究の新たな視点

すでにふれたように、一九五三年、戸沢は「諏訪湖周辺の中期初頭縄文式遺跡―諸磯式文化期における漁撈集落と狩猟集落―」（戸沢　一九五三a）を発表する。縄文時代前期後半の諸磯式土器はa・b・c式に細分され、それぞれの型式内容を整理するところまでは従来の編年研究である。その遺跡を諏訪地域の地図上に落とした戸沢は、諸磯a・b式の遺跡と、c式の遺跡とで立地が異なることをみいだした。土器型式には大きな情報があるはずだ。それを生業のちがいであると仮定して、地域の生活実態の描出を試みた。土器型式を地形や地理的分布に投影させた、立体的な人間生活の叙述であった。

縄文時代研究が型式の細分に邁進するなか、土器の「型式」は何を反映しているのかという大きな問題に直面していた。杉原荘介の『原史学序論』（一九四六年）などは、その理論的考察の先がけである。戸沢が大学生活を送るさなか、みずからもその同人の一人であった『考古学手帖』誌上では、土器型式を「年代学上の単位」から「生活の道具」へという立場で問題を提起した岡本勇の「土器型式の現象と本質」（岡本　一九五九）をはじめとして、この議論で沸き立っていた。戸沢はといえば、遺跡研究・分布論を含め、複合的な観察こそがこの問題に迫りうると考えた。それは後に、動態論をとおして展開する。

物事の動くさまを「動態」という。考古学ではあまり聞かない用語であるが、じつは、編年研究をリードした山内清男が意識していた。山内は言う、「縄紋土器の文化の動態は、かくの如くして（中略）土器型式の細別、その年代地方による編成、それに準拠した土器自身の変遷史、これによって排列されたあらゆる文化細目の年代的及び分布的編成、その吟味等の順序と方面によって解明に赴くであらう」（傍点筆者）と（山内　一九三九b）。

山内清男への批判的視点

この山内の土器型式研究の展望について、戸沢は懐疑を抱く。「縄文文化の動態や本質を明らかにする方向に、正しく進展しなかった」と。「「縄文土器の文化の動態」を明らかにすべき方法としての編年研究が、その目的とはうらはらに、一つの方法的限界を基本的に持つものであることを知らなくてはならない」（戸沢 一九七〇b）と言い切った。

縄文文化の本質に迫りうるという山内の理念とは裏腹に、当時の土器の研究は、時空の細分以上の目的をもたない（志向しない）かのような状況だった。「歴史が動くということは少なくとも土器や石器が変わることではなく、その土器をつくり、石器を使った人間や、人間の営みの結果としての文化・社会の構造が変わったことである」（戸沢 一九七〇b）。

戸沢は、山内の「今後このすべての細別型式を十進法を用いて整理しうる」という将来計画にも大きな疑問を呈していた。戸沢の脳裏には、土器の分析だけではかなわない歴史的意義を、土器編年区分の大別に込めるべきであるという思いがあった。つまり大別の歴史的評価である。戸沢は千葉県の貝塚地帯の遺跡の消長をみるなかで、この点に具体的に疑問を呈して、「土器の編年学的研究による時期区分―大別にあたるものが、縄文時代の歴史的な発展の姿を正確に反映していないのではないかという疑いがある」（戸沢 一九七〇b）と指摘する。十進法というきわめて機械的な大別に、ともすると縄文時代の発展段階を重ねがちな風潮への警鐘、歴史的な誤解を与えぬような継続的な検証の必要を強く説く。大別で示さなければならない時代の特徴は何であったか。何がその地域や時代の特性を変えたのか。型式の変化の意味や背景をつねづね意識して考えていた。

たとえば、諸磯式土器の立地に、b式までとそれ以降のあり方のちがいを認め、「土器の型式変化や土器の分布圏ではとらえられない一つの歴史的な事象」が確かにあるとする（戸沢 一九五三b）。そのちがいの背景や理由を戸沢は、漁撈的立地と狩猟的立地と推測した（戸沢 一九五三a）が、生産という本質を含まぬところの「土器型式とは何か」という、土器だけでは答えを導きにくい歴史的本質の存在に意を注いでいた。

小さいとはいえ、南北に長い日本列島。海にかこまれるとはいえ、内陸部はそこから隔絶された山岳地帯となっている。生業や人びとの生活習慣、伝統などをひとくくりに考えることはできない。土器型式に表徴される背景とは何か、具体的にどのように解明できるか。考古学に求められる課題であった。

押型文土器群編年素描

戸沢は、樋沢遺跡の報告書を書いてから二三年たった一九七八年に「押型文土器群編年素描」（戸沢 一九七八a）を発表した。その間に蓄積された多くの資料、とりわけ押型文土器研究では「台風の目」といわれた立野式土器はじめとする、関西の神宮寺・大川式土器の充実ぶりと研究成果を応用しつつ、編年を練り上げたうえで、その波及状況をまさに動的に描き出す（図2-2）。

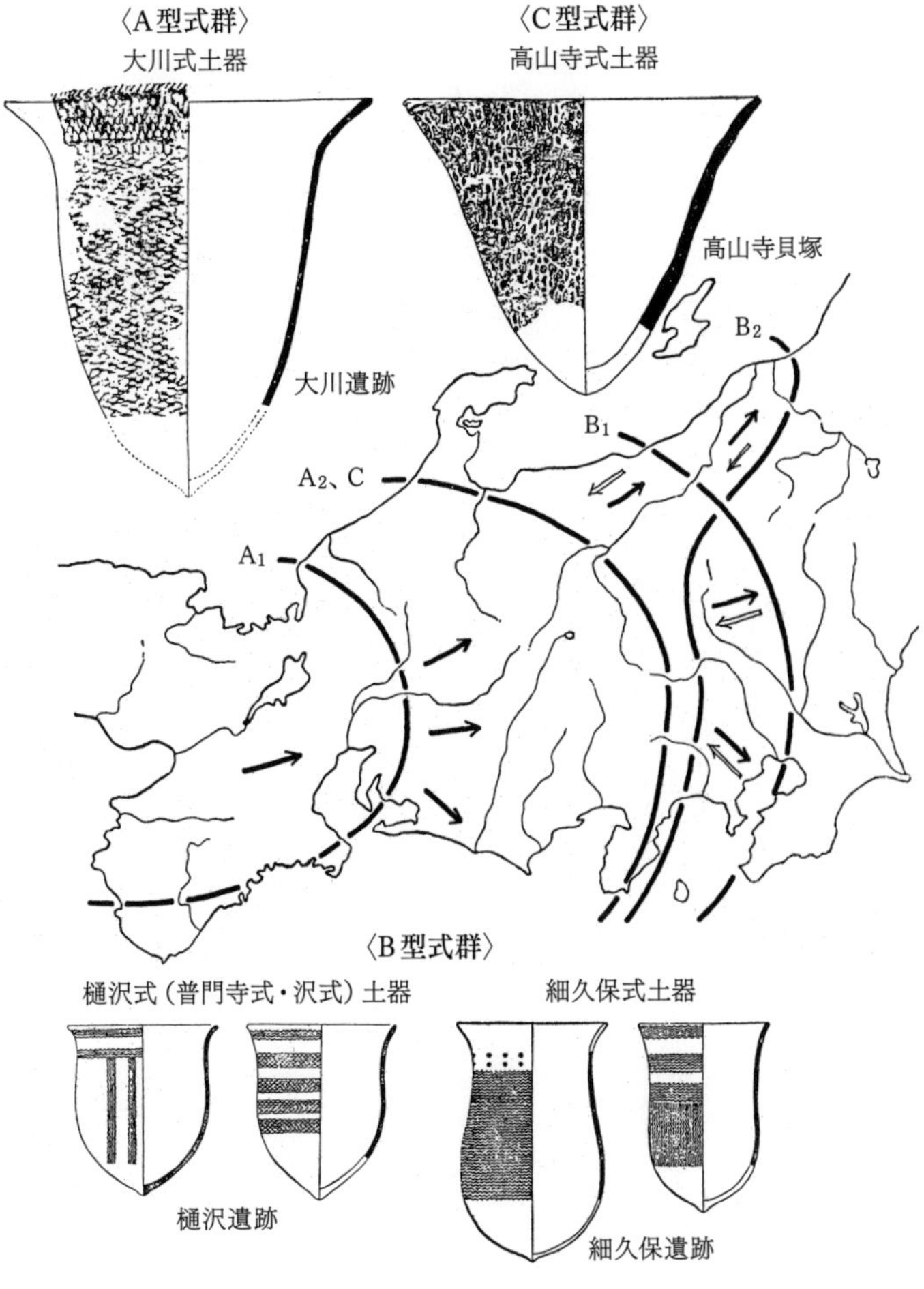

図2–2　押型文系土器型式群の分布域とその動態

A_1はA型式群の神宮寺・大川式、A_2は同立野式、B_1はB型式群の樋沢式、B_2は同細久保式、CはC型式群を示す（戸沢 1978aを改変）

爪形文土器からの連続性を示す最古押型文（神宮寺式・大川式・立野式）をA型式群、それにつづくB型式群（沢式・樋沢式・普門寺式・細久保式・卯ノ木式）、そして最後のC型式群（高山寺式・穂谷式）と、押型文の発生から終末の動きを叙述する。[3] 発生期A型式群は近畿地方を中心とする中部西日本に生まれ、やがて岐阜・長野県といった山岳地帯に浸透する。ほどなくB型式群が中部日本において様相を変化させながら、伝統的な押型文分布域として確立する。その後半の細久保式ではさらに新潟県北部への突出的な拡張の一方、樋沢式に伸張した関東圏からの東方への後退、さらにC型式群の時期にはその後退は立野式の範囲にまでと続く動きを明らかとする。この神宮寺・大川という最古押型文の東限（愛知・岐阜あたり）は、はからずも東日本的な多縄文系土器分布の西限にあたり、これがなんらかの意味をもったラインであることを想定し、編年的には撚糸文系土器群をここに対比すべきと主張した。明らかにした分布と動態、さらなるその先に期待を込める。

「分布と動態などの諸現象を通じて、例えば関東地方の撚糸文土器群と並んで、あるいはそれ以上に、縄文文化成立の事情に迫ることのできる地域文化の側面をあらわしていることが明らかになったと思う」「必要なことは、ここで輪郭を素描した「押型文土器文化」が、どんな生活の舞台と、どんな生産・生業と、人々のどんな生活を通して生まれ、また消滅・解消していったかを知ることである」（戸沢 一九七八a）。土器から人の動きのたとえ一端でも探ろうとする意図を込めて戸沢が意識して使った「動態論」の、実践・取り組みである。

『市川市史』での実践

「土器から人の動きを知る」という明確な目的を意図した、戸沢の動態論を確認してきた。本節の最後に、こうした動態論の先に、さらに掘り起こすべき歴史事象のあったことを考えてみる。その象徴的な実践である『市川市史』の研究に注目したい（杉原・戸沢 一九七一）。

『市川市史』での縄文時代叙述の流れは、土器型式を軸に展開されるが、たんに時間の変遷を追うだけではなく、同じような型式群の生活を伝統的ととらえ、変化した場合、それは文化の質にかかわるとした。結果的に、従来の土器型式による大別をいったん捨象し、時期区分を形成期・上昇期・展開期・最盛期・退嬰期と設定し、それぞれの時期の分布の意義と人びとの動きを描き出す（図2-3）。

つまり、早期の条痕文系土器に代わって前期に縄文を多用する土器が登場する事情を、前期に最深部にまで拡大した海進現象にともなって、それを追う形で拡散した貝塚文化がより東北日本的な土器の要素と接触した結果と導いた。前期末から中期中葉まで続いた土器にあらわれた地域圏の分裂も、やがて中期後半に漁撈用具などの共通性も組み合わせ、加曽利E式という、等質な土器、つまり地域圏の統一化をそこにみる。以後、貝塚文化最盛期には関東的な土器がスムーズな変遷を遂げることを明らかにして、文化・生活の安定した状態をあぶりだす。このように土器とその変化の背景に潜む文化の質を絡めて、地域史を叙述していく。

時代区分	土器の時期区分	土器の型式 南関東の西部	土器の型式 南関東の東部	土器の群別	貝塚文化の変遷	貝塚文化の主な事項
原土器時代		(土器出現以前)				
	(草創期)	(隆線文土器)		草創期系	形成期	有茎尖頭器の発見(松戸)
		(爪形文土器)				
		(押圧縄文土器)				
縄文時代	早期	井草1		縄文・撚糸文系		
		大丸・井草2				
		夏島				最古の貝塚形成される(西之城)
		稲荷台				C14年代=7290±500B.C.(夏島)
		大浦山・稲荷原・花輪台1				
		平坂・花輪台2				市川最初の縄文時代遺跡(根古谷)
		三戸		沈線文系		
		田戸下層				
		田戸上層				
		子母口		条痕文系	上昇期	
		野島				
		鵜ガ島台				
		茅山下層				C14年代=5250±110B.C.(美濃輪台)
		茅山上層				遺跡数が増大する
	前期	花積下層		多縄文系	展開期(変動期)	
		関山				縄文海進最高時
		黒浜				C14年代=3390±130B.C.(庚塚)
		諸磯a		諸磯系		
		諸磯b	浮島1・2・3	浮島系		C14年代=2820±170B.C.(北台)
		諸磯c	興津			
	中期	十三菩提	・			遺跡数一時的に減少する
		五領ヶ台	下小野	勝坂・加曽利E系		
		勝坂Ⅰ	阿玉台A	阿玉台系		
		勝坂Ⅱ	阿玉台B			
		原加曽利E	阿玉台C		最盛期	馬蹄形貝塚の形成はじまる
		加曽利E1				C14年代=2280±90B.C.(向台)
		加曽利E2				
		加曽利E3				東葛台地の貝塚数最大となる
	後期	堀之内1		薄手式系		C14年代=1830±150B.C.(堀之内)
		堀之内2				
		加曽利B1				
		加曽利B2				市川砂州の形成
		加曽利B3				C14年代=1680±90B.C.(加曽利)
		安行1		安行系		
		安行2				
	晩期	安行3a			退嬰期	
		安行3b				東北より亀ヶ岡系文化流入
		前浦・安行3c		亀ヶ岡系		遺跡分布の中心東関東に移る
		大洞C_2《杉田1》				
		大洞A《千網》				
		大洞A′《荒海》				西日本系の文化の流入が目立ちはじめる

図2-3　土器の時期区分と貝塚文化の変遷

4　集落・領域研究

集落研究の嚆矢

一九二六年（大正一五）、千葉県市川市の姥山貝塚で日本で最初の竪穴住居が完掘され、さらにぞくぞくと計二〇軒も発見されて、一挙に縄文集落の一部が姿をあらわした（宮坂・八幡 一九二七、松村・八幡・小金井 一九三二）。だが、日本考古学の主流は土器の編年研究に没頭して、その重要性をとらえることができなかった。戸沢はつぎのように語っている。

「学界の主流は、きわめて冷淡にこの重要な発見を見過ごしたのである」「当然、日本考古学界があげてその研究の重要性を認識し、積極的に究明の鍬をうちおろさなければならなかった石器時代集落の研究は、学界の中央ではそれ以上に進展することはなかった」（戸沢 一九七四a）。

姥山の三年後、集落研究で注目すべき動きが、信州の山のなかにはじまった。宮坂英弌による尖石・与助尾根遺跡の調査である。地元豊平村（現・茅野市）出身の教員であった宮坂は、一九二九年（昭和四）に尖石遺跡の遺物採集をはじめる。翌三〇年（昭和五）には炉跡の検出、以後約一〇年間に五一カ所の炉跡を発見したのち、一九四〇年（昭和一五）にはじめて竪穴住居を発掘し、四二年（昭和一七）までの三年間に三二カ所の住居を確認し、原始集落がその姿をあらわした。その重要性から一九四二年に国史跡の指定を受ける。尖石遺跡の調査は、これにより終止符が打たれたわけだが、引きつづき宮坂の情熱は、戦後に谷を隔てた与助尾根遺跡へと展開し、一九五二年までに二八カ所の竪穴住居の調査を完遂した。より情報の多くなった二つの近接する原始集落の姿は、以後、縄文集落論に大きく寄与することになる。

水野集落論の評価

しかし、その後の日本考古学は、住居の集合である集落研究に有効な研究方法をみいだせなかった。集落の具体的な分析となると、非常にやっかいな問題が存在していた。時に折り重なるように存在している住居群。一時期にどれだけの住居が存在したのか、同時に存在した住居を選び出すことは困難であった。それがおこなえなければ、集落分析の糸口すらみいだせない。

一九五七年に、報告書『尖石』が刊行され、縄文集落の姿がはじめて広く明らかとなる。ほどなくして水野正好が、この報告書を用いて縄文集落を分析し、その概要を日本考古学協会大会で発表した（図2-4、水野 一九六三）。そして、一九六九年に「縄文時代集落復原への基礎的操作」（水野 一九六九）を発表して、これが「水野集落論」とよばれる集落研究である。

住居の拡張、炉石の有無といった視点にもとづき、集落内外の人・住居の動きを描き出し、そこに遺物を重ね、さらに空間的な特徴を加え、集落の姿を見事に示した。二棟一組を一家族とする単位を基本に、三小群が定型化して、さらに二大群（二棟六小群）といった型の存在を提唱し

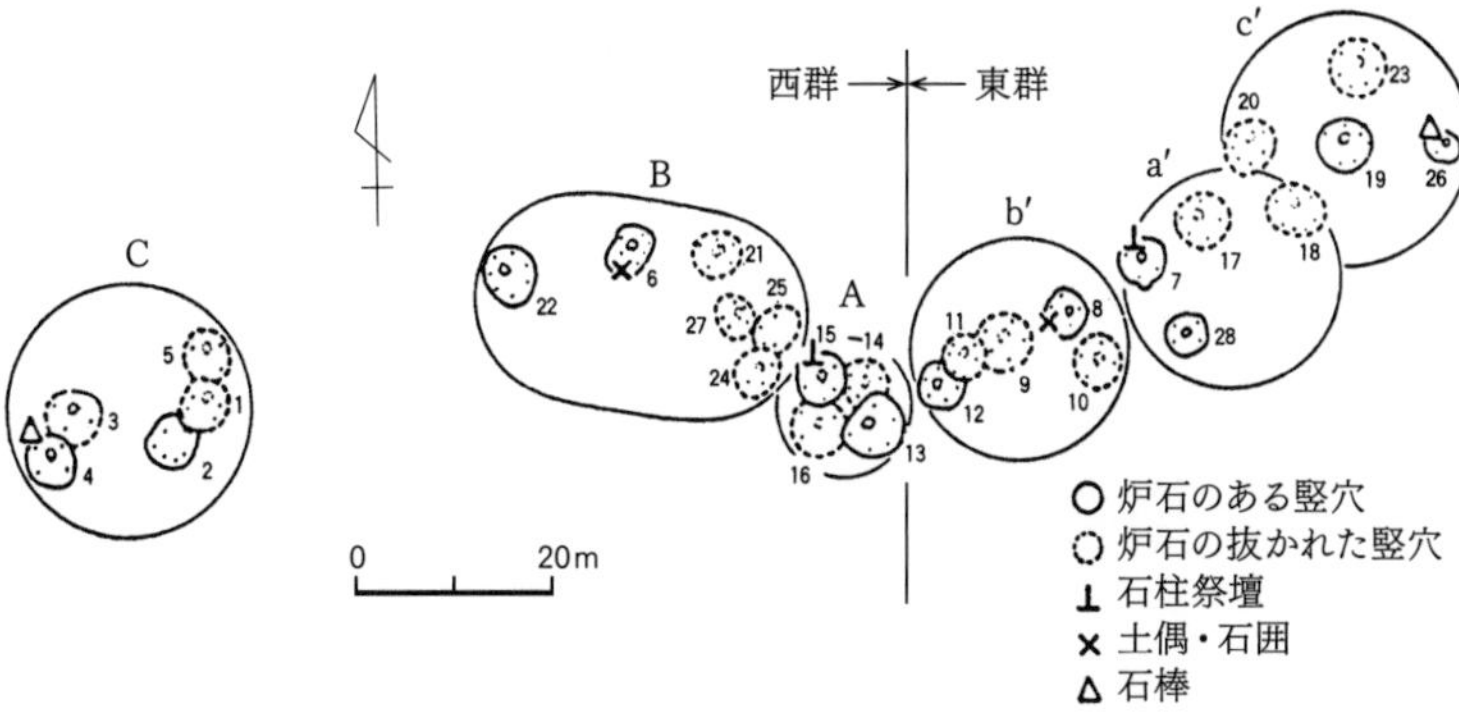

図2-4　水野正好による与助尾根集落の分析

た。そして生産の場を含めて集落の「領域」や、「移村・離村・本村・分村」などの用語を用い、隣接遺跡群との関係にまで言及していた。

この「水野集落論」には大きな反響がおこったが、批判的な内容が多かった。確かに土器型式の認定など基礎的な資料操作に問題がなくはなかった。そのなかで戸沢は、水野集落論の分析方法を積極的に評価した。集落構成を知るための従来にない視点と方法をもって、〝住まいの動き〟あるいは〝住まいの流れ〟を見事に描きだした試み、と大きく評価したのである（戸沢 一九七〇b）。そして、この方法をみずからの実践研究にとり入れた。

集落研究の実践

一九六六年、東京都東大和市の諏訪山遺跡で、勝坂式終末から加曽利E式初頭というきわめて限られた時期の六軒の住居を調査して、重複関係を示す二軒の炉形態に注目した。古い住居の炉石はとり除かれていたが、新しい時期の住居の石は残存していた。この時間差は「土器型式の差としてはとらえられない。というよりは一型式で示される時期の中でのできごとであったとしてよい」として、「集落の研究では、もはや土器型式の差ではとらえられない変化が問題」と結論づけた（戸沢 一九六六）。

引きつづき長野県岡谷市の海戸遺跡での集落研究が実践された（図2−5）。分布状況から三群を、さらにその中に二つの支群を認めて、その支群には連続する五時期の動きを読みとり、結果、各群は一〜三棟からなることを確認したうえ、未調査区も含めて遺跡全体に一〇前後の群の存在を予測した。土器型式を目安としつつ、住居の切り合い関係などを整合させた成果であった。結論的に「一定の規制のもとにあるいくつかの住居址群の集合体」と集落構成に群別を認めると、おのずと群の性格の問題へと発展した。群の結びつきこそが大きな生活共同体としつつ、核家族的な世帯との中間に「血縁的な世帯共同体」というべき結合段階を想定できると考えた（戸沢 一九六八）。

最小の単位集団＝戸の集合が群、複数の群の結合で「血縁的な世帯共同体」が形成され、そのトータルな集落の姿こそが大きな「生活共同体」と一つの集落に想定した。発掘された住居が漫然と点在する素の姿から、それが、戸→世帯共同体→生活共同体という、当時の集落の整然と秩序だって形成された姿であったことをよみがえらせた。

そうした意識はさらに、「テリトリーの研究を集落研究の延長線上でおし進める必要がある」（戸沢 一九七〇b）との認識へと広がった。具体的には、集落の集合＝遺跡群、遺跡群を軸とす

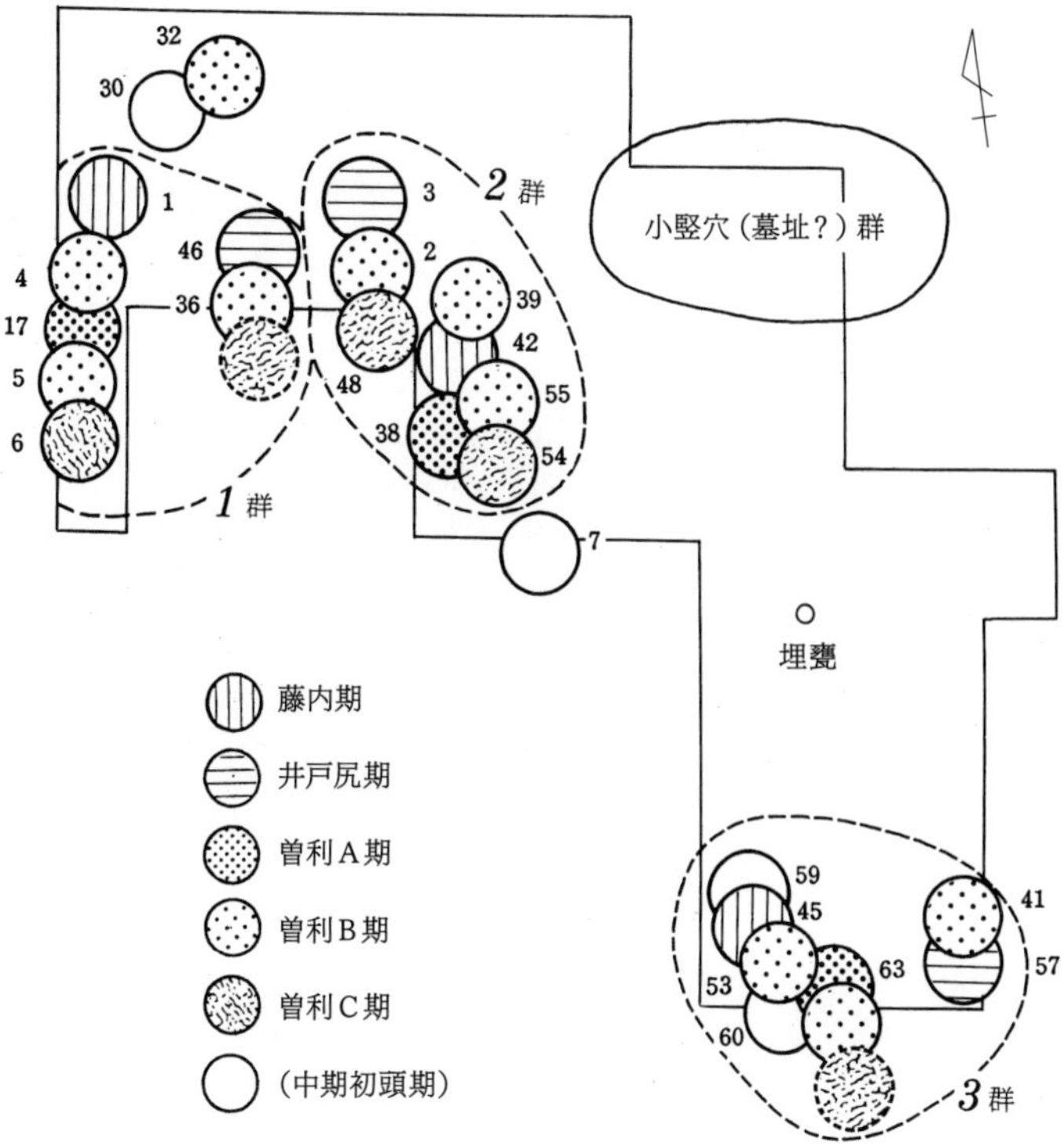

図2−5　海戸遺跡における住居址の分布

る活動範囲＝領域、という概念の探究である。

領域研究の実践

先にみた『市川市史』の執筆にあたって戸沢は、「市域の徹底した分布調査の結果を踏まえ、それらの多くの遺跡を「遺跡群」として分析し、それにもとづいて縄文時代の社会（集団）と、そこで行われた縄文人の生活の復元にどのようにアプローチすることができるかを、叙述の一つの目標においた」（杉原・戸沢 一九七一）。

ここでは、大きく二点の成果を中心にみていこう。第一点目は、遺跡のタイポロジー的研究である。タイポロジー的研究は、一九六七年の小林達雄によるセツルメント・システム論がその本格的な研究のはじまりといわれる（小林 一九六七）。詳細な調査のなされた多摩ニュータウン地域の遺跡をA～Fの六パターンに分類し、その組み合わせと変化を時期別にみて、遺跡群の研究を深めていった。そこには集団の行動様式から社会構造・文化を具体的に描きだす大きな可能性を秘めていた。

このようないわば遺跡の類型分類を、戸沢も同じ時期におこなっていた。市川市域の遺跡を、住居数などの集落規模や時期のちがいにもとづき、つぎのように類型化した（杉原・戸沢 一九七一）。

a型＝上昇期ないし展開期だけの時期で終わるもの、b型＝最盛期だけのもの、c型＝上昇期または展開期から最盛期まで続くもの、d型＝展開期（または上昇期もふくめて）でいったん中断し、最盛期にふたたび居住されるもの、e型＝ほぼ全時期を通じてのもの、f型＝その他特殊なもの、とくに退嬰期にいたるもの。

そして、それぞれの性格を検討した。e型が中核的な集落、b型は膨張した中核集落の分村的な性格、c型はe型が最盛期を迎える前半にあって、e型と相互補完的なあるいは移村も含めた密接な関係のある集落、d型は規模が小さく補給基地的性格、f型は息の長い特殊な性格から外部とかかわる「ターミナル」的な存在。まさに遺跡のタイポロジーである。

第二点目が、集落の関係性の追究である。地理的景観を考慮して、遺跡のつながりを具体的にみる。結果的に、e型とした最大級の馬蹄形貝塚をもつ大集落を中心に、直径ほぼ二・五〜三キロの七つの円圏をみいだした。この七つの円圏はそれぞれ、上記に類型化した集落を必ず含み、したがって各集落がバラバラに存在したのではなく、ある一定の性格と役割をもつ遺跡群構成の把握につなげた。

戸沢は、この範囲を「領域」とよび、遺跡相互の関係から、領域の意義へと言及する。「領域」は、そこで生まれ、生活して、死んでいった人びとにとって、大部分の生活の糧をえるための土地であり、世界のすべてであったような、重要な意味をもつ場であると。さらにそこに住んだ人びとは、「血縁的共同体社会」を形成したとも想定した。その領域を一つの核に、しかし領域を超える土器型式の共有は事実であって、そのことから「地域圏」（多くの領域をおおって、土器型式の同一性で示される範囲）や「生活圏（サークル）」（狭い「領域」と広い「地域圏」のあいだの、より生活の必要に結びつけられた中間的、予測的な範囲）、さらには「生態圏」（同じような自然環境）、「生業圏」（同じような食物を食べ、そのために相似た道具で、同じような食料獲得生活を営む）という概念を生みだし、自然と共生する縄文人の生活舞台や社会的ネットワークを設定した。

そして「等しい住居に住み、同じ型式の土器をもち、共通した信仰や風習で結ばれ、それらのことを何世代か何十世代にわたって、伝統として培えるような地域こそが縄文人の世界。それを「地域文化」としてとらえる事が出来るのである」と、地域文化の言及にたどり着く。こうした「地域文化」の描出は歴史叙述にいっそうの動きを与えた。

地域文化の叙述

一九八八年の『長野県史　考古資料編〈遺構・遺物〉』では、「縄文時代の住居と集落」のタイトルで、長野県内の縄文時代遺跡約六〇〇〇カ所、住居数二一五七例の研究蓄積から、草創期から晩期にいたる集落の様子を、具体的な事例を引きつつ俯瞰的にみわたした（戸沢 一九八八）。そして「背景としてあったであろう生業や生活の上での、大きな変化と結びつい」て考えるべき集落の変遷を叙述していく。縄文時代の歴史的な流れを、時間的空間的な指標の土器型式を縦軸に、横軸にはそのときどきの遺物や遺構の特性を据えおいて、立地環境を視野に入れつつ、集落とそのつながりのなかで暮らす人びとの姿を描きだす。

長野県という行政区分のなかには、先の「地域圏」や「生活圏（サークル）」「生態圏」「生業圏」とくくれる概念地域が複合する。広く多様な地形を抱く長野県の特性も加わり、その記述は容易でない試みだった。しかし、その試みは、「単なる住居址や集落跡の考古資料としての変遷史ではなく、そうした資料を駆使した一地域の縄文時代史をなしている」（宮下 一九九〇）との評価を生んだ。

5 考古地域史論の提唱と実践

多様な列島文化

戸沢の集落研究を、点から面へと系統性を確認しながら眺めてきた。肝心なことは時間的・空間的に広がっていく相互の関係性の正確な把握は、地域に根ざしてこそ達成できるということではないか。地域研究の本質がここにあり、その理念を戸沢は「考古地域史論」という言葉で提唱した。

「縄文文化総体は多様な特徴をもって各地域、各時期に存在する地域文化の、モザイク状の構成体ととらえるべき」（戸沢 一九八六c）、あるいは「ある一定の空間的なひろがり（地域）をもち、その中である一定の時間的な連続性（伝統）を保ち、それが地域文化として認められるような、つまり縄文人の生活の全体系を網羅し、文化の単位がそこで認識できるような地域性の把握が、日本列島全体の縄文文化について早急になされなければならない」「縄文文化は多様な様相をもった地域文化の構成体として存在し、個々の地域文化のもつ個性と、それらをつらぬいてなお共通性をもつ特質の総和として、はじめて一つの歴史性をそなえたリアルな姿を、われわれの視野の中に展開すると考えられるのである」（戸沢 一九八六d）。

縄文時代・縄文文化とは、を一言で説明することは難しい。戸沢は、まず各地域の実態を明らかにすることが不可欠であると考えた。

「貝塚文化」

その具体化のひとつが、すでにみてきた『市川市史』での実践である。一九七一年刊行の『市川市史』の準備は一九六六年ごろからはじまった。具体的に「貝塚文化」ということばが登場したのは市史刊行の前年で、「狩猟・漁撈生活の繁栄と衰退」（戸沢 一九七〇a）と題する一文である。

千葉県などの海岸地域では、先土器（旧石器）時代遺跡の密度が関東平野でも北関東はじめ武蔵野・相模野台地にくらべきわめて希薄な状況だった。これは先土器時代人が積極的に海に生活の場を求めていない証左といえる。ところが縄文時代になると、一転して千葉県などの海岸地域に多くの遺跡が進出している。まぎれもなく「海を媒介とした大きな歴史の変動」を迎えた。

貝塚の発達は、縄文人の食料獲得手段の多様性を顕現する。ただし貝塚を発達させることのできる地は、海岸地域ならばどこでもよいわけではなかった。溺れ谷地形と台地の発達した地域環境が、先の状況を快適とした。とくに早期末から前期にかけての縄文海進の時期、砂泥性の遠浅の海が発達し、そこには貝や魚群が豊富になった。こうして地域独自の文化が発達した。

その貝塚を特徴とする文化は、貝塚形成期である早期初頭の撚糸文期、上昇期となる早期末葉の茅山式期、展開期となる前期前葉の関山・黒浜式期、最盛期となる中期中葉の加曽利E式期、退嬰期となる後期末の安行式期と大きく五つの画期の存在を想定した。その形成期、上昇期、展開期、最盛期、退嬰期の五つの時期は、山内清男が提示した土器の大別編年とは明らかなちがいをみせていた。縄文時代の歴史的な発展の姿を正確に反映していないということは、すでに指摘したことである。そしてこうした、発達した漁撈生活を基礎の一つとして生みだされた社会・文化を「貝塚文化」と提唱した（杉原・戸沢　一九七一）。

「井戸尻文化」

戦前・戦後にかけての尖石・与助尾根遺跡の発掘調査は、縄文集落の実像を明らかにしていた。そんな縄文集落の研究を前に、藤森栄一は一九四九年「原始焼畑陸耕の問題」（『夕刊信州』一一月二五日号）と題する小論を発表した。狩猟採集だけで、尖石遺跡のような規模の大きな集落を支えることができたのか。石鏃などの狩猟具は乏しく、植物加工具としての石皿や耕作具としての打製石斧が爆発的に増えている。そこに初源的な焼畑式農耕の存在を考えた。

一九五八年、藤森は、地元の農民とともに長野県富士見町の井戸尻遺跡群を新たなフィールドとした調査をはじめた。尖石遺跡にも劣らぬ土器・石器などの遺物の量と質に、地域住民は圧倒され、井戸尻遺跡保存会も結成されて調査がエネルギッシュに展開した。

やがてその成果は、貝塚地帯でしかなしえないといわれた土器編年を、竪穴住居の切り合い関係の観察からより詳細な「井戸尻編年」をつくり上げて、それを軸に、遺跡や集落の時間をみきわめ、石器や宗教的遺物の機能やその意義などを分析し、それらの相互的関係を考察して、一九六五年『井戸尻　長野県富士見町における中期縄文遺跡群の研究』（中央公論美術出版社）をまとめあげ、成果を広く世間に問うた。

ただしこの時、まだ「井戸尻文化」との提唱はない。この一連の調査報告に携わった戸沢は、「八ヶ岳西南麓の代表的な縄文中期の遺跡で、国史跡である井戸尻遺跡の名を表徴的に用い」て「井戸尻文化」を提唱した（戸沢　一九八六d）。命名がいつのことであるのか、正確ではないかもしれぬが、『井戸尻』刊行から八年後の一九七三年、『岡谷市史』のなかには使われている。「『貝塚文化』や『亀ヶ岡文化』に対比されるものとして、中部高地地域的な縄文時代中期文化がある。その文化の様相を典型的に調べあげた八ヶ岳南麓の井戸尻遺跡群の名をとって、仮に『井戸尻文化』と呼ぶことにしよう」（戸沢　一九七三）。

「井戸尻文化」の内容を、農耕の有無には慎重でありつつ、つぎのように整理する。[4]「『井戸尻文化」の特徴が、縄文時代文化全体のなかではやはりきわだって他と区別されるべき文化の現象であることは否定できない。藤森学説も強調するように、「井戸尻文化」がクリ・ドングリ・シイノミなどの木の実やヤマイモなどの球根をはじめ丘陵地帯に豊富な植物性食物依存の文化であり、そうした食料獲得手段にすぐれ、それに適応した縄文時代人によって、八ヶ岳山麓を典型とするような広大な洪積台地を舞台として生みだされた文化なのである」「それはあたかも「貝塚文化」が関東平野の遠浅の浜に多産する貝や魚類に依存し、「亀ヶ岡文化」が鮭・鱒の遡上する東北の河川によってつちかわれたのと等質の文化的な昂揚であったと見るべきであろう」（戸沢 一九七三）。後に、つぎのように補足する。「植物栽培存在の事実を、直ちに農耕文化、農耕社会の出現とはみない」との姿勢を保ちつつ、「縄文人一般の生業活動レベルをはるかに超え、ある程度の栽培さえそこに存在しうるほどの、きわめて発達した植物性食料資源の活用が」「伝統化し」「その生産基盤の上に」生まれた文化であると（図2-6、戸沢 一九八六d）。

以上のように、文化の内容に迫ること、これは確かに歴史叙述の一つの大きな姿であって、考古地域史観にもとづく大きな研究の成果といえる。

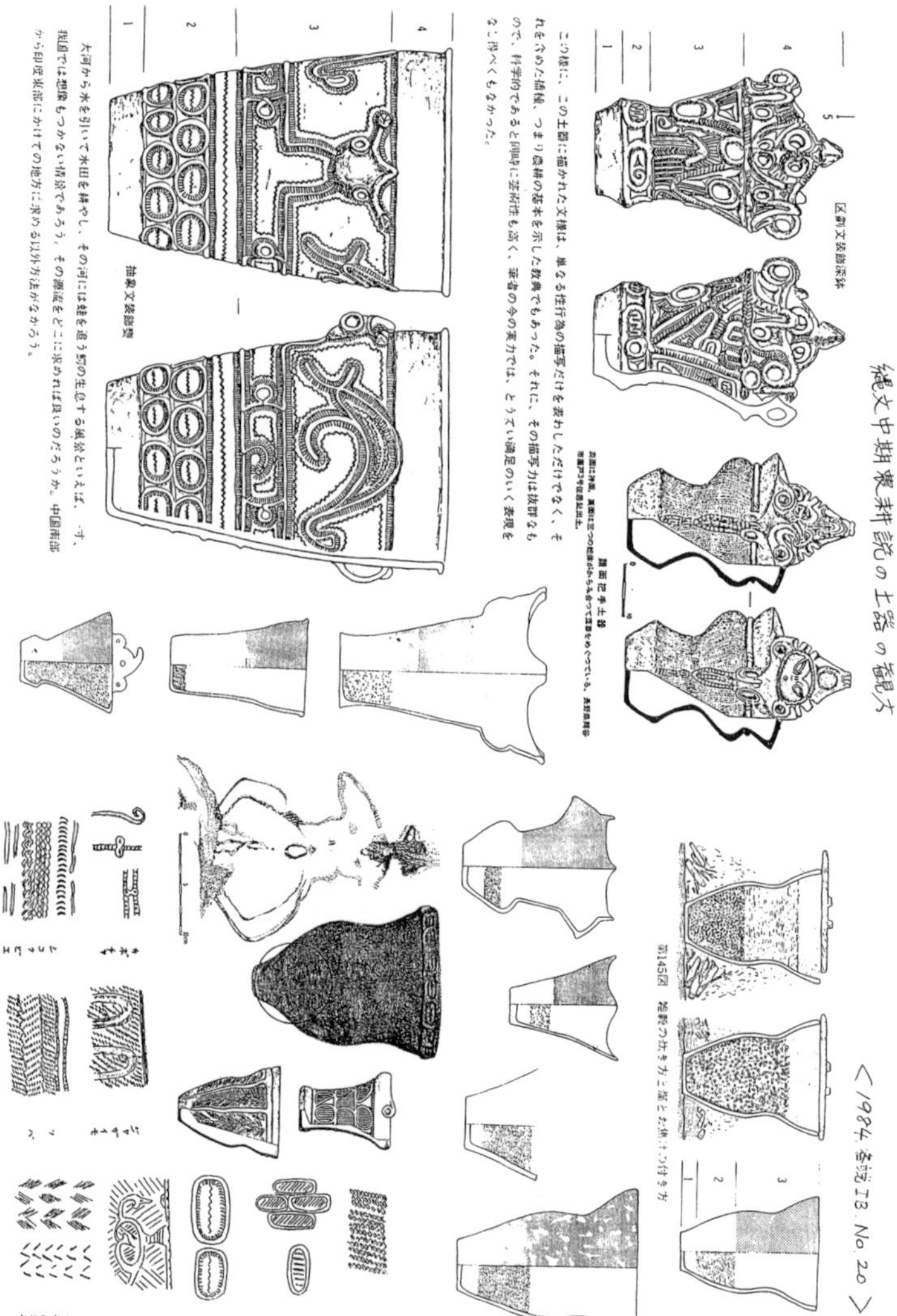

図2-6　戸沢の大学での講義資料「縄文中期農耕説の土器の観方」

6　戸沢縄文研究と現在

実証主義批判

「市民が本当に知りたいことは、研究者が得意とする土器論でもなかったろうし、文化の系統論や、場合によれば社会構成論ではなかったに違いない。この土器は何に使ったのだろうとか、こんな石斧で本当に切れるのだろうかとか、昔の家族は今の家族より幸せだったかどうかなどといった、自分たちの生活の実感から割り出したもっと素朴な、しかしそれ故にある場合には本質的な疑問だったかもしれない」（戸沢　一九七四b）

そのような思いで考古学にむかい、先に述べてきたような研究を重ねた戸沢であった。さて現在、そうした戸沢の思いは、縄文研究に継承されているのであろうか。

考古学は、人間の歴史を明らかにするとの目的が当たり前のことと思われるのだが、そうではない事情もこの学問は抱えていた。土器の編年学的研究をはじめ、すべての考古学的遺物を編年的に研究することこそ先決で、そのうえで文化や社会の問題を論じても遅くはない、という考え方が主流であったことはすでに述べた。

土器の時代順を決めるという編年研究は、きわめて客観的といえる手法で成果を示した。貝塚の貝層は、地層塁重の法則にしたがって下の層のモノが古くて上にいくほど新しい。これを広域に多くの遺跡で検討すれば、何千年にもわたる遺物の時代順も、きわめて客観的にできあがる。よってその成果には、反論の余地は基本ない。それを実証的と称し、個々におこなわれる研究は個別実証的研究とよばれた。研究者はその無機質な研究に没頭するかぎり、政治との軋轢から身を守り、他研究者からの批判も極力防げた。絶対的な証拠資料にもとづいて研究しているという安心感もそこにはあった。

そうしたなかで戸沢は言った。「実証主義そのものが、歴史や事物の本質から目をそらす逃避の思想である」と(戸沢 一九七八b)。考古学的資料に時間的・空間的な位置づけを与えることは歴史の基本である。しかし「歴史叙述」ではけっしてない。細かな分類ができたとして、その分類にどのような意味があったのか。人間の生活といかにかかわっていたのかという関係性を導けた時にこそ、はじめて「歴史叙述」ができたといえる。

しかし、その関係性を導くことを考古学は苦手とした。どんなに細かな分類と詳細な観察をとおしたとしても、考古資料と人間生活の関係性は語ってくれない。その語りは、研究者の「解釈」というフィルターをとおさなくては生まれない。学問としては、これがじつに厄介だった。「解釈」とは、科学的ないし実証的とは乖離した、むしろ主観的な認識である。したがって「解釈」に対する正否の判断が求められるが、その判断の手続きたる検証や裏づけはたやすくなかった。研究者にとっては敬遠したい側面である。実証主義は、解釈の介入が必要ない点、事実を事実に即して述べるだけなので、いわば問答無用と明快である。真実を冷徹に求める学問的、といえばそうである。「土器を作った人々の生活や、彼らが作り出した歴史の実態に何一つせまろうとしないのみか、たまたまそれを試みようとする研究者を、学者のすることではないといって批判するといった類の考え方が、日本考古学の主流を占め」(戸沢 一九八六a)たとは、こうした状況の戸沢流の説明である。

新たな実証主義の台頭

さて、それでは戸沢の苦悩の末の実践が継承されているかとなると、そうは簡単ではなかった。〝新実証主義〟とでもいえるような大きな動きが、「戸沢の晩年ごろより顕著な形でうごめきだした。考古学への自然科学的な方法の浸透である。たとえば、土器についた種子圧痕が、レプリカ法という技術でよみがえり、多くの種子の同定を可能とした。黒曜石の蛍光X線分析法は、きわめて高い精度でその産地の同定を可能とした。放射性炭素年代測定法で時代の刻みは細かくなって、脂肪酸分析法も進化を遂げた。科学の力は絶対的な客観性を担保して、きわめて明快な事実を盾に考古学は自信をもった語りをはじめた。

このような科学的所見と一体となった成果のみが、これからの考古学研究の主流となるのか。

たとえば、土器に付着した炭化物に、炭素・窒素同位体分析を試みた結果、縄文後期土器の精製深鉢は動物の加工に、粗製深鉢は植物の加工に利用されたと明確に判別できたとする。この科学分析の成果は、確かにきわめて興味深い当時の姿を客観的に描きだし、科学の力をみせつける。

ここで問題は、そこからどのような歴史が描かれていくのかである。科学の成果こそが研究の王道になろうとしてはいまいか。

戸沢の活躍した時代は、実証主義の一方で、考古資料そのものから多くの活発な議論がされた。戸沢も進めた集落論や領域論、あるいは社会論・遺物用途論などが確かにあった。しかしいまほとんど聞かない。これはひとえに、科学的な実証ができないためといえないだろうか。たとえば、かつては双分制社会などといわれるような社会制度の検証などは、科学的には困難だろう。まして、土偶・石棒といった特殊な宗教的祭祀的といわれるような分野にいたってはお手上げである。戸沢は言った。「自然科学の諸学問分野の積極的な考古学への参入によって（それは歓迎すべきことだが）、方法論的には型式学などに頼り、考古学は歴史学であらねばならないなどといった理念を支えとしてきた、私のような旧い考古学は、〝科学万能主義〟ともいえる新しい考古学の潮流によって、押しつぶされようとする」（戸沢 二〇〇三）[5]と。

本当に押しつぶされてしまうのか。筆者は、希望的につぎのように考えたい。藤森栄一が端的に述べたように、各種科学分析は自然科学者の領域であり、考古学は考古学的資料を通じて、というスタンスを評価できる体質であってほしいと。資料の積み上げの上にある歴史叙述であって、ゆえに資料は大きな論拠のはずだ。その歴史的意味の叙述にあたって介在する、確かに主観的な「解釈」であるが、だからここに「議論」が加わる。多角的な視点の集合である議論が、解釈の、あるいは歴史叙述の精度や確実性を高めてゆくのではなかろうか。かつて戸沢がそうであった、集落論や領域論に活発な議論があったように。[6]

科学的実証主義（新実証主義）の研究にみずからを進めるか、考古学的資料の集積のうえに類推・推測を煮詰めて解釈し、議論やその結果としての批判をいとわず重ねる努力を惜しまぬか。かつてもそうであったかもしれないが、それぞれの理念が問われる時代になったと、戸沢の歩んだ軌跡を通して思う。そしていま、少数派といえるかもしれない後者の選択をした時に、まず戸沢の業績をふりかえることを奨めたい。

［注］

［1］ 一九五九年の「世界最古の土器の出現について」（『科学読売』九月号）で、これは杉原荘介名で発表されているが（杉原 一九五九）、戸沢が書いたものであることを自身に確認した。なお、戸沢によれば、大学院生時の学費の補足にと、杉原が原稿を代筆させたということである。杉原は、

戸沢が代筆した原稿については、自身の著作目録に掲載しないという、一応のけじめをつけている。

[2] この論文は、考古学という学問への志を後押ししてくれた、戸沢にとってきわめて印象的な一本だったという。「活字で世に出た最初の専門的な文章という意味で、私の「処女論文」だったのである」とし、「通学の列車の中でも、学校までの道や、授業を受けている教室でも、『信濃』を手放さず、一日中、何回もいや何十回となく読み返した。とくに編集後記に一志先生が「岡谷市下り林出土の縄文土器についての報告書を寄せられた戸沢充則氏は、新制高校の生徒である。今後は学生諸君の調査報告もなるべく載せたいと思うから、十分推敲した上、送稿してほしいと思ふ」と書いて下さったのを、穴のあくほどみつめたものだった」(戸沢 一九八六b)。

[3] 戸沢は、長らく神村が提唱する立野式(神村 一九五七、一九六八・六九)を、樋沢式より古くはないと予断していた。しかし、「中部日本における押型文土器の編年に混乱をおよぼしてきた不明を、いま率直に反省したい」と、清々しい研究者としての姿勢をみせる。

[4] 戸沢自身が農耕論の存否をどのように考えていたか。じつは肯定も否定もしていない、ということが客観的な事実である。自身で積極的に判断できる根拠・論拠を示しえないジレンマを抱えていたかのように。栽培植物がある／ない、といった単純な問題でなく、農耕論の一連の研究が「半世紀にもわたる縄文時代文化研究の上で、ほとんど唯一、伝統的な方法とされてきた編年学的方法を止揚して、縄文文化の全構造を歴史的に再構成するという方向をもった方法論的な試み」(戸沢充則 一九七〇b)であったことを評価したのである。

[5] 自然科学の諸学問分野の考古学への参入を、戸沢自身も積極的に支援していた。たとえば晩年に調査団長を務めた東京都東村山市の下宅部遺跡の発掘調査と研究では、その遺跡が低湿地遺跡と

いう特徴をもつことから、若手の調査員が植物考古学や動物考古学、環境考古学などの研究を実践できるように支援し、実際に今日、植物考古学や列島の環境史をリードする研究者を育てても いた。

［6］もう一つの危惧。科学的な分析にかかわる莫大な経済的な負荷である。これにはたとえば、科研費を活用できる立場にある一握りの研究者には可能であっても、地方の在野といわれるような多くの研究者にはあてはまらない。勢い在野の研究者は、資料の提出者に甘んじるのか。まして若手研究者は実証の呪縛に委縮する。研究の二極化は、戸沢の描いた考古地域史論の破綻にもつながりかねない。

［参考文献］

赤塩仁・三上徹也　一九九四「下島式・晴ケ峯式の再提唱とその意義」『中部高地の考古学』Ⅳ　長野県考古学会

岡本勇　一九五九「土器型式の現象と本質」『考古学手帖』六号

神村透　一九五七「長野県立野遺跡の押型文土器」『石器時代』四号

神村透　一九六八・六九「立野式土器の編年的位置について（1）〜（7）」『信濃』二〇巻一〇号〜二一巻七号

小林達雄　一九六七「多摩ニュータウンの先住者—主として縄文時代のセトルメント・システムについて」『月刊文化財』一一二

杉原荘介　一九五九「世界最古の土器の出現について」『科学読売』九月号

杉原荘介　一九六七「日本先土器時代の新編年に関する試論」『信濃』一九巻四号

杉原荘介・大塚初重・戸沢充則・小林三郎　一九六四「千葉県天神前遺跡における晩期縄文式土器」『駿台史学』一五号
杉原荘介・戸沢充則　一九六三「神奈川県杉田遺跡および桂台遺跡の研究」『考古学集刊』二巻一号
杉原荘介・戸沢充則　一九六五ａ「千葉県堀之内貝塚B地点の調査」『考古学集刊』三巻一号
杉原荘介・戸沢充則　一九六五ｂ「茨城県立木遺跡」『考古学集刊』三巻二号
杉原荘介・戸沢充則　一九七一「貝塚文化―縄文時代―」『市川市史』一巻　市川市役所
杉原荘介・戸沢充則・小林三郎　一九六九「茨城県殿内における縄文・弥生両時代の遺跡」『考古学集刊』四巻三号
鷹野光行　二〇〇八「前浦式土器」『総覧　縄文土器』アム・プロモーション
戸沢充則　一九四八「曽根遺跡研究」『清陵考古学』一号
戸沢充則　一九四九「殿村遺跡調査報告」『史実誌』三号
戸沢充則　一九五〇ａ「諏訪地方に於る中期初頭縄文式土器の研究」『清陵地歴部報』四号
戸沢充則　一九五〇ｂ「岡谷市下り林遺跡の早期縄文式土器」『信濃』二巻七号
戸沢充則　一九五三ａ「諏訪湖周辺の中期初頭縄文式遺跡―諸磯文化期における漁撈集落と狩猟集落―」『信濃』五巻五号
戸沢充則　一九五三ｂ「小さな主題―中期初頭縄文式文化の一断面―」『ミクロリス』六号
戸沢充則　一九五五「樋沢押型文遺跡」『石器時代』二号
戸沢充則　一九五九「時評・9450±400」『考古学手帖』七号
戸沢充則　一九六四「縄文文化起源論の系譜」『日本考古学の諸問題』考古学研究会
戸沢充則　一九六六『諏訪山遺跡』東京都北多摩郡大和町教育委員会

戸沢充則　一九六八「海戸遺跡における集落（住居址群）の構成」『海戸遺跡―第二次報告書―』長野県考古学会
戸沢充則　一九七〇ａ「狩猟・漁撈生活の繁栄と衰退」『古代の日本』７　角川書店
戸沢充則　一九七〇ｂ「縄文時代の遺跡・遺物と歴史構成」『郷土史研究講座』一巻　朝倉書店
戸沢充則　一九七三「原始・古代の岡谷」『岡谷市史』上巻　岡谷市役所
戸沢充則　一九七四ａ「原始集落の研究と宮坂先生」『信濃毎日新聞』三月一〇日号
戸沢充則　一九七四ｂ「「考古学における『地域研究』の方法・序説―藤森栄一の仕事を通して―」『信濃』二六巻四号
戸沢充則　一九七八ａ「押型文土器群編年素描」『中部高地の考古学』長野県考古学会
戸沢充則　一九七八ｂ「日本考古学史とその背景」『日本考古学を学ぶ』１　有斐閣
戸沢充則　一九八六ａ「長野県の考古学―考古地域史の確立を目ざして―」『歴史手帳』一四巻一号
戸沢充則　一九八六ｂ「『信濃』と考古学」『長野県考古学会誌』五〇号
戸沢充則　一九八六ｃ「総論―考古学における地域性」『岩波講座日本考古学』五巻　岩波書店
戸沢充則　一九八六ｄ「縄文時代の地域と文化―八ヶ岳山麓の縄文文化を例に―」『岩波講座日本考古学』五巻　岩波書店
戸沢充則　一九八六ｅ「『信濃』と考古学」『長野県考古学会誌』五〇号
戸沢充則　一九八八「縄文時代の住居と集落」『長野県史　考古資料編〈遺構・遺物〉』長野県史刊行会
戸沢充則　一九九四「縄文時代草創期とは」『一万年前を掘る』吉川弘文館
戸沢充則　二〇〇三『考古学のこころ』新泉社
戸沢充則　二〇〇七『語りかける縄文人』新泉社

戸沢充則・半田純子　一九六六「茨城県法堂遺跡の調査—「製塩址」をもつ縄文時代晩期の遺跡—」『駿台史学』一八号
中山真治　二〇〇九「「晴ケ峯式土器」について」『長野県考古学会誌』一三〇号
藤森栄一　一九四九年「原始焼畑陸耕の問題」『夕刊信州』一一月二五日号
藤森栄一編　一九六五『井戸尻　長野県富士見町における中期縄文遺跡群の研究』中央公論美術出版社
松村瞭・八幡一郎・小金井良精　一九三二「下総姥山ニ於ケル石器時代遺跡—貝塚ト其ノ貝層下発見ノ住居址—」『東京帝国大学理学部人類学教室研究報告』五編
三上徹也　一九八六「梨久保式土器再考」『長野県埋蔵文化財センター紀要』1
水野正好　一九六三「縄文式文化期における集落構造と宗教構造」『日本考古学協会第二九回総会発表要旨』
水野正好　一九六九「縄文時代集落復原への基礎的操作」『古代文化』二一巻三号
宮坂光次・八幡一郎　一九二七「下総姥山貝塚発掘調査予報」『人類学雑誌』四二巻一号
宮下健司　一九九〇「解説　縄文時代研究序説—考古学における地域研究を柱に—」『縄文時代研究序説』名著出版
山内清男　一九三九a『日本先史土器図譜』先史考古学会
山内清男　一九三九b『日本遠古之文化』先史考古学会

第3章　学際的研究

山科　哲

1　考古学と学際的研究

考古学において学際的研究とは、どのような内容をさすのだろうか。樋泉岳二は、「学際的(interdisciplinary)な研究とは、既成の個別科学(discipline：一定の理論にもとづく知識と方法の体系)の境界領域において関連する諸科学が共同で研究を行う様子や方法を意味」し、そして「考古学の基本的な論理構造は、遺構・遺物から必要な情報を抽出する分析・記述的レベルと、それらを統合して歴史叙述や文化変化過程の説明を行う統合・理論的レベルからなる重層構造をもつ。これらの各レベルにおいて、考古学は他の多くの個別科学と深くかかわっており、またそれぞれのレベルによって学際性にも異なった特色がある」(樋泉　二〇〇〇)とする。

もう二〇年以上前に、考古学の用語解説で「学際的研究」を説明したものである。この間、考古学の研究においては、関連するさまざまな学問分野や領域と連携した学際的な研究がいっそう盛んになってきている。むしろ、そこで樋泉が「現段階において考古学は独立したひとつのdisciplineというよりも、本質的には遺跡を核とした自然科学と人文社会科学の複合領域」であると付加したように、旧来の人工遺物のみを対象とする研究は、考古学の基礎的研究の一つではあるが、それのみに固執しようとすれば、カビの生えた古臭いものになってしまうようにさえ思われる。

もちろん、戸沢充則が現役で精力的に研究や大学での教育に取り組んでいたころでも、それ以前にくらべれば学際的な研究は「いっそう盛んになっている」と感じていたはずである。戸沢自身、神奈川県横須賀市の夏島貝塚の放射性炭素年代測定を積極的に評価し、自然科学的手法をはじめとする学際的研究が考古学的手法のみでは語ることの難しい課題にアプローチできる大きな武器になると確信していたことはまちがいない。しかし、そうした学際的研究に接するなかで書かれた戸沢の一連の論考や報告を読むと、ときに劇的な結果を示してくれる自然科学的分析、理化学的分析に寄りかかろうとはしていなかったことも、また確かにみえてくる。ここでは戸沢が関与した学際的研究をふり返り、そうした研究姿勢を確かめてみたい。

2 夏島貝塚の放射性炭素年代

契機となった放射性炭素年代

先の樋泉によれば、「日本でも一九八〇年前後を画期として考古学者の自然科学に対する関心は急速に増大し」「考古学者向けの自然科学分野の普及書も続々と刊行され、発掘現場等における両者の交流もいまやめずらしい光景ではなくなった」という（樋泉 二〇〇〇）。たしかに、年代測定に関する概説書である鈴木正男の『過去をさぐる科学』は一九七六年、木越邦彦の『年代測定法』は七八年に刊行され、考古学関係者向けの『考古学のための化学一〇章』が刊行されたのは一九八一年のことである。そうした考古学者にもなじむ普及書が刊行される前、京都大学を中心とする研究者のグループ（一九八二年発足の日本文化財科学会の前身）による雑誌『考古学と自然科学』が一九六八年にスタートし、さまざまな分析方法を使った研究を紹介してきた。

この雑誌『考古学と自然科学』は、その第一号を年代測定の特集号としたように、考古学に学際的研究が広がる契機となったのは、やはり放射性炭素年代測定の登場であろう。後に「古文化財」でこの分野を切り開いていく渡辺直経も、「自然科学の応用に対して、考古学界の覚醒を促したのは、戦後彗星の如く現われたC–14年代測定法であった。これは従来考古学で至難とされた実年代の決定に、画期的な光明をもたらしたもので、考古学者の関心を集めた」と『考古学と自然科学』第二号で述べている（渡辺　一九六九）。

放射性炭素年代測定が考古学で歓迎されるなか、戸沢もこの放射性炭素年代測定のきざはしに立っていた。それも後に、縄文時代の年代論争に発展するきっかけをつくった夏島貝塚の分析においてである。当時、明治大学の学生・院生であった戸沢は、この夏島貝塚の放射性炭素年代測定を通じて、おそらく理化学的分析をビビッドに受け止めたであろうし、学際的研究の必要性も強く感じたのではないかと思われる。

では、具体的にどのような意識でいたのか。戸沢本人の著作から、その意識を拾い上げてみたい。

思考途上にあった？「時評・9450±400」

縄文時代の開始年代の議論において、放射性炭素年代が二度大きな役割をはたしている。そのうち、最初の大きな役割をはたしたのが夏島貝塚である。夏島貝塚は一九五〇年に第一回、一九五五年に第二回の本調査を実施しているが、戸沢は第二回目に学部四年生として参加し、そこでのサンプル採取にも従事していた。

夏島貝塚の放射性炭素年代の測定結果は、一九五九年四月一六日に朝日新聞に報じられた。その九日後、明治大学考古学研究室所属の院生が中心となって編集・発行していた『考古学手帖』

の第七号に、「時評・9450±400」（以下、「時評」）というレポートが掲載されている。著者は明記されていないのだが、戸沢の著作である。このレポートでは「この測定値の確実さについては、多くの議論もあろうし、両方の当事者から正式報告もなされていない」[1]としつつ、「この年代測定を中心にしてひきおこされるであろう様々な議論には、私たちも多大な関心をもたねばならない」として、学界での議論を理解しやすいよう、当時、放射性炭素年代が実施された各測定値の事例などを紹介している。

それらは、縄文時代：検見川遺跡、姥山貝塚、加茂遺跡、夏島貝塚、オリエントの初期新石器時代：イラクのジャルモ遺跡、エジプトのファユーム遺跡、東アフリカと北欧の土器出現期：エレメンテータン文化とデンマークの貝塚土器、その他参考：中石器時代のスター・カー遺跡、北米のフォルサム遺跡、フランスのラスコー洞窟が取り上げられているが、いずれも事実関係を淡々と紹介している印象をもつ。しかし、ジャルモ遺跡（4740B.C.±350）の土器は「発生期の土器の姿を示すものとして説明されるのが通常であった」し、ファユーム遺跡（5145B.C.±250）は「エジプトにおける最も古い新石器時代遺跡の一つとして知られるだけでなく、しばしばそこから発見された土器は、エジプトの最も古い土器であると説明され」、エレメンテータン文化の土器は、いまだ不明瞭を残すが「BC六〇〇〇年あるいはそれ以前の土器の存在の可能性を考える上での資料」と、従来「最古の土器」と位置づけられていた資料の年代とそれをさかのぼる年代の土器を集成して、夏島貝塚の年代をどう受け止めるべきか、思考の途上にある様子がうかがえる。

さらに続けて、「土器の発生と農耕・牧畜をもつ新石器文化の発生と関連については、従来から世界的な問題とされてきた。例えば前期ジャルモ文化やパレスチナのタフニアンは、pre-ceramic の農耕文化であり、逆にすでに記した北欧や東アフリカの例は、土器をもつ mesolithic ないしは epi-neolithic の文化である」[2]と紹介している。土器の出現と農耕牧畜の出現とが一致しないのではないか、もっと多様なあり方を予想したほうがいいのではないか、という考えがうかがえるが、それは分析結果そのものへの可否の反応というよりも、縄文文化の究明と評価に軸足を置くべきだという研究姿勢とも読みとれる。これは後述する縄文中期農耕論でも示されており、戸沢の終始一貫した研究姿勢であったようだ。

サンプリングの方法なども記した『科学読売』

「時評」がレポートされた数カ月後、この夏島貝塚の放射性炭素年代測定値は、戸沢が薫陶を受けた杉原荘介名で『科学読売』に「世界最古の土器の出現について」と題されて発表された[3](杉原 一九五九)。「時評」の内容をベースにして、加えて夏島貝塚の調査とその成果の意義、年代測定に使用したサンプル採取の方法なども記されていて、報告の内容に自信のほどが十分に伝わってくる。

まずは当時の年代観であるが、すでに一〇年前の一九四九年に岩宿遺跡の発見があり、縄文文化起源論は、最古の土器を遡及的に追い求めていく研究に、「無土器文化」「先縄文文化」との関連性を研究する方向性が加わった。ただし、縄文文化の開始年代については、関心は高かったが、旧石器かもしれない「無土器文化」との関係も考慮しながら、慎重にというのが当時の風潮であったと述べている。

その一方で、縄文文化の年代を推定するものとして、世界規模の沖積世（今日でいう完新世）の海進・海退にふれ、関東地方内陸部の貝塚の存在がその海進である、いわゆる「新石器時代の汀線」を示すとともに、それら貝塚から出土した土器が早期末から前期のはじめにかけてのものであるとの相対年代を与える。そして、この新石器時代の汀線が、この方面の研究でもっとも進んでいるバルト海周辺の研究結果から、「BC四〇〇〇年から五〇〇〇年という絶対年代を推定した」ことから、「縄文時代の前期のはじめ、ないしは早期の終わりはBC四〇〇〇年からBC五〇〇〇年という古い時期になる」と指摘した。さらに、古い縄文土器は、関東地方で少なくとも一〇型式以上が存在するので、「縄文時代の始源年代は、予想以上に古いものではないだろうか、というのが夏島貝塚を発掘しようという当時の、われわれの考えだった」と述べている。

そうして調査に臨んだ夏島貝塚は、致命的な攪乱のない安定した七つの文化層が確認され、その最下層の夏島式土器が出土する第一貝層から、それはカキを主体とする貝層であるが、後に放射性炭素年代測定に用いる試料を採取した。このサンプリングの方法をみると、「前後二回の発掘を通じて、われわれは注意深く、この貝層中に散在した木炭片を採集し、厳重に密閉保管」したとして、「そのサンプルが有効に役立つ時機を待った」という。

その時機は、すぐにやってきた。一九五七年、杉原荘介が日本学術会議の代表として、スペインのマドリードで開かれた国際第四紀学会の第五回総会に出席した際に、アメリカ代表として出席していたミシガン大学人類学博物館のJ・グリフィン博士と懇談する機会をえた。その折に、縄文土器の年代の古さに話がおよび、夏島貝塚のサンプルについて話したところ、ミシガン大学でテストをすることになったという。[4] そして、グルフィンからの要望は、夏島式土器が出土する第一貝層の主体となるカキ殻、それと比較するサンプルとしての東京湾に現生するカキ殻、それと第一貝層出土の木炭片の三つのサンプルということであった。現生するカキ殻も要望したということは、いわゆるブラインド・テストを実施しようということであるので、それだけグルフィンは慎重を期したということである。

分析結果は、第一貝層出土のカキ殻が「BC7591±400」、炭化木片が「BC7240±500」となり、比較資料の現生カキ殻は「正確に○年を記録した」という。その結果には、戸沢らも「縄文文化というものがおそらく予想以上に古いものだと、つねづね考えていたわれわれではあったが、その手紙の内容はしばしの間ぼうぜんとさせるものであ」り、分析したグリフィンも「もし夏島層の文化が土器をもつ石器時代人の残したものであるとすれば、全く驚異に値する年代である」と、みずからのテストの結果を信じ切れないといった意味のことまで付け加えてあったと述べている。

予想を大きく上まわった夏島貝塚の年代を受け止め、これをどう評価すべきかについては、

「時評」でふれたとおりである。戸沢は、それは当然、杉原ら明大考古学研究室の一致した認識であるが、土器の出現年代が世界的に異常に古い放射性炭素年代測定値を示したとしても、その測定値に慎重になることはあっても、吟味せずに否定することは避けたい、そして「なぜ日本のような極東のはなれ島でそのような古い土器が見出されるのか」という問いかけに、「人類史の中で占める土器発明の意味をいままで通りの学説でない別の考え方」、すなわち「日本の文化の基層となった縄文文化の特殊性を、いかに日本の歴史の中に組み込むことができるか」に研究の軸足をおくべきだと考えたのである。

放射性炭素年代観の受け入れと大平山元Ⅰ遺跡の衝撃

夏島貝塚の年代測定結果は、それを積極的に評価して列島での土器の起源を約一万年前におく長期編年の芹沢長介と、あくまでも考古学的な方法で紀元前三〇〇〇年代、後に紀元前二五〇〇年代に改定した短期編年の山内清男とのあいだで激しい論争となった（芹沢 一九六〇、山内・佐藤 一九六二）。その後、各地の遺跡での放射性炭素年代の蓄積、「無土器文化」＝旧石器時代の石器の出土するローム層の地質年代の位置づけが定着し、さらに芹沢による長崎県佐世保市の福井洞穴の調査によって、細石刃石器群に隆起線文土器が共伴することと、その放射性炭素年代が約一二〇〇〇年前という結果を示すなかで、芹沢の放射性炭素年代測定にもとづく年代観（長期編年）が広く受け入れられていくことになる。

一九九〇年代に入ると、技術的な点においても高精度化が進められると同時に、放射性炭素年代と年輪年代のズレを補正する研究もグローバルに急速に進んでいく。その過程で、青森県外ヶ浜町の大平山元I遺跡の衝撃が起きる。最古の資料は測定年代で「13780±170B.P.」で、較正年代で一六五〇〇年前とされた。およそ二〇年が経過したいま、この較正年代も受け入れられてきた印象が強いが、この較正年代に対して戸沢がわずかにふれた言葉も興味深い。

戸沢は、教科書検定や採択で国内外から批判があった扶桑社版『新しい歴史教科書』が、縄文時代の記述でことさらに「世界最古」を謳う際に、大平山元I遺跡の土器の年代「およそ一万六〇〇〇年前」という数値年代を引用したことに対して、「学界でも異論のある年代で問題がある」と評した（戸沢 二〇〇二）。これは、いまだ学界で評価が定まっていない年代を教科書がいち早く使用したことへの危惧とともに、この大平山元I遺跡の土器の年代だけが最新の較正年代を用いて、西アジアなどの土器の年代は従来までの較正されない放射性炭素年代を用いるというように、異なるカテゴリーの年代を用いて、ことさら縄文時代を古くさかのぼらせようとした執筆者の意図を批判してのことである。

前章でもふれられたように、戸沢は、今日につらなる後氷期の環境のもとで、貝塚の出現に象徴される漁撈活動と定住生活を本格化させた早期を縄文文化の成立の画期ととらえ、それ以前の隆起線文や爪形文などのいわゆる「草創期」の土器の時期を縄文時代から明確に切り離して、杉原荘介が提唱した原土器時代と位置づけている。そして、原土器時代とは、更新世末から完新世にいたる環境変動期である晩氷期にあって、それ以前の先土器時代にはみられなかった、この時期に特有の石器や土器の出現などの諸事実から、「先土器時代から縄文時代へ転換する過渡期の時代」ととらえている（戸沢 一九八四）。その戸沢からみれば、大平山元Ⅰ遺跡の土器の年代の古さが問題ではなく、その時代をどう評価するかということが重要なのであって、その点で今日の谷口康浩が主張する「移行期」を大いに評価したにちがいない（谷口 二〇一一）。

3 縄文中期農耕論

戸沢と縄文農耕論

戸沢が縄文中期の農耕の問題に最初に言及したのは、一九五三年の『川岸村誌』の「第二編先史原史時代」である。

「藤森栄一は、縄文中期の時代に原始的な焼畑陸耕がおこつたのであろうという新しい意見を若干の実例を示して発表された。この考え方はまだ全面的に支持されてはいないが、前期以来人口の増加による経済的な行き詰まりの問題や、また、この時期に現われた多くの変化——例えば遺跡の立地の移動や石棒、土偶、鋤形石斧その他の遺物の急激な増加や変化をいろいろな方面からかなり合理的に説明されるようになつている」とし、「原始陸耕と言つてもそれだけが生活を支えるための生産のすべてであったと断定するわけではない。広畑などには石鏃も沢山発見されているし、皮剝ぎも（中略）決して少なくない数なのであり、また石錘や土錘も発見されている。こうした事実は、この時代に前期より進んだ方法で盛んに狩漁撈が営まれていたのかも知れないと考えさえする。そうした盛んな狩漁撈でなお間に合わなかった、またそれ以上に必要な食用植物を得るために、野生の植物を近くに移植して、原始的な農業というよりは栽培という程度の生産が行われたと考えるのは決して無理なことではない」として、「縄文式時代の中期に、焼畑開墾による原始的な栽培農耕が行われたとしても、狩漁撈などによる自然経済の段階にふみとどまっていたので、その時代に農業専門の社会が出来ていたと考えるのは誤りである」と断言している。

『川岸村誌』の刊行が一九五三年、その原稿の脱稿が一九五二年一月なので、戸沢が一九歳の時の論考であるが、現在の縄文栽培説にもつながる卓見である。その後、戸沢が縄文中期農耕論を取り上げるのは、一九七四年の『信濃』二六巻四号に掲載された「考古学における「地域研究」の方法・序説」であるから、二〇年以上の間隙がある。それは副題に「藤森栄一の仕事を通して」とあるように、前年に亡くなった藤森の研究を回顧して、それを日本考古学史・研究史に位置づける試みの一環であった。そして、藤森の死後、その遺志を引き継いで縄文中期農耕論を実践していた井戸尻考古館の研究に対して、ともすると「素人の考古学」だとか、「百姓の考古学」だとか揶揄する傾向があった当時の学界に対して、戸沢は、その研究の意義を説くために積極的に縄文中期農耕論を論じるようになる。

さて、戸沢が縄文中期農耕論に正面から言及したのは、一九七九年の『日本考古学を学ぶ』2に収められた「縄文農耕論」が最初である。当時は、戸沢が参考にした中尾佐助の「照葉樹林文化論」(中尾 一九六六)をはじめ、考古学的な資料ではなく生態的な視点からその可能性が論じはじめられて数年が経過しており、外山秀一や田畑久夫の指摘にあるとおり、すでに学際的な性格を帯びていた研究テーマとなっていた(外山 一九八五、田畑 二〇一一)。そのような状況下で、長野県での中央自動車道の調査において、諏訪市の荒神山遺跡や原村の大石遺跡から炭化物の塊が出土した。これを外部の研究者に鑑定を依頼し、ここに「縄文中期農耕論」の学際的研究に新たな手法が加わった。

「縄文中期農耕論」を取り巻く当時の状況

鑑定の内容に入る前に、「縄文中期農耕論」を取り巻く当時の状況をみておこう。戸沢はつぎのようにふり返っている。

「古くから日本考古学がかかえていた課題の一つに、日本における農耕起源の問題があった。それは戦前の段階で、弥生時代が稲作をもった農業社会であることが確認されて、一つの決着を見るにいたったかに思われた」が、「戦後まもなく、中部高地を中心とした地域の縄文時代中期には、すでに植物栽培がおこなわれていた可能性が強いという、藤森栄一の積極的な問題提起があって、縄文時代における農耕存否をめぐる議論が再燃し、いわゆる縄文農耕論が戦後日本考古学の最大の論争点の一つとなり、今日にいたった」。しかし、「縄文中期農耕説の決定的証拠ともいうべき栽培植物が示されない限り、縄文中期の農耕の存在は認めることができないという否定論・消極論が学界の大勢であった」という。

しかし、藤森の主張は「われわれは考古学を通じ縄文中期文化の構造をあくまで追求すべきで、戸沢自身も「確実な栽培植物が発見されなければ、縄文中期農耕説は認められないと主張するひとびとにとって、縄文時代の社会・文化の本質がなんであるかという、いわば考古学の本当の目的であるべき課題が、近代科学の一〇〇年の歴史を迎えた日本考古学史の中で、いままでどれほど重大な関心事として、具体的にとりあげられてきたかを真剣に考えてみる必要があろう。縄文農耕論はその問題を正面から問うているのである」と主張した（戸沢 一九七九b）。

栽培植物の研究をリードする中沢道彦や中山誠二が整理しているように、今日ふり返ったとき、藤森栄一の「縄文中期農耕論」が必ずしも徹底的に否定的にとらえられていたわけではない。むしろ「集落、石器、土偶、特殊な土器、祭祀具、栽培植物など多岐にわたる諸現象から見た総合的な見解であり、今日的には卓見とすべき点が非常に多い」（中山 二〇一〇）、いわば「体系化された仮説」（中沢 二〇〇九）であった。また、酒詰仲男や江坂輝弥も、この時点での考古学的情報で想定しうる農耕論を展開し、戸沢が指摘するように、「縄文農耕論が戦後日本考古学の最大の論争点の一つとなり、今日にいたった」のである。ただし、藤森に関しては、「農耕肯定論に固執するあまりに、論理的な矛盾や実証的な方法論から逸脱する部分があったことも否めない。さらに、栽培植物の存在を明確にできなかった点も大きな障害となっていた」（中山 二〇一〇）のであって、一九六六年に開催され、それまでの縄文農耕論を総括したといわれるシンポジウム「日本農耕文化の起源」において、「坪井清足は中部・関東地方における農耕を肯定的にとらえながらも、栽培植物が何であるかが明らかでないと指摘した。実証を重んじる考古学ではこれがネックとなり、そのあと縄文中期農耕論は低調となった」（小山 二〇〇〇）ということである。

そのような情勢のなかで藤森が一九七三年に亡くなり、その翌七四年に「長野県諏訪市荒神山遺跡から縄文農耕論の決定的な展開を促す重大な発見がもたらされることになった」（戸沢 一九七九b）のである。荒神山遺跡の藤内式期の第七〇号住居址の床面上二五センチの厚さで、曽利式期の貼り床でパックされた状態で発見された炭化物は、戸沢が記すには「農業を本業とする発掘作業員の何人かが、あまりにも日常農事の時に見慣れている状態の炭化物であったので、「そりゃアワの焼き殻ずらよ」といってかえって気にもとめなかった」のだという（図3–1）。

荒神山遺跡、大石遺跡での「タール状炭化塊」の発見と鑑定

荒神山遺跡から出土した炭化物の塊の最初の鑑定は、荒神山遺跡の発掘を担当した岡田正彦によれば、人類学者の渡辺直経と植物学者の佐藤敏也に依頼したという[5]。この依頼の経緯をあらためて岡田に確認すると、「渡辺直経先生と佐藤敏也先生のお二人に分析を依頼したのは、戸沢充

図3–1　荒神山遺跡出土の「アワ炭化物」

則先生の指導によるものであって、戸沢先生の資料に対する真摯な姿勢に感銘したことを覚えている」とのことである。

出土状態が確実なこの炭化物の鑑定は、結局、佐藤敏也に依頼した資料は大阪府立大学農学部の松本豪が鑑定を引き受け、渡辺直経に依頼した資料は植物考古学者の松谷暁子が分析することになる。

松本によれば「昭和五〇年二月一〇日に長野県中央道遺跡調査会長から調査依頼があり」、鑑定は「他の植物と区別し得る特徴（小穂および頴果の形態、芒の有無、子実および胚の形態）について現存する植物と比較」した（松本　一九七五）。

結果は「資料の表面にみられる小殻粒の形は、ヒエ属とエノコログサ属の頴果の形に類似」するが、「塊の状態からヒエ属のものとは思われない。エノコログサ属のなかでもアワの頴果によくにているが、頴果の脱落性の違いを除くと、アワとエノコログサの見分けはつかない。この炭化物からは穎果の脱落性はわからないので、エノコログサ属の穎果が、火災にあってできたものと推定」された（松本 一九七五）。また、大石遺跡の資料については、「実体顕微鏡を用い、塊を分解しながら断面にあらわれる穀粒の形、表面模様、夾雑物などに注意」して「穀粒の分離につとめ」、分離した穎果をエノコログサ、キンエノコロ、イヌビエ、栽培ヒエ、アワの穎果と比較した結果、「胚芽の位置ははっきりしないが、アワの穎果の大きさに類似したので、アワ状のものが炭化する過程でできた」とし、さらに「先にエノコログサ属の穎果と報告した荒神山第七〇号住居址からの炭化穎果も、大石遺跡発見の炭化物とまったく同じであったので、アワ状のものが炭化する過程でできたもの」とまとめられた[6]（松本 一九七五・一九八一）。そして、この時点で「荒神山遺跡から出土したアワ状の炭化種子と同様、大石遺跡から出土したパン状の炭化種子は、外形などから判断してアワであるとの見方が考古学研究者の間で広がり、栽培種のアワに近い栽培植物であるということになった」（田畑 二〇一一）。

　松本の分析結果が早く出て、それが地元の研究者にとって待望していた内容であったことから、それが独り歩きする結果となってしまったことが惜しまれる。その後、一九七五年前後の時点でのこの積極的な評価は、松谷暁子と笠原安夫らによる走査電子顕微鏡での鑑定で、エゴマまたはシソと訂正された（松谷 一九八一）。

　エゴマやシソも、「アワのような穀物ではないまでも栽培植物であることは間違いない」（戸沢 一九八八）、「当初アワの期待があったために〝残念ながら〟という形容が付くエゴマであるが、主食にはなり得ないものの栽培植物である」（長沢・山本　一九九九）、あるいは「エゴマはシソの仲間の栽培植物で、原産地が日本列島から遠く離れているため、その存在は縄文時代に栽培植物が渡来していたことを指し示す証拠になる」（佐藤　一九九九）ということで、栽培植物の存在が八ヶ岳山麓の縄文時代中期の集落遺跡からついにえられたわけである。しかし、当事者はもとより周囲は、それが「主食になる穀物ではなかった」ということで、かえって縄文中期農耕論に影を落とす結果となった。

というのも、その種子塊が当初考えられたアワならば主要穀物類の一つであり、「まさに縄文農耕の旗手となるにふさわしい遺物になるはずだった」（佐藤　一九九九）からである。こうした経緯で「縄文中期農耕論への期待は、急速に沈静化していった」（中山　二〇一〇）だけでなく、「考古学研究者の間では、縄文農耕、とくに縄文中期農耕を唱える研究者がほとんど存在しなくなった」（田畑　二〇一一）と、期待を裏切られたとみる研究者も多かったようである。

縄文中期農耕論争を通じて

戸沢もアワを含むエノコログサ属からシソ属への訂正には、いささか肩を落としたことだろう。やはり主食となりうる穀物であり、藤森の想定した中期農耕論を強く支持する証拠を手にしたと思ったのも束の間、穀物とはいえない、食材としても風味づけといったポジションのものに落ち着いてしまったからである。

戸沢が一九八三年の『縄文文化の研究』で「縄文農耕」を担当しながら、紙幅の多くを八一年のシンポジウム「縄文農耕の実証性」のレビューにあて、さらに中期農耕論への予断を省みるような内容になっているのも、誰もが納得する決定打にならなかったからではないだろうか。しかしながら、まだエゴマという結論が出る前に戸沢はこうも述べている。「藤森は生前、縄文中期農耕説の今日の状況を予期したように、考古学者が真になすべきことは、栽培植物がなんであったかという問題ではなく、むしろ縄文時代がどんな社会と文化をもった時代であったかという点を明らかにすることだともいい残して世を去った。その言葉通り、縄文時代中期農耕説はそれを肯定すべきかなりたしかな植物学的なうらづけをえて、いままさに新しい局面を迎えたということができる。そしてそのことを前提にして、縄文時代の研究の中にあって縄文農耕論のもつ意義を、考古学者が再認識すべき時期に到達したといえるのではないだろうか」（戸沢 一九七九b）。

さらに、シンポジウム「縄文農耕の実証性」でも、縄文時代中期の中部山岳地帯にだけ藤森が「縄文中期農耕論」を唱えるような資料群が出土するのかという疑問と、縄文文化の多様性を解明するための「地域研究」の必要性を強調している。そのシンポジウムへの参加をへて戸沢は、「シンポジウムの内容は全体として、この一〇年の間の研究の進展を如実に反映しているということはできよう。いうなれば縄文農耕は、たしかな「縄文時代観」にもとづいた日本原始時代史の研究を進めるために、日本の考古学が全学界的にとり組むべき、重要な課題として位置づけられる状況にいたった」と表現した（戸沢 一九八三）。

ここで注目すべきは、栽培植物うんぬんよりも、考古学者としては縄文文化における農耕の位置づけにどう取り組むべきか、そして戸沢自身は「一つの地域文化としての中部高地における縄文中期農耕」ととらえていることである（図3-2）。さらに、戸沢の認識を掘り下げてみると、「長い縄文時代研究の学史を積み重ねながら、統一的・体系的な縄文時代観をもつことも、縄文時代史の歴史叙述も難しい」と多くの研究者が認識しつつあるなかで、「縄文文化の多様性・地域性ということがしだいに理解されるようになっているというのが、縄文時代研究の現況」であり、「土器型式の編年や地域差だけを追っていたのでは解決できそうもない、縄文文化の多様性をとらえるために、生業史という研究領域が自然科学やその他の関連分野の研究者との共同研究も得て、積極的に考古学に取り入れられるようになった」と述べている。そして「縄文農耕は縄文時代の生業史全体の中の一つの要素である。しかしそれは弥生文化の、さらにそれ以降の日本文化の基盤を作っていく「農業」発展の前段階をなし、縄文文化の歴史的な位置づけを決定する、最重要な要素としての役割を担っていた可能性がきわめて大きいものであったのではないだろうか」と結んでいる（戸沢　一九八三）。

すなわち、栽培植物の証拠は必要であるが、それがどのような植物であるかということよりも、これまで農耕といえば稲作、そして稲作の開始が弥生時代であってそれと対比的に描かれてきた縄文時代であるが、この縄文農耕をめぐるさまざまな研究を通じて、（1）多様な縄文文化を時間的にも空間的にも認識すべき、（2）縄文時代の生業という新たな研究領域を自然科学などの

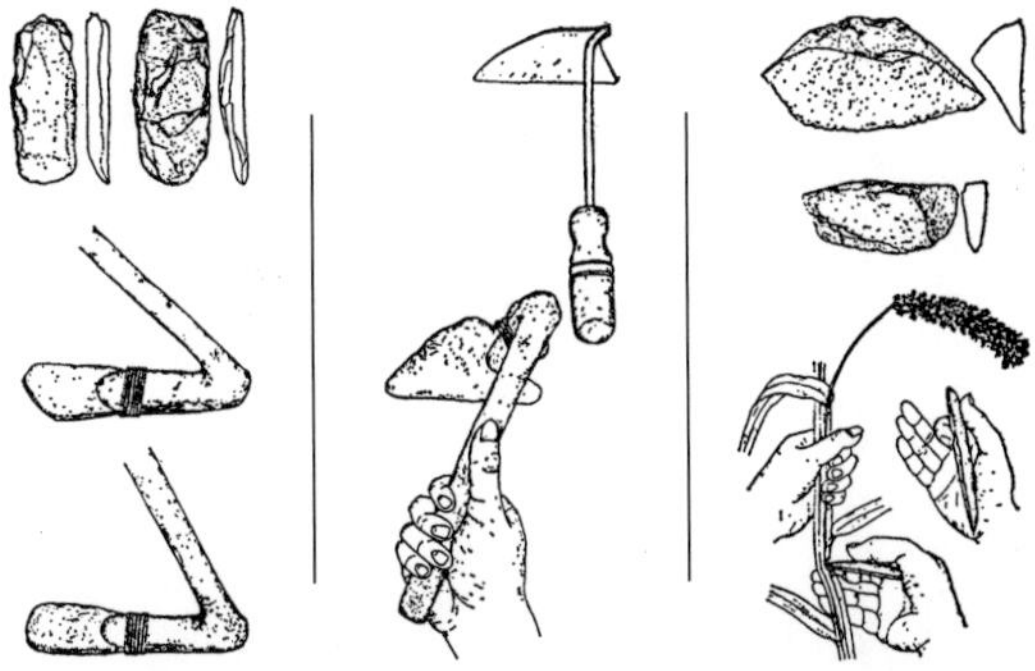

縄文時代中期の農耕具、石鍬（左）、草掻き（中）、穂摘具（右）

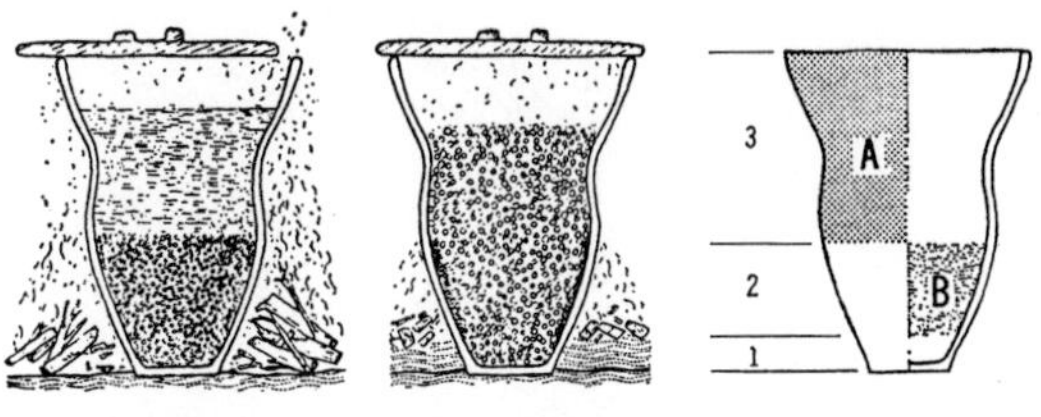

土器表面のスス（A）と特徴ある内面のオコゲ（B）、それから復原した煮沸の様子（左・中）。このことから煮沸の対象は、アワ・ヒエ・ムギ等の雑穀だと考えられている

図3−2　井戸尻考古館による縄文農耕論における石器と土器の用途の研究

関連科学と連携していっそう推進すべき、(3)階層社会の発生をともなう本格的な農耕社会としての弥生時代における農耕と、ここで検討している縄文農耕とは質的な差があるのは確かだが、その差がある縄文から弥生への内的な発展と移行を念頭において研究を進めるべきだ、というかたちでまとめていると読みとることができる。

学際的研究で緊急発掘資料を活用する

中沢道彦は、「縄文農耕論の学史を回顧すると、筆者が注目するのは山内清男が遺跡、遺物に直面した厳密な検証の姿勢である。(中略)山内が遺跡、遺物に直面し、出土種子や土器の種子圧痕の同定やそのものの年代に厳密な態度をとった研究姿勢は、今日こそ再評価する必要がある」し、ただその一方、縄文農耕論の学史を回顧して痛感することは、「これまで「縄文農耕」に関する多くの議論によって、学問が如何に発展してきたか」という点であって、「長野県大石遺跡、荒神山遺跡出土炭化種子塊などの同定に走査型顕微鏡観察の有効性が広く認識され、今日での積極的な利用に至る」と指摘している(中沢 二〇〇九)。縄文農耕という長い研究の歴史をもつ研究領域において、学際的研究が欠かすことのできないものであり、そのために自然科学的方法があるということを考古学研究者に印象づけただけでなく、本格的な学際的研究となる文部省科学研究費特定研究「古文化財」総括班によるシンポジウム「縄文農耕の実証性」へと導いていくことになる。

加えて、緊急発掘における発掘資料の研究という点でも評価されてよいはずだ。大石遺跡の調査の約一〇年後、同じ長野県内の明科町（現・安曇野市）の北村遺跡の調査で、大量の埋葬人骨が発見された。調査を手がけたのも同じ長野県埋蔵文化財センターだったが、出土人骨の扱いには相当の苦労があったことが報告書に掲載された戸沢の総括に読みとれる。紙幅の関係で詳細は報告書に譲るとして、当時、まだ分析例の少なかった人骨の安定同位体分析を実施したことは、学際的研究で緊急発掘資料を積極的に活用するということでも特筆事項だろう（長野県埋蔵文化財センター　一九九三）。

4　矢出川遺跡の共同研究

戸沢の学問的業績の筆頭は、第1章でふれられたとおり、先土器時代（旧石器時代）におけるインダストリー論であろう。「先土器時代における石器群研究の視点」と題された修士論文には、茶臼山遺跡の調査などにおけるみずからの考えと、その考えの裏打ちとなるバーキット(M.C.Burkitt)、リーキー（L.S.B.Leakey)、ブリュイ（H.Bruil）らの石器群のとらえ方が開陳されていた。そして戸沢は、彼らの著作を読むたびに、ほとんど石器とその関係資料（原石や石片など）しか出土しない日本と、「多量の石器石片とともに豊富な骨角製品、そして多量の動物遺骸等々、さらに時には化石人骨や壁画さえも発見され、その時代の生活や文化の研究に色どりをそえた」彼の地とのちがいを感じていたが、一九七五年に明治大学の在外研究員としてヨーロッパ・アフリカを歴訪し、実地に遺跡を訪ね、研究者と交流することで、そのちがいをますます痛感することになった。

一方、日本でも長野県野尻湖の調査では、ナウマンゾウなどの更新世の動物化石群と人工遺物が共存関係をもって発掘された事例もないではないが、それはあくまでも例外的な成果でしかないことから、それに代わるものとして、戸沢は、「地域」を単位として、先土器時代の総合的な研究として、学際的な研究を実践することになる。それが戸沢が研究代表となって、一九七九年から三カ年にわたって実施された明治大学人文科学研究所共同研究「八ヶ岳東南麓における洪積世末期の自然と文化」である。

共同研究の目的と参加者

この共同研究について、戸沢は「三〇年の先土器時代研究史があるとはいえ、研究の重点は資料の発見、個別石器の研究、単独の遺跡の発掘などにおかれ、それらを総合して、一つの地域の、ある時期の生活・文化の全体像を明らかにするという方法論を積極的に実践しなかった」という反省に立って、「八ヶ岳山麓というモデル的な地域を対象として、今後より明らかにすべき人類史上の一つの重要な転換期の問題を、できるだけ大きな視野をもちながら、精密的な実証的研究を通じて、どのように解決していくことができるかを実践しよう」としたのである。

そうした認識のもとで、「①地形・地質や花粉分析・植物生態の分析」と「②分布調査や発掘調査等、考古学的分析」の二つを通じて、洪積世末期（今日でいう完新世末期で、晩氷期ともいう）を中心とした時代の自然環境の復元と文化の変遷および遺跡群の把握による社会・文化構造を復元する。そして肝心なことは、こうして研究をとおして、③矢出川遺跡群を史跡として指定し、保存・活用をはかる資料を提供することを目的とした。

参加者は、考古学では先土器時代研究の第一線で活躍する研究者だけでなく、長野県や地元の佐久で研究・活動する地域研究者に加えて、AT（姶良丹沢）火山灰など広域火山灰を鍵層としてテフロクロノロジーを確立した町田洋、花粉分析を通じて人類と環境との相互関係を明らかにする環境考古学の提唱者である安田喜憲、生態人類学的な視点から人類史を解き明かそうと思考する西田正規など新時代を担う研究者が集うことになった。

共同研究の成果と課題

共同研究は『報告・野辺山シンポジウム 一九七九』『同 一九八〇』『同 一九八一』という三冊の概報が刊行された（総括的な報告がなされなかったこともあって、その成果を十分に共有できなかったのは惜しまれる）。

それでも、考古学の分野では、矢出川流域の東西四キロ×南北三キロの範囲の詳細な分布調査と試掘調査をもとに、一つは、ナイフ形石器、槍先形尖頭器、細石器の各時期の遺跡の立地にちがいがみられることを明らかにしたこと。もう一つは、遺物の集中の仕方について、地点：顕著な遺物の集中が認められる場所、散布地：数点の遺物が散在的に発見されるような場所、遺跡：複数の「地点」や「散布地」が集合し、地形的にも一単位として把握できるような場所に分類することで、砂川遺跡や月見野遺跡群とはちがった視点で、先土器時代の遺跡の構造に迫る方法を示したことは、その後の鷹山遺跡群などの原産地遺跡の理解に貢献することになる（第1章の図1－6、図1－7を参照）。

そのなかでも、もっとも成果を上げ、その後の研究に大きな影響を与えたのは、花粉分析によって当時の植物生態環境を復元した安田喜憲の調査研究であろう（安田 一九八一）。すでに花粉分析では、安田が研究を実践する時点で「晩氷期」という区分はあった（塚田 一九六七）が、大阪平野での安田自身の調査をもとに、氷期、晩氷期、後氷期にいたる花粉帯編年をくみ上げ、縄文時代全体の環境変動を論じていた（安田 一九七四）。それによると、大阪平野では放射性炭素年代で10200±135BPを境に、寒冷気候の指標であるPinus（マツ）の花粉が激減してQuercus（ナラ）の花粉が急増すること、全国的にみても放射性炭素年代で11000BP前後に同様の花粉の急激な変化がみられ、この11000BPを晩氷期と後氷期の境だと述べている（安田 一九七四）。その成果に、当時の考古学的な成果を重ね合わせて、安田は「人類をとりまく自然環境を重視した場合、隆線文土器・爪形文土器とそれ以降の縄文式土器とは全く異なった自然環境の下に展開した文化」であることから、それを晩期旧石器時代に位置づけ、縄文文化とは別のものとして区分する芹沢の考えを支持していた。

矢出川湿原の調査においても、泥炭層からサンプルを採取し、氷期から後氷期への連続的な花粉帯を構築し、矢出川湿原における環境を「花粉帯Ⅰ（亜寒帯針葉樹林と落葉広葉樹林の混生林の時代）」「花粉帯Ⅱ（高山草原と疎林の時代）」「花粉帯Ⅲ（亜寒帯針葉樹林の時代）」の三つに区分し、放射性炭素年代測定を実施中であると断ったうえで、「花粉帯Ⅱの時代は二〇〇〇〇～一八〇〇〇年前の最終氷期の最寒冷期に、また花粉帯Ⅰの時代はそれ以前の温暖期に、花粉帯Ⅲの時代は晩氷期の温暖期」に対比される可能性がある」と述べた（安田 一九八一）。その翌年には別に長大なトレンチを設定、同様に花粉帯の分析を実施した。その結果、六つの花粉帯をみいだし、このうち「トウヒ属・五葉マツ亜属・ツガ属などの亜寒帯針葉樹林の一時的増加」を特徴とする花粉帯Ⅲの時期に「矢出川遺跡に人類が居住し、さかんに細石器をつくり、狩猟を行っていた」とした（安田 一九八二）。そして、安田は、この花粉帯Ⅲの一つの特色をハシバミ属が高い出現率を示すことをあげて、「ハシバミの疎林は、矢出川遺跡の細石器文化期の人々に重要な食料を提供した」と具体的な採集活動についても推測した。

こうした矢出川遺跡の成果をふまえ、安田は、鳥浜貝塚や尾瀬ヶ原の花粉分析と比較して、晩氷期における環境と人類の関係に言及してもいる。亜寒帯針葉樹とハシバミ属などの落葉広葉樹からなる疎林と草原環境であった矢出川遺跡に対し、鳥浜貝塚では「矢出川遺跡で細石器文化の人々が居住していた時代の層準」でブナ属とコナラ亜属が高い出現率を示す森の環境であること、一方で矢出川遺跡と同程度の標高である尾瀬ヶ原でも草原環境を示す花粉が減少、ブナ属・コナラ亜属の花粉が増加し、晩氷期になってから森の多い環境になったという。そして、鳥浜貝塚と尾瀬ヶ原の落葉広葉樹の森林環境の拡大こそは、日本海側の多雪化の影響であろうと述べ、その落葉広葉樹林の環境において土器文化が生まれたと考えた。これに対して矢出川遺跡は、旧石器時代以来の疎林＋草原の環境下で「全く土器をもたない細石器文化が華をさかせていた」と、環境のちがいと物質文化のちがいとを結びつけて理解した。そして、安田は、北欧の晩氷期の様相とも比較するなかで、「晩氷期から後氷期にかけての自然環境の激動の中で、草原の狩猟民から森の狩猟民への移行という世界史の中の生態史的併行現象が、二つの地域における森と人間のかかわりのなかにともにみとめられることは、注目すべきであろう」と結んだ（安田 一九八二）。

当時の日本考古学では、後氷期の技術革新の一つとして土器の出現を評価する研究者が多いなかで、安田は、矢出川遺跡の共同研究などで晩氷期という時期を日本列島の環境史のなかに的確に位置づけるとともに、その晩氷期に出現する土器群を縄文文化とは明確に区分したことが評価できる（工藤 二〇一三）。

戸沢もまた、安田が作成した植生復元図（図3–3）をもとに、日本列島の植生の変化と土器群の分布を図で示しながら（図3–4）、「晩氷期の日本列島には、それ以前にはみられなかったその時期に特有の石器や土器の出現など、先土器文化の変容を物語るさまざまな考古学上の事実

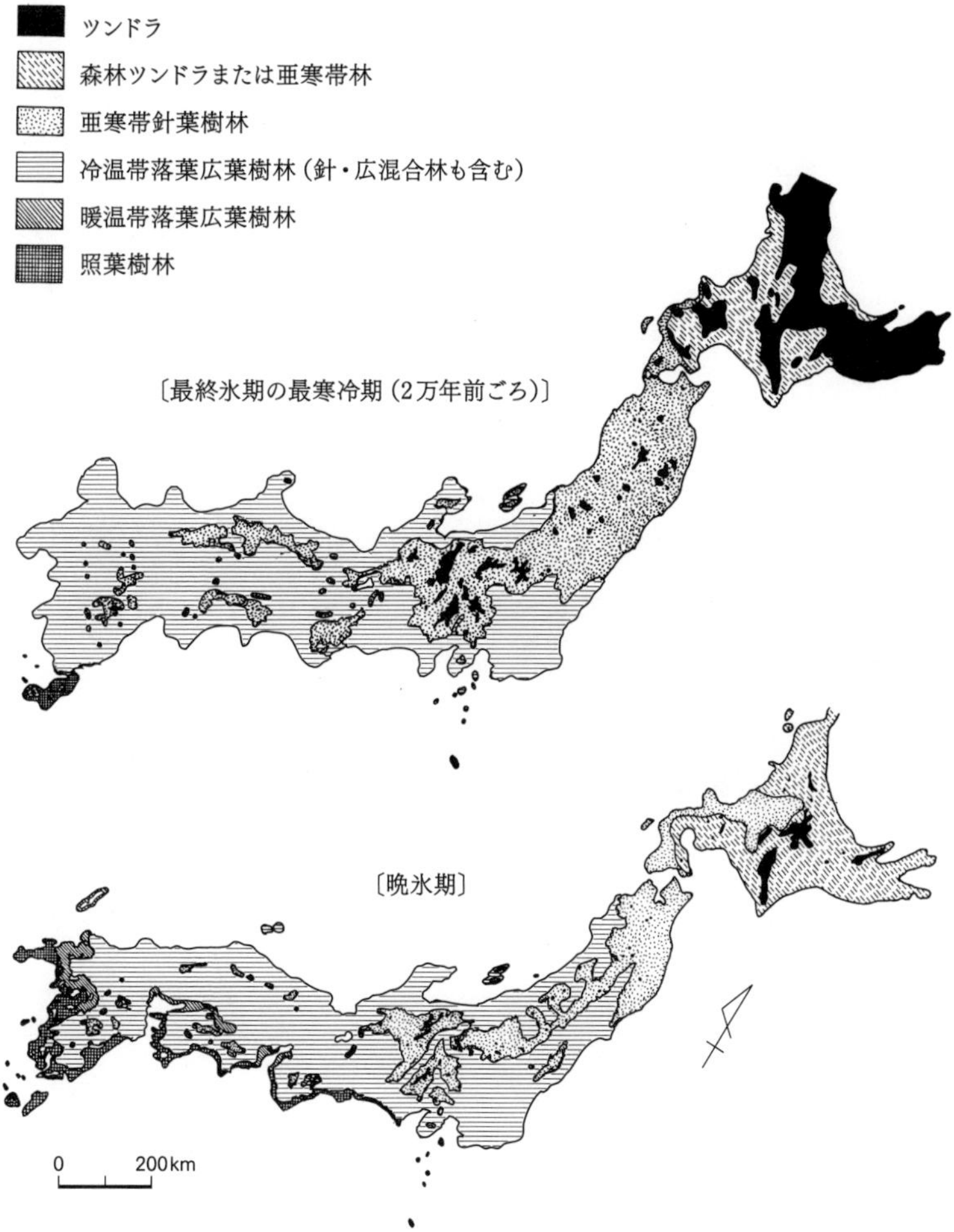

図3−3　最終氷期の最寒冷期（2万年前ごろ）と晩氷期における
日本列島の植生図と古地理

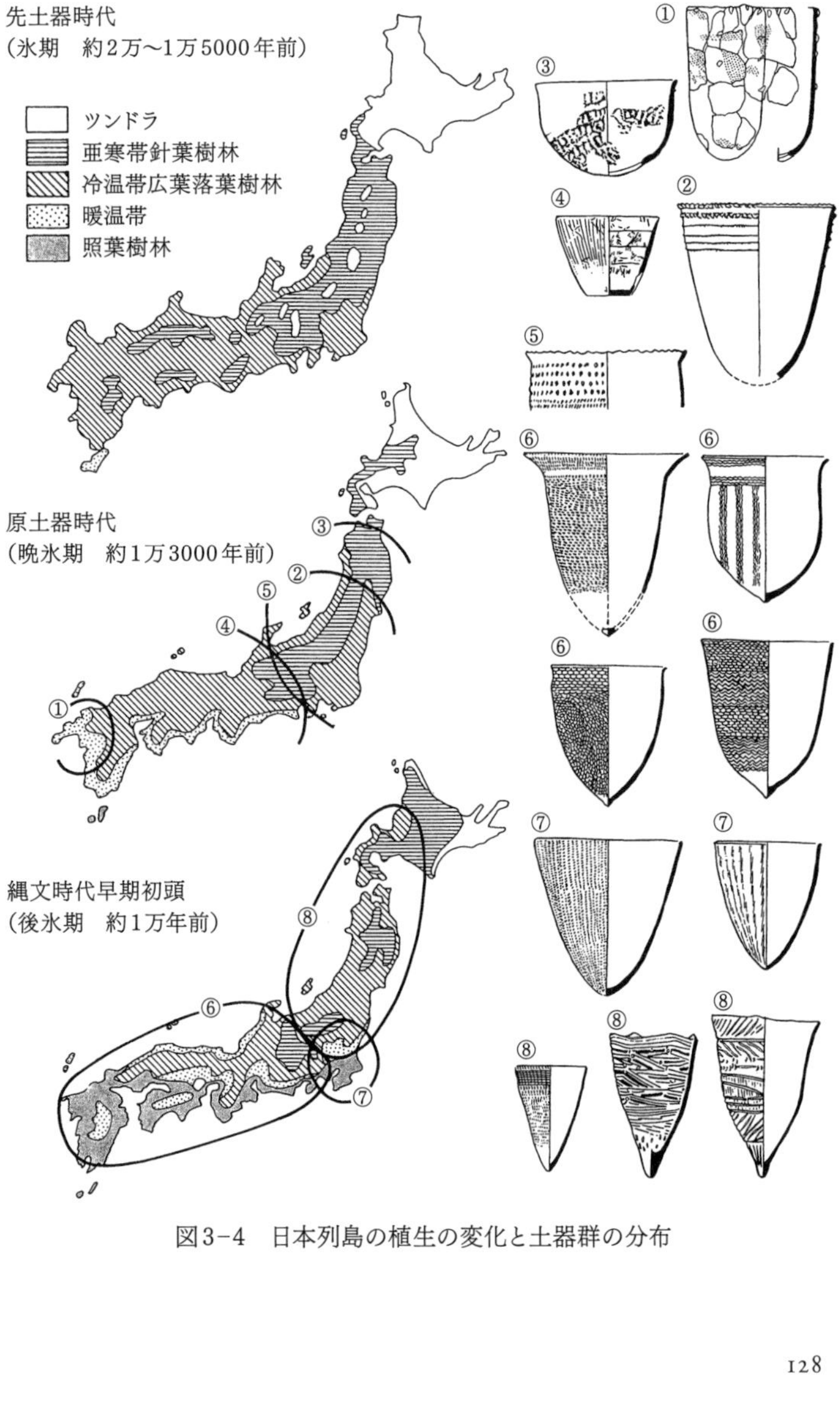

図3-4　日本列島の植生の変化と土器群の分布

が明らかにされている」として、その時代を杉原が提唱した「原土器時代」と位置づけて、「先土器時代から縄文時代へと転換する過渡期の時代」ととらえたことは前述したとおりである（戸沢 一九八四）。つまり戸沢自身も土器出現期の環境変動を理解するのに、矢出川遺跡での学際的な共同研究は大いに役に立ったといえよう。

こうしてみてくると、戸沢が関与した（あるいは間接的に論じた）学際的な研究は、夏島貝塚の放射性炭素年代測定と北村遺跡の安定同位体分析が今日の分析にいたる道標のひとつといえそうである。しかし、「縄文中期農耕論」での姿勢に顕著なように、理化学的な分析結果に引きずられるのではなく、結果はあくまでも考古学者が抱く仮説の部分的な証明なのであって、解き明かすべき問題をしっかりと認識し、その問題を解決するために必要な考え方、手法こそ重視すべきものだ、という主張が際立ってくる。なお、共同研究「八ヶ岳東南麓における洪積世末期の自然と文化」では、その目的の一つである矢出川遺跡群の保存について、一九九五年二月一三日に国史跡に指定されて結実したことを付記しておく。

近年の研究動向は、さらに学際的研究の進展が著しい。そんな今日だからこそ、戸沢のこうした研究姿勢に学ぶものがあると思う。

［注］

［1］両方の当事者とは、測定の依頼者である杉原荘介と測定者であるJ・グリフィンのことをさす。

［2］"epi-neolithic"の表記は原文ママである。接頭辞が"epi-"なので、本来であれば"epi-palaeolithic"であるし、文脈的にも"epi-palaeolithic"である。

［3］戸沢が大学院生のころ、学費代を稼がせるために、杉原が原稿を代筆させたということである。杉原は、戸沢が代筆した原稿については自身の著作目録に掲載しないという、一応のけじめをつけている。

［4］ミシガン大学に放射性炭素年代測定を依頼した経緯などについては、杉原荘介の「神奈川県夏島貝塚出土遺物の放射性炭素による年代測定」（『駿台史学』一二号、一九六二年）にくわしく紹介されている。

［5］古代学研究会主催のシンポジウム「原始・古代の農耕をめぐって」での岡田正彦の発言（『古代学研究』七四号、一九七四年）。

［6］一九七七年刊行の『どるめん』一三号誌上で、松永満夫が「大石遺跡の詳細については、現在刊行準備中の本報告書を参照されたい」と述べつつ、「炭化種子の調査結果については、松本の御了解を得たので、本報告書刊行前ではあるが、調査報告を掲載した」と述べ、松永による「アワ類似炭化種子・大石遺跡」に付属する「資料」として「長野県諏訪郡原村大石遺跡で発見された炭化種子について」のタイトルで掲載された。これに対して松本は、大石遺跡の本報告に一九八〇年の付記として、『どるめん』一三号の「資料」について、一九七九年になるまで『どるめん』という雑誌の存在を知らなかったので、それ以前の「資料」については「責任をもてない」と述べている。とはいえ、この松本の所見が戸沢をはじめ多くの考古学関係者をして「アワ」と喧伝

する要因にはなったと思われる。

［参考文献］

江坂輝弥編　一九七二『シンポジウム　縄文時代の考古学』学生社
小畑弘己　二〇一五『タネをまく縄文人　最新科学が覆す農耕の起源』吉川弘文館
工藤雄一郎　二〇一三「土器出現の年代と古環境」『国立歴史民俗博物館研究報告』一七八集
小山修三　二〇〇〇「採集と栽培のはざま」『古代史の論点』1　小学館
佐藤洋一郎　一九九九『縄文農耕の世界　DNA分析で何がわかったか』PHP研究所
杉原荘介　一九五九「世界最古の土器の出現について」『科学読売』九月号
芹沢長介　一九六〇『石器時代の日本』築地書館
芹沢長介　一九七三『古代史発掘』1　講談社
谷口康浩　二〇一一『縄文文化起源論の再構築』同成社
田畑久夫　二〇一一「稲作の起源（Ⅳ）」『学苑』八五二
塚田松雄　一九六七「過去一万二千年間：日本の植生変遷史Ⅰ」『植物学雑誌』九五〇号
勅使河原彰・三上徹也　二〇一四「文献解題」『考古学の道標』新泉社
樋泉岳二　二〇〇〇「学際的研究」『用語解説　現代考古学の方法と理論（Ⅱ）』同成社
戸沢充則　一九五九「時評・9450±400」『考古学手帖』七号
戸沢充則　一九六五「先土器時代における石器群研究の方法」『信濃』一七巻四号
戸沢充則　一九七九ａ「先土器時代論」『日本考古学を学ぶ』3　有斐閣
戸沢充則　一九七九ｂ「縄文農耕論」『日本考古学を学ぶ』2　有斐閣

戸沢充則　一九八一a「一九八〇年度総合調査の成果」『報告・野辺山シンポジウム　一九八〇』
戸沢充則　一九八一b「総括　野辺山シンポジウムの成果―シンポジウムのおわりに―」『報告野辺山シンポジウム一九八〇』
戸沢充則　一九八二「縄文中期農耕説の現状と課題」『シンポジウム縄文農耕の実証性』文部省科学研究費特定研究「古文化財」総括班
戸沢充則　一九八三「縄文農耕」『縄文文化の研究』2　雄山閣
戸沢充則　一九八四「日本列島の形成と人類の登場」『日本歴史大系一　原始・古代』山川出版社
戸沢充則　一九八五「縄文時代の地域と文化―八ヶ岳山麓の縄文文化を例に―」『岩波講座日本考古学五　文化と地域性』岩波書店
戸沢充則　一九八八「縄文農耕論」『日本考古学を学ぶ〔新版〕』2　有斐閣
戸沢充則　一九九〇『先土器時代文化の構造』同朋舎
戸沢充則　一九九四a「総括―北村遺跡の六年間―」『財団法人長野県埋蔵文化財センター発掘調査報告書一四　中央自動車道長野線埋蔵文化財発掘調査報告書一一―明科町内―北村遺跡』本文編
戸沢充則　一九九四b「縄文農耕論の段階と意義」『市民の考古学』1　名著出版
戸沢充則　二〇〇二「追補　縄文時代研究への理念」『増補　縄文人の時代』新泉社
戸沢充則　二〇〇五「地域研究がとらえた井戸尻文化」『井戸尻考古館建館三十周年記念講演録集』
外山秀一　一九八五「縄文農耕論と古植物研究」『人文地理』三七巻五号
中尾佐助　一九六六『栽培植物と農耕の起源』岩波書店
長崎元廣　一九九九「生業研究　縄文時代農耕論」『縄文時代』一〇号第三分冊
長野県埋蔵文化財センター　一九九三『長野県埋蔵文化財センター発掘調査報告書一四　明科町内　北

村遺跡一一　本文編』長野県教育委員会
長沢宏昌・山本直人　一九九九「生業研究　総論」『縄文時代』一〇号第三分冊
中沢道彦　二〇〇九「縄文農耕論をめぐって—栽培種植物種子の検証を中心に—」『弥生時代の考古学』5　同成社
中山誠二　二〇一〇『植物考古学と日本の農耕の起源』同成社
西田正規　一九八〇「縄文時代の食料資源と生業活動」『季刊人類学』一一巻三号
町田洋　一九七七『火山灰は語る』蒼樹書房
松谷暁子　一九八一「長野県諏訪郡原村大石遺跡で出土のタール状炭化種子の同定について」『昭和五〇年度長野県中央道埋蔵文化財包蔵地発掘調査報告書—原村その一—』長野県教育委員会
松谷暁子　一九八三「エゴマ・シソ」『縄文文化の研究』2　雄山閣
松谷暁子　二〇〇一「灰像と炭化像による先史時代の利用植物の探究」『植生史研究』一〇二号
松永満夫　一九七七「大石遺跡　アワ類似炭化種子」『どるめん』一三号
松本豪　一九七五「諏訪市荒神山遺跡出土の植物炭化物」『昭和四九年度長野県中央道埋蔵文化財包蔵地発掘調査報告書—諏訪市その三—』長野県教育委員会
松本豪　一九八一「長野県諏訪郡原村大石遺跡で発見された炭化種子について」『昭和五〇年度長野県中央道埋蔵文化財包蔵地発掘調査報告書—原村その一—』長野県教育委員会
文部省科学研究費特定研究「古文化財」総括班編　一九八二『シンポジウム「縄文農耕の実証性」』
安田喜憲　一九七四「日本列島における晩氷期以降の植生変遷と人類の居住」『第四紀研究』一三巻三号
安田喜憲　一九八〇『環境考古学事始—日本列島二万年—』日本放送出版協会

安田喜憲　一九八一「長野県矢出川遺跡群の古環境復元報告（一）」『報告・野辺山シンポジウム　一九八〇』
安田喜憲　一九八二「長野県矢出川遺跡群の古環境復元報告（二）」『報告・野辺山シンポジウム　一九八一』
山内清男・佐藤達夫　一九六二「縄文土器の古さ」『科学読売』一二巻一三号
山本直人　二〇〇七「縄文時代の植物食利用技術」『縄文時代の考古学』5　同成社
渡辺直径　一九六九「考古学と自然科学について」『考古学と自然科学』二号
渡辺直径　一九八一「遺跡の灰から穀物をさぐる—灰像による鑑別—」『考古学のための化学一〇章』東京大学出版会

II 学問を育むもの

第4章 信州教育と戸沢充則
――その教師群像と戸沢考古学

中島 透

戸沢充則は一九五二年、一九歳の時、明治大学に進学する。それまでどのような活動をしていたか、という点については、これまで戸沢自身が回想的に口述したり寄稿したもの以外には取り上げられることは少なかった。この時期に戸沢が執筆した論考などはじつに五〇本近くにおよびけっして少なくはないが、それらの掲載された文献は自身がかかわっていた少部数発行の会誌であったり、限られた地域や範囲で発行された媒体であるなど、いまでは入手困難で確認が難しいものが多いという現状である。

二〇一四年刊行の戸沢の追悼集『考古学の道標　考古学者・戸沢充則の軌跡』（新泉社）で、

年譜とともに若かりしころの論考が若干ながら掲載されてその一端が示されたが、本章では、戸沢の若年期の活動を自身が残した各種資料からもう少し追いかけてその実態を把握するとともに、その活動がどのような学問的基盤や環境においてなされたのか、とくに当時の教師たちの活動との関係に注目してふれてみたい。そしてまた、そのなかで戸沢がどのように立ちまわったのかもみてみたい。

取り上げる時期は、戸沢が旧制諏訪中学校（現・諏訪清陵高等学校）に入学した一九四五年四月から、明治大学に入学した一九五二年四月までの七年間とする。

1　諏訪の歴史研究と教師たち

信州教育の気風

近年はあまり聞かなくなったが、長野県は「教育県」であるという評がある。すなわち、かつて長野県が教育に力を入れ、それが独特の風土的特性をもったということで、それを総称して「信州教育」と表現されることが多い。それを定義することは難しく、またすでに多数の先行研究が発表されているので詳細はそれらに譲るが、その歴史は、江戸時代の信州が全国に比して寺子屋が多かったという話から、近代に入って強い研究意欲、大正期の自由な学風などが導入されるなどして、多数の人材を輩出したことなどにみることができる。

その教育方針は、近代の義務教育制度における画一化とそのための教育技術に対する反発、すなわち「教育の個性化の提唱」および「教育の地方化・風土化」[1]であったとする評価がある。そしてそれは教師自身のたゆまない自己研鑽によって達成されると考えられた。そのもとで教育現場ではさまざまな実践がなされたが、とくにみずからを知るにはみずからの地域のことを知る必要性が説かれ、その目的で地理学（郷土地理学と称された）、歴史学、博物学などにおいて熱心な研究とその成果にもとづく副教材が独自に作成され、教育に生かされた。

そのような教育環境を形づくったのが信州の教師たちであった。と同時に、その教師たちは研究者、ないしは高い研究心をもった人びとでもあったということが大きな要因としてあった。そのような人びとが全県下に散らばり、それぞれの地域において重要な役割を担ったわけである。

諏訪郡史編纂の取り組み

諏訪における郷土史研究は、古代・中世においては、諏訪神社やその信仰にまつわる記述が中心であったが、近世になると諏訪郡内の歴史をはじめ民俗や伝承などを広範囲にわたって記録し、まとめる傾向が生まれた。また、江戸後期には国学の影響を受け、その切り口による諏訪神社および諏訪信仰の研究もあらわれた。近代に入ると、諏訪氏をはじめとする諏訪の名族についてその系譜を追う研究も盛んとなった。

そのような素地のうえに、諏訪の郷土史をまとめる大きな事業がはじまる。それが『諏訪史』編纂事業である。もともと一八九〇年代後半（明治三〇年代）に信濃教育会や小学校長会が長野県内の各郡に郡史の編纂を働きかけて全県下で事業化されていった流れがあったといい、各分野に精通した教師が編纂委員などを務めてその中心的役割を担った。諏訪においては信濃教育会諏訪部会（のちの諏訪教育会）がこれを開始し、執筆、監修は中央から業績ある学者を迎えたが、その基礎的な資料収集は信濃教育会諏訪部会に所属する教師たちが地道に取り組んだ。

考古学による郷土史叙述の初期の例として評価される『諏訪史』第一巻（図4-1）は主に鳥居龍蔵が執筆したが、一九一八年（大正七）の事業開始以来、諏訪における編纂主任を務めたのは諏訪郡今井村（現・岡谷市）出身で諏訪地方の多くの小学校で教師を務め、退職したばかりの今井真樹（一八六八～一九四八）である。今井は諏訪郡平野村（現・岡谷市）出身で、当時東京帝国大学教授だった歴史学者・今井登志喜（一八八六～一九五〇）に望まれて編纂の主任を務め、続いて第二巻（諏訪神社史）、第三巻（中世）の刊行に尽力したほか、後述する『諏訪史料叢書』の刊行や各種郷土史研究を進めた人物である。

図4-1 『諏訪史』第一巻

また鳥居の実地調査に随行したメンバーには、旧制諏訪中学の教師で地質・生物の研究者であった牛山伝造（一八八四〜一九四三）などもいた。牛山は東京師範学校卒業後に諏訪中学に勤めながら八ヶ岳などの踏査や諏訪湖の生物などについて多くの研究を残した人物である。ほかにも『諏訪史』編纂に際し鳥居が謝辞を述べた人物に、のちの遺伝学の権威で諏訪高等女学校（現・諏訪二葉高校）の千野光茂（一八八八〜一九五七、千野は戦後の諏訪清陵高校初代校長）、「風土論」など独自の学風を形成した地理学者で諏訪中学校の三沢勝衛（一八八五〜一九三七）、地理学者で三沢らとともに諏訪史談会（後述）を指導した諏訪高等女学校の池内精一郎（一八八六〜一九八四）などもいる。

とくに三沢は実地観察と自分自身で思考することの重要性を説き、その指導に多大な影響を受けた生徒から多数の研究者を輩出し、信州教育の代表的人物の一人として知られる。戸沢が師と仰いだ考古学者の藤森栄一もその薫陶を受けた一人である。なお、今井登志喜はのちに日本歴史学界の重鎮として大成し、戦後に登呂遺跡調査会委員長を務めている。また付け加えるならば、戦前の『諏訪史』刊行を手がけた古今書院創業者で地理学者の橋本福松（一八八三〜一九四四）はもとは諏訪郡内の学校で教鞭をとった教師で、一九〇八年（明治四一）諏訪湖底の曽根遺跡を発見したことでも知られている。

諏訪史談会の活動

一九一八年（大正七）の『諏訪史』編纂事業（諏訪郡史編纂事業とも称される）開始とともに発足したのが、諏訪史談会である。会長に教育者の三村安治（後述）をすえ、諏訪教育会内に事務局をおき、「郡史編纂事業の基盤をなす歴史研究をすすめ」るとともに、「郷土史に対する研究心の高揚」を目指した。ここに集った教師たちが、その後の諏訪における歴史研究の中心的存在となっていった。

その活動内容は、各種の講習会・講演会の実施、諏訪郡内各地の現地調査やその成果をまとめた書籍の刊行、また諏訪にかかわる古文書の調査とその翻刻および資料集の刊行などで、それを毎年欠かさずおこなっていた。講習会、講演会は中央から優れた研究者を招聘したほか、会員の研究発表などもあり、郡内町村の史蹟踏査要項が編纂され、それをもとに実地踏査がおこなわれた。古文書についても『諏訪史料叢書』全三八巻を順次刊行したが、これらに採録された史料には現在所在不明であるものが多いことも含め、諏訪の歴史研究の一級資料となっている。このような活動はしだいに熱気を帯び、戦前における会員数はもっとも多い時で三〇〇名を越えたという。

戦後は、それまでの歴史観が大きく転換したことで、新たな構想のもとに再発足された。基本的に戦前の活動を継承しつつも、新しい教育現場における郷土資料の提供を兼ねて史蹟踏査要項を『諏訪史蹟要項』全二四巻にまとめ直して刊行するなどした。これは現在でも諏訪の郷土史研究の基本文献の一つとなっている。

内地留学制度

長野県では一九四三年（昭和一八）から、教職員を現職のまま中央の大学に派遣し勉学修業させる「内地留学」制度を取り入れた。この事業を発足させた清水利一（一八九四〜一九七五）は諏訪郡玉川村（現・茅野市）の出身で、長野県師範学校を卒業後、県内の小学校で教師・校長を勤めた教育者である。一九四一年（昭和一六）より着任した長野県視学の時に「児童生徒の人間形成」たる教育において「その人間形成の原動力となるものは教師自身の成長力」であり、「教師が常に高き理想と教育的情熱とを持つ限り、児童生徒の人間性は啓発される」との信念からこの制度を発案した。

清水は、西尾実（東京女子大）、務台理作（東京文理科大）、および岩波茂雄（岩波書店）の賛同を得て、岩波が西尾、務台のほか藤原咲平（諏訪出身、中央気象台長）、今井登志喜（諏訪出身、東大）、羽田武嗣郎（衆議院議員）など在京の長野県出身の名士を顧問に選んで留学生の受け入れや面倒などをみた。何より、留学生への補助金、寄宿舎の提供、県知事への予算化の働きかけなどで力強い援助をおこなった岩波書店創業・経営者の岩波茂雄（一八八一〜一九四六）もまた諏訪出身であった。このようにしてはじまった内地留学制度によって派遣された県の教職員が、帰任後に各職場にて大学での研鑽経験を生かして活動をしたことは、長野県の向学心の増大に寄与し、歴史学関係では郷土史研究の発展を助けたとみることができる。

以上のような郷土史研究の基礎が、地元の教師たちの着実な調査研究によって進められ、太平洋戦争の敗戦後の新たな歴史観、歴史教育のなかでも引き継がれ、生かされていったことが重要な要素であったと評価できる。戸沢が諏訪での学生生活を送った一九四五年前後とは、そのような教師たちのつくり上げた学問的基盤と環境があったといえよう。

2　戸沢と教師たち

敗戦と戸沢

それでは戸沢が諏訪時代に学んだ学校や周囲の人間関係のなかに、どんな教師たちがいたのだろうか。そしてどんな影響があったのだろうか。順を追ってみていきたい。

戸沢がよく引き合いにだし、戸沢の学問的根幹を示す話として比較的よく知られていると思われるのが、つぎのエピソードである。すなわち、太平洋戦争の敗戦後にそれまで使っていた教科書を黒塗りし、先生に連れられて学校の裏山の畑で土器を拾い、先生にこれこそが本当の歴史だと教えられた、というものである。戸沢の述べるところによれば、一九四五年の一〇月のことだったという。この時、戸沢をはじめとする生徒たちを連れ出した先生が牛山秀樹である。

牛山秀樹（一八九四〜一九五〇）は旧制諏訪中学から長野県師範学校を卒業して諏訪郡内の小学校教師を勤めるかたわら、農民生活史の研究をした郷土史研究者である。一九四四年（昭和一九）にいったん退職するが、のち諏訪中学で同年から一九四六年まで地歴科を担当した。また一九二一年（大正一〇）以来、長く諏訪郡史編纂委員を務めてもいる。とくに一九〇九年（明治四二）に東京帝国大学の坪井正五郎が諏訪湖底の曽根遺跡の研究に関連して調査し、長野県ではじめての本格的な発掘調査となったと評価されている[2]「上諏訪町島崎遺跡」（現在の高島城本丸脇）を、一九二三年（大正一二）に前述の『諏訪史』第一巻編纂にあたって編纂メンバーが再調査しているが、そこに今井真樹、三沢勝衛らとともに牛山も参加している。牛山が早くから考古学との接点をもっていたことがわかる。

牛山が一九四八年に出版した『諏訪史概説』上は、戦前戦中のいわゆる皇国史観を否定し、「新鮮な学問と公平な歴史眼によって、国のあゆみ、郷土の歴史をうち建てる」ことを目指し、そのために朝鮮半島や中国の古代の文献とともに「考古学による実証的な研究の成果」が問題となると述べている（図4-2）。戦前の牛山の教育方法や視点などについては詳細な情報がないが、早くから歴史学の研究者として活動しまた評価もされ、「正しい歴史教育が必ず正しい史実に立脚すべきものである」ことを旧来より自身の信念としていたと述べる牛山にとって、敗戦による戦前の抑圧された歴史研究のくびきから解放され、本来あるべき郷土史研究が進むことに新たな思いを抱いたのではないかと思われる。牛山は一九五〇年に亡くなったため、その後の牛山の新しい研究成果を知ることはできなくなったが、[3]戸沢が『諏訪史概説』上を読んだかどうかはわからないものの、のちに戸沢が「信州教育を地でいくような教師」と評した牛山の授業から、歴史学に対する強烈な体験をえたことはまちがいないのであろう。

学校裏の畑での体験がきっかけで一九四七年秋ごろ、戸沢は高校の地歴部に入部する。およそ戸沢の期待とはかけ離れた低レベルな部の実態を一年かけて様変わりさせ、諏訪郡内の遺跡の踏査や、諏訪学生文化連盟という団体主催の郷土研究発表会で、郡内の高校の同様な歴史系クラブが集うなかで研究発表するまでになった。また、同年一一月には同志の友人らと語らって「史実会」なる研究会を立ち上げた。戸沢の考古学への熱意はとどまることを知らないといった趣である。当然のことながら、そのなかから遺跡そのものを発掘したいという意欲が生まれてくるのであった。

なお戸沢は、畑での一件を契機に、表面採集して集めた資料をある日、牛山のもとへ持参したところ芳しい反応をえられず失望したことや、長野県中部・南部の高校の歴史系クラブと連携して「学生社会科学研究会」なる会の結成を企図し、その顧問就任を牛山に依頼したところ断

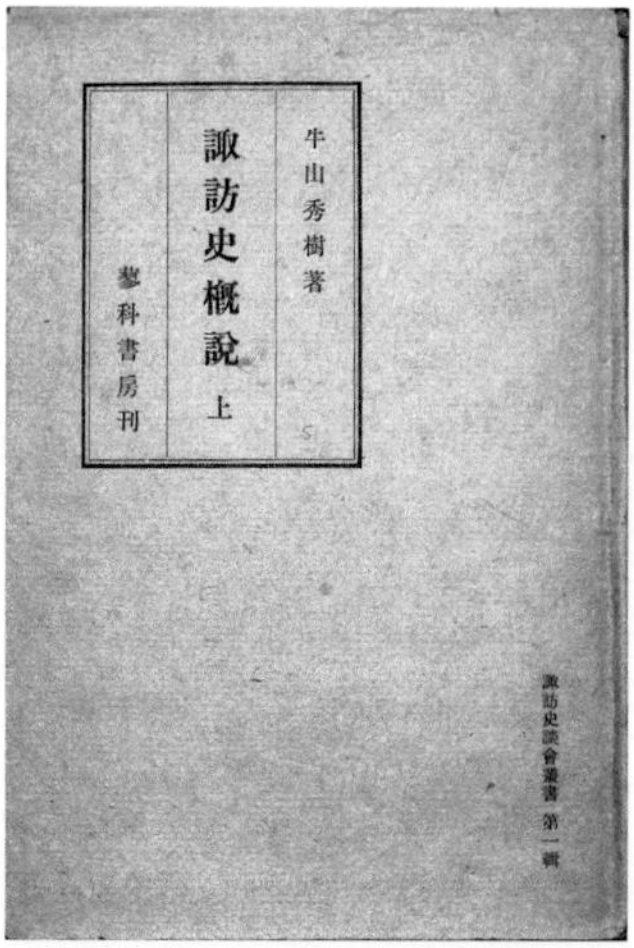

図4–2　牛山秀樹『諏訪史概説』上

られたという出来事を記録している。牛山の真意がわからないためそれ以上のことはいえないが、戸沢の熱意が教師たちの考古学を吸収するスピードを上まわっていたということではなかろうか。

海戸遺跡と戸沢

時間は少々前後するが、一九四六年、岡谷市の海戸遺跡の調査が実施された。海戸遺跡はすでに明治時代からその存在を学界に知られた遺跡で、戦前には藤森栄一の師の一人である銀行員にして考古学者の両角守一（一八九七〜一九三六）による調査や、『諏訪史』第一巻編纂にかかわって鳥居龍蔵・八幡一郎の指導による調査がおこなわれ、いずれも大きな成果をあげている。

一九四六年の調査は、詳細な記録がないため不明な点が多いが、考古学者の八幡一郎（諏訪出身）を指導者として諏訪史談会がおこなったと戸沢は述べている。[4] この時、戸沢はその調査を見学したという。そしてその後、数名の同級生と史談会とは別の地点を「発掘」し弥生土器をえた、とも述べている。「発掘」というと聞こえはよいが、これはいわゆる「盗掘」であったと後に戸沢自身が白状している。しかしながら、「つい数ヶ月前学校の授業で、黒塗りの戦時中の教科書を脇において聞いた、尖石遺跡や古墳、埴輪の話が頭にこびりついていた。大昔の歴史が地下に埋もれているという、話だけでは信じられなかったことを、海戸遺跡で現実に眼で確かめたのである」と戸沢が書くように、地中から本当の歴史を掘り起こす体験が、戸沢の考古学人生の原点となったわけである。そして、そのきっかけをつくった調査が、諏訪の教師たちがおこなったものでもあったということは奇しき縁といってもよいかもしれない。

殿村遺跡と戸沢

一九四八年六月、下諏訪町高木の畑で耕作中にほぼ完形の土器が発見されたことから、一一月に発掘調査が実施された。殿村遺跡である。『下諏訪町誌』によれば、調査は藤森栄一が届出人となり、調査メンバーは下諏訪史話会、高木区の有志および諏訪清陵高校および諏訪二葉高校地歴部員で構成された。この時の下諏訪史話会の中心メンバーであったのが今井広亀（一八九七〜一九八六）である。今井は長野県師範学校卒業後、県内の小学校教師を勤め、戦後は諏訪二葉高校や下諏訪中学校にも勤めるかたわら諏訪地域の歴史研究を進めた研究者である。諏訪郡史編纂委員も務め、一九六六年に刊行された『諏訪史』[5]第四巻では編集主任としてこれを完成させている。

この時の殿村遺跡の発掘調査では、二軒の竪穴住居址が発見された。戸沢はこの時、新学制（いわゆる「六・三制」）[6]で同年諏訪中学から改組された諏訪清陵高校の生徒であった。戸沢は殿村遺跡について、日記に以下のように書き残している。一部を抜粋する。

一〇月六日　今日も又嬉しいニュースを手に入れる。

（一）（筆者註：尖石遺跡の調査についての記述。後掲「尖石遺跡と戸沢」参照）

（二）高木（筆者注：殿村遺跡）の発掘決定…これは藤森栄一氏などの主催によるもので諏訪の平地住居趾の最初の発掘を目的としたものである。大変面白い発掘で是非参加したいが日が前と同じ十七日とあっては頭が痛い。尖石の発掘は二十三日にもやる予定だと言ふから、その日にしてはどうかと思ふが、折角お呼び下さった宮坂氏の好意を無にするのもどうかと思ふからこの辺は部長とよく相談しよう。

一一月五日　（前略）明日、高木発掘の報入る。非常に嬉しい。夜、現場調査に必要な測量板、並びに竹べら三個を作る。（後略）

一一月六日　張り切った高木の発掘の朝来の豪雨に流れてしまふ。

一一月一二日　先週雨の為に中止された高木の発掘の日である。風少なく、天気晴朗にして絶好の発掘日和である。今井広亀氏、上野画伯、藤森栄一氏の指導のもとに、矢ヶ崎氏（筆者註：長崎氏か）の畑の発掘をする。当日の発掘状態は発掘記録第四号に詳細を記する積りである。（中略）今日の発掘ほど多量な土器の出土を見た例がない。一坪位の所より、半形以上復元可能の土器は実に十個余を数へた。今日こそ、本当に私の考古学上の輝ける日だ。唯嬉しくて足も手もおちつかなかった。冷静々々、何事にも冷静な批評が必要だ。（後略）

一一月一五日　高木より完全なる住居跡が出た報告を聞く。清陵考古学界の活躍盛んなるを喜ぶ。

一一月一七日　（前略）こんれい（筆者註：婚礼か）の為に早退する。所が途中、大きな道草を食ふ。すなはち上諏訪より歩いて下諏訪町高木で発掘した住居跡の見学をしてしまった。理由を言って早退したのに、先生には大変なうそをついたやうで、心苦しい。高木から出土した住居阯は多くの土器と共に諏訪平坦部最初の住居跡として立派なものだ。小さいながらひきしまった炉阯、五つ（他に四つ）の柱阯等、唯なんとも言へない美しさだ。（後略）

一一月二一日　高木の発掘に参加する。第二号住居阯の発掘を昨日に続いて行ふ。（中略）本日十一時頃雄大な炉址が出土して全員元気ずく《〈ママ〉》。尚、本日中に柱阯五個も発掘さる。

一一月二二日　本日は始め青木君を代表として行ってもらう。午後、短縮授業の二時間を休んで史実会員四名で参加する。柱阯も全部出て大凡の住居阯が表れて居て、あとは壁を追ふ。（後略）

一一月二三日　測量板を背負って殿村遺跡第二号住居阯の仕上げに出かける。最初の数時間、清掃を行ってから、撮映《〈ママ〉》、測量などを行ふ。（後略）

これらの記述から、遺跡調査にかかわっての高い昂揚感がみてとれる。とくに一一月一二日の記述にある「私の考古学上の輝ける日」との表現から、この殿村遺跡の発掘が戸沢にとって非常に画期的な出来事であったことがうかがえる。

今井広亀がこの時、発掘現場などでどのような役割を演じたかはわからない。学術上の指導は藤森栄一であったことは、今井が地元新聞に連載した殿村遺跡調査についての記事で、藤森に指導を依頼したと述べていることからも確認できる。ただ、当時の新聞記事などから発掘調査の計画は今井が立てたものとみられ、地元の教師による実証的な研究の一例ともみることができる。

今井が殿村遺跡について書き記した文章などで確認できるものはいまのところ多くないが、今井が執筆した『下諏訪の歴史』の同遺跡の項で「下諏訪史話会会員の手で第一号第二号の住居趾を発見した。戦後考古学熱の盛んなときで、応援してくれる人も多かったし、それを機会にして考古学を終生の仕事とする人達も幾人か出た。地元高木区には高木史話会が結成されて全面的に応援してくれた」とある。戦後の新しい歴史研究の熱気のようなものが長野県の一地方であるこ
こ下諏訪の一地区にもあったことがわかるし、なにより、この発掘が契機で考古学者になった者がいるという一節は、誰あろう戸沢のことを指していると思われる。

戸沢はこの調査結果について、一九四九年『史実誌』第三号に「殿村遺跡調査報告」と題した報文を発表している。過去の調査履歴、遺跡の立地、基本土層、遺構の形状や検出状況とそれらの分析をおこない、遺物については実測図を提示し、その焼成、文様構成などについて詳細に観察し、これらから顕著な特徴をもつ土器を殿村A式、同B式に型式設定して分類している。調査

の規模はけっして大きくないが、その内容は現在の調査報告書となんら変わりなく、なによりえられた資料や情報を一つたりとも洩らさず分析しつくそうとする情熱が感じられる。

また、翌一九五〇年『古代学研究』に「長野県殿村発見の一異形石器」と題した報文を史実会の仲間とともに投稿している。前年に引きつづきおこなわれた殿村遺跡の発掘調査で出土した異形石器についての資料紹介である。V字形につまみ状の突起を有する石器であるが、当時類例がほとんどなかったといい、これを戸沢らは南アフリカやアメリカ先住民の使用した武器という「土俗例」をもってその類似を指摘し、石器の機能について、日本で一般的に理解される石器の機能（石斧・皮剝）の再検討の必要性を指摘している。これもまた戸沢の考古学に対する深い探究心の一例といえよう。

近年、「下諏方史話会」のゴム印の押された、『殿村住居阯の研究』と題されたファイルが発見された（図4-3）。遺構や遺物の実測図、写真や当時の新聞記事などが収められ、遺物には分析の記載もある。作成した人物の名前がどこにもないが、おそらく今井が深くかかわってできたものであろう。当時としては非常に精緻な記録は、藤森の指導もあろうが、当時の地方の教師が旺盛で幅広い関心や知識、技能などを有していたこともまた感じさせる。こうした風を当時の戸沢が浴びていたとみるのはあながちまちがいではなかろう。

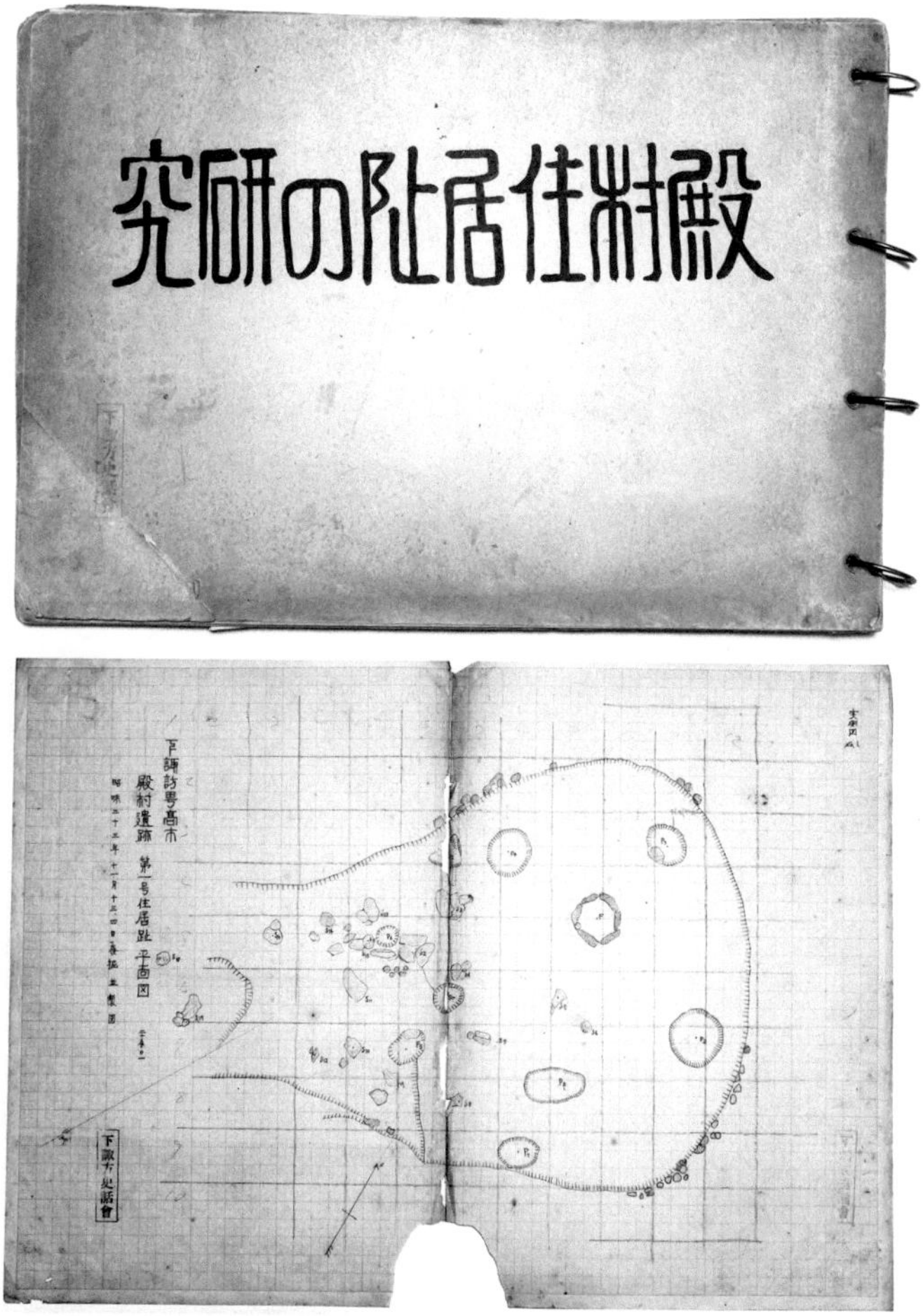

図 4-3　『殿村住居阯の研究』

尖石遺跡と戸沢

尖石遺跡は茅野市豊平にある遺跡で、諏訪のみならず信州を代表する縄文時代の一大集落遺跡である。古くから遺跡の存在は知られていたが、一九二九年（昭和四）伏見博英の諏訪来訪の際におこなわれた発掘調査が学術研究の嚆矢とされている。以後、数度にわたる発掘調査がおこなわれているが、一九四八年に隣接する与助尾根遺跡の第二次調査が実施された。これについて、戸沢は日記に以下のように記している。

一〇月六日　今日も又嬉しいニュースを手に入れる。

（一）尖石の発掘決定…矢沢先生の受けとった招待の言葉の要旨である。「日時は十月十七日で、宮坂氏からの招待で本校地歴部に是非参加してほしい。」と。尚、矢沢先生も大変熱心であるので又嬉しい。

（二）（筆者注：前掲）

一〇月二一日　遂に嬉しい状《〈ママ〉》報が入る。すなはち二十三日午前八時より尖石を発掘す。と忽ち全身に血が活気を与へる。最も美しい[7]夢の一つがまさに山浦の一角に咲き誇る時が来た。妙に待ち遠しい。

一〇月二三日　早朝三時床を蹴る。後は美しい、嬉しい夢のリズムに乗って、一日の発掘を終る。太古さながらの森林の中に太古さながらに復原された原住民族の住居等、一日を感激のうちに、血の高鳴りを感じつゝ終る。終了後、宮坂旅館に落ちつき、夕食後新村青木の二君と共に宮坂英弌氏宅を訪れ時のたつのも忘れて英弌氏の息子、東大考古学教室に内地留学生として研究された、宮坂規矩雄氏と話し合ふ。本当の研究生らしい先生は、落ちついた口調で次から次へと話しを続けられ、写真、実資料を示されて、興味あるお話をされた。特に強調して曰く、〝本当に考古学をやるなら今から徹底的にやって行くこと〟、この言葉が寝ても耳に響いて来た。若い考古学者らしくこんこんと話される姿が又どこか熱情的な立派さを感じさせる。私は先生が好きだ!!九時、名残を惜みつゝお別れする。（後略）

一〇月二四日

尖石発掘第二日の朝六時半起床、八時出発する。本日は尖石の最大権威者宮坂英弌先生も御指導に来られる。経験者らしいし、てきぱきとした発掘に圣四米九十といふ大住居□〈阯カ〉がたちまちその全ぼうを表す。午後はきれいに□〈取カ〉除された竪穴内の構造を細に観察実測する。全員引きあげてから約一時間最後のしめくゝりを急ぐ清陵地歴部員の姿が我ながら心強く感ずる。作業終了後、土器を手□〈ニカ〉宮坂先生宅に行く。そこで先生が又大変有意義な話をされ（中略）三時半、思ひ出の豊平村を後に一路帰途つく。夜、実測図の清書を行ふ。

尖石遺跡は宮坂英弌がその人生をかけた遺跡である。その調査への熱意から宮坂は「尖石の鬼」と呼ばれたほどである。戸沢のこの記述からは、尖石遺跡や宮坂のことは充分承知で、その調査の招待に喜んでいる。この時、尖石遺跡の調査には戸沢の在籍する諏訪清陵高校のほかに、男子校では岡谷南が、女子高では岡谷東、伊那南（現・伊那弥生ケ丘）の各高校の有志も参加していた。その数約五〇名と当時の新聞記事が伝えている。

ところで、新聞記事によると、この時、高校生を指導したという岡谷東高校の教師がいる。小林正人（一九一三〜一九八五）である。諏訪郡境村（現・富士見町）出身で、日本大学高等師範部を卒業後長野県内の小・中・高校で教鞭をとった一方、東京大学文学部国史学科へ内地留学した。諏訪湖の漁業や近世の林野や用水の研究で多くの業績をあげ、諏訪地方の自治体史も執筆した郷土史研究者でもある。東大への内地留学は一九五一年のことであるので、小林が尖石調査の段階でどの程度考古学関係に造詣が深かったのか、また戸沢が小林から何か指導を受けたのかどうかは不明だが、尖石遺跡がさまざまな人物に影響を与えた一例といえるかもしれない。

もう一人、注目したい人物が、戸沢の日記に登場する「矢沢先生」である。戸沢の日記に、学校の教師の名前が書かれるのは稀である。高校生のころからすでにさまざまな事柄に対して鋭い批評を加える戸沢としては、比較的好意的な表現である。この矢沢先生とは、当時諏訪清陵高校の社会科担当だった矢沢克と思われる。矢沢についてのくわしい資料はみあたらないが、矢沢克であればその父は諏訪郡中洲村（現・諏訪市）出身で旧松本女子師範学校校長を勤め、早くから日本アルプスの動植物などの研究に取り組んだ高山研究のパイオニアで、「信濃博物学会」「信濃山岳研究会」を設立して優れた業績を残し、長野県の理科教育の基礎を築いた矢沢米三郎（一八六八〜一九四二）である。そして矢沢米三郎の弟、つまり矢沢克の叔父は、信州教育の基礎を築いた教育者で、諏訪史談会の初代会長として『諏訪史』編纂事業を推進した前出の三村安治（一八七〇〜一九三二）である。矢沢の書き記したものは現在のところ確認できないが、尖石の調査に対し協力的な対応をみせているところに、専門はちがえど学者としての遺伝子を受けついだ人物のようにみることもできる。

戸沢は、この年を皮切りに一九五〇年まで尖石遺跡の調査に都合三カ年（二次〜四次）にわたって参加している。一年目は二日間のみであったが、二年目は計一二日間ともっとも多く、この年の調査にいたる経過や調査後のことも含めた尖石遺跡の一年間の動きを『史実誌』第四号に掲載している。これをみると、戸沢の所属した諏訪清陵高校地歴部はもちろん、諏訪地方を中心とした当時の中学、高校の歴史系クラブの生徒たちが熱心に発掘調査に参加している様子もわかる。

尖石遺跡は、遺跡がもつ壮大な魅力や宮坂英弌のキャラクター、加えてこれまでの調査経過が「尖石遺跡を守る会」の運動に大きく寄与し、さらに戦後の歴史研究、歴史教育における考古学への期待もあって、さながら登呂遺跡の諏訪版といった趣があった。そんな熱気のなかに戸沢が身をおいたことは重要であろう。事実、のちの戸沢の述懐にもあるが、一〇月二三日の記述にみるように、調査に参加する昂揚感、宮坂規矩雄との語らいなど、尖石は戸沢にとって大きな指標を与えた遺跡と評することができる。そもそも、宮坂英弌その人ももともと地元出身の教師であった。

梨久保遺跡と戸沢

一九四九年八月、長地村（現・岡谷市）中村で高校生たちによる発掘調査がはじまった。梨久保遺跡である。この遺跡の学史は古く、山田孝助が一九〇一年（明治三四）、『東京人類学雑誌』に投稿した論文があり、これは考古学に関する文献としては諏訪では最古であるばかりでなく、長野県でもきわめて早いものとして輝かしい実績をもっている。また大正時代には、当時旧制諏訪中学の生徒だった八幡一郎もこの遺跡を訪れて遺物をえるなど、早くから注目を集めていた。

この年、岡谷工業高校で地歴部が復活し、その第一回の研究テーマとして調査がおこなわれた。これに戸沢ら諏訪清陵高校はじめ諏訪二葉高校、上諏訪中学校の各地歴部が協力したとある。高校生たちによる梨久保遺跡の発掘は翌年もおこなわれ、断続的に一〇回以上を数えた。はじめは既存の調査に参加する形であった遺跡の発掘を、自分たちでおこなうようになったという例の一つであるが、この調査について戸沢は一九五一年『諏訪考古学』第七号に「長地村梨久保遺跡調査報告―中期初頭縄文式土器の研究資料篇Ⅰ―」と題した報告を宮坂光昭とともに載せている。ここに、調査の協力者として長地小学校の「高木翁輔先生」[8]の名をあげている。

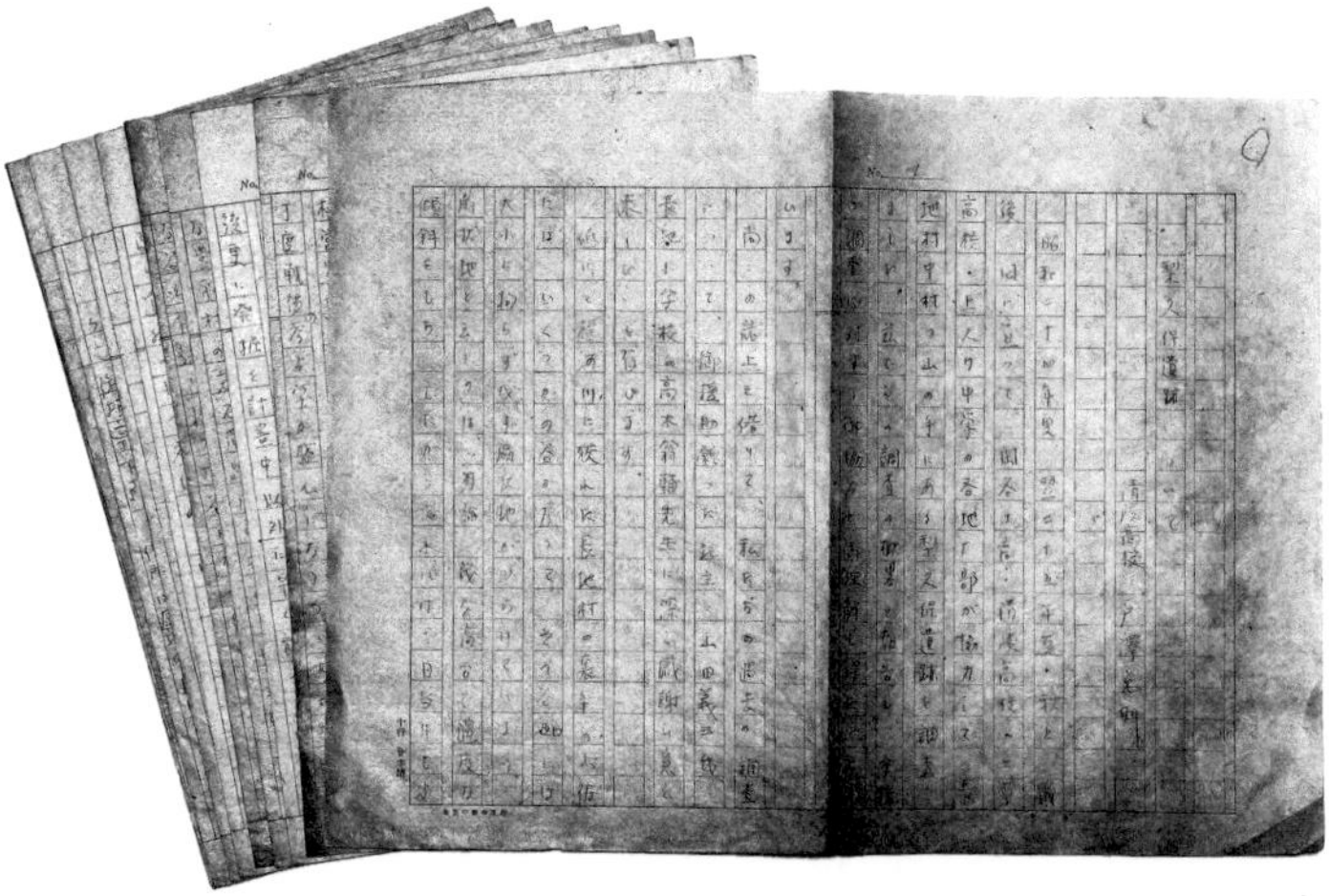

図4-4　戸沢充則「梨久保遺跡」

どのような人物かは不明だが、ここにも、戸沢らの考古学研究に手を差しのべた教師がいたことがわかる。これらの調査によって得られた多量の土器から「梨久保式土器」がみいだされ、『諏訪考古学』の報文によって世に知らされた。それはさらに資料の追加をえて中部高地の縄文中期土器の編年における一型式を確立することになるが、梨久保遺跡が戸沢らの研究の深化に大きな影響をもったといえる。

近年、この梨久保遺跡について書いた戸沢の直筆原稿がみつかった（図4-4）。それは、当時長地地区で活動していたとみられる「長地史話会」[9]に寄稿したものである。「梨久保遺跡について」と題されたこの一文は一九五一年に書かれたもので、一九四九年・五〇年の調査の概要を紹介し、現在そのレポートを執筆中であること、なかなか思うように発掘がおこなえなかったことなどを記している。『諏訪考古学』の報文にはふれられていない「焼畑陸耕」または「原始陸耕」について言及しているのも興味深い[10]。

また、この文中の記述によって、前述の高木翁輔の支援とはおそらく一九五〇年の調査の際、発掘地点を長地小学校の敷地内に求め、その許可をえることができたという経緯に関係したとみられることが推測できる。おそらく史話会の会報のようなものに掲載するために書かれたとみられ、文体は全文敬体で読みやすい記述を意図したものとなっている[11]。添えられた手紙は長地史話会の「樋口先生」宛で、これによるとこの報文を書くことになったのは、史話会からの依頼であったことがわかる。この梨久保遺跡の発掘が、もしくはこのころの戸沢らの活動が、地域の人びとに評価されはじめた証左といえるかもしれない。

なお、文末には三三本目のレポートであること、「卒業記念号Ⅱ」であることも書かれている。また、手紙には「今年卒業するが、藤森栄一先生の研究室で研究を続けるのでご指導いただきたい」旨と、自身の自宅の住所とともに藤森栄一が開設した「諏訪考古学研究所」を併記している。戸沢の日記をみると、戸沢は高校後の進路について非常に悩んでおり、藤森夫妻にも相談したりしていたことがわかるが、これらの記述は自身が藤森を師とする研究者であるという誇りを強く感じさせるものでもある。

諏訪史談会と戸沢

前述のとおり、『諏訪史』編纂事業にともなって生まれた諏訪史談会は、郡史編纂の事実上の実行部隊としての役割を担った。史談会は各種研究事業を精力的におこない、参加教師たちの研究意欲の増大と研究水準の向上に大きく寄与した。戦後になってもその流れは変わらなかったが、それに加えて敗戦後の歴史観の転換、すなわち皇国史観からの解放による実証主義による日本史の再構築の全国的な流れのなかで、日本全体がそうであったのと同様に、考古学的研究が諏訪の歴史研究においても重要な分野となった。

この時期の諏訪史談会の活動のうち、郷土史・考古学関係を『諏訪教育会百年の歩み』より列記すると、つぎのようになる。

一九四五年　鎌倉街道（上諏訪〜下諏訪）実地踏査
一九四六年　講演会「尖石与助尾根遺蹟について」（宮坂英弌）
　横吹新田（富士見町）踏査
　尖石与助尾根遺跡（茅野市）発掘
一九四七年　講演会「登呂遺跡発掘中間報告」（今井登志喜）
　大安寺遺跡（諏訪市）踏査[12]
　海戸遺跡（岡谷市）踏査

一九四八年　講演会「下社について」（今井黙天）
落合村（富士見町）踏査
殿村遺跡・下社（下諏訪町）踏査
牛山秀樹『諏訪史概説　上』刊行
宮坂英弌『原住民の遺蹟』刊行
諏訪史談会『諏訪の年中行事』刊行
一九四九年　講演会「農民生活史」（有賀喜左衛門）
ちの町古墳踏査（茅野市）
岡谷地方製糸の変遷について踏査
諏訪史談会『諏訪の交通史』刊行
一九五〇年　講演会「近世の古文書について」（宝月圭吾）
講演会「庶民史料より見たる近世史」（有賀喜左衛門）
講演会「縄文文化について」（八幡一郎）
『諏訪史蹟要項』金沢村篇刊行
金沢村実施踏査
『御柱の話』刊行
『諏訪の土地と人』刊行

以上のように、戦後も引きつづき熱心な研究活動が取り組まれるなかで、戦前の活動にはほぼみあたらなかった考古学関係の活動が加わってきたことがわかる。そして戸沢は、このような諏訪史談会の活動に参加していたと述懐する。具体的にどの会に参加したかなどの記録はないので詳細はわからない。戸沢の表現では「何となく顔を出していた」とするが、このような地元の教師たちによる研究活動が当時高校生の戸沢にとってよい刺激となる環境であったことが推測される。また、戸沢のように学生の参加について門戸が開かれていたこともわかる。史談会では講演会や実地踏査など充実したメニューが用意され、当時の戸沢にとって、中央の研究や最新の情報などを得る機会になるとともに、自身の研究意欲を湧き立たせるよい刺激になったものと思われる。

3　信州教育が戸沢に与えたもの

戸沢は、多感な青春時代をすごした諏訪中学～諏訪清陵高校の七年間、一九四五年の敗戦をはさみ、それまでの歴史観が一八〇度転換するという激動のなかに身をおいた。そのなかで考古学に出会うのであるが、すでにみてきたように、必ずしも戸沢と直接的な指導関係をもった教師がいるわけではない。むしろ教師たちも新たな歴史教育のなかで模索していた部分もあろう。しかし、信州教育がそれまで培ってきた教師自身の向学心は健在で、つぎつぎと地域の歴史を明らかにしようとする取り組みが勃興した。

そのような環境が——もちろん戸沢の師・藤森栄一の存在はいうまでもなく大きなものであるが——、間接的に戸沢の考古学研究に材料や刺激を与えたという点で、この時期に戸沢が学生時代を諏訪ですごしたことは大きな財産となったことが想像される。[13] そしてまた、のちに戸沢が主張した「考古地域史」の原点が、信州教育において推進されたこのような郷土史研究にその一端を求めることができるとも考えられる。

[注]

[1] 信濃毎日新聞社編　一九七〇『信州の教師像』所収の竹内利美の論評による。

[2] 『諏訪湖底曽根遺跡研究一〇〇年の記録』所収の三上徹也の研究による。

[3] 牛山死去後の一九五二年に、牛山が生前に書き残した論文をもとに『諏訪史概説』下が刊行されている。

[4]『諏訪教育会百年の歩み』では一九四七年のこととしている。
[5]『諏訪史』第四巻は諏訪の近世をまとめた内容となっており、前三作とはちがい、諏訪教育会の教師たちが執筆を担当している。
[6]本章作成にあたり、戸沢が残した各種資料のなかから、一九四八～五二年の日記を参照した。後年、戸沢はそれらの日記のうち考古学に関する記述の部分を整理して冊子にまとめている。
[7]本章では引用していないが、同年九月二五日の日記において戸沢は、秋は考古学の発掘シーズンであるとし、「私は秋の発掘調査計画を夢みよう」と述べて列挙した六つの遺跡調査や研究のうちに尖石遺跡をあげており、この「夢」が実現したことを指しているとみられる。
[8]『長地学校百年史』に「高木翁寿計」とある人物のことと思われる。
[9]一九七三年に同名の会が設立されているが、関係は確認できない。
[10]いわゆる「縄文農耕論」の主張者としても著名な戸沢の師・藤森栄一がそれをはじめて発表するのは一九四九年とされるので、ここまでの間で戸沢が藤森から一定の情報等を得ていたことがわかる。
[11]長地史話会が月刊で発行していた会報『中仙道』と思われる。戸沢も自身がまとめた「高校時代の習作的報告書一覧表」において、この年なんらかの原稿を『中仙道』に発表した旨を記しており、本原稿がそれにあたると思われる。
[12]前述の戸沢が一九四六年に見学したという調査のことか。
[13]実際に戸沢は諏訪教育会の講演で、そのような研究熱心な教師たちの背中をみながら、その後を慕って考古学にのめりこんだと述べている。

［参考文献］
市川本太郎　一九八六『長野師範人物誌』
今井広亀　一九四九「殿村住居址」『信濃』一巻六号
今井広亀　一九七七『下諏訪の歴史』下諏訪町立博物館
牛山秀樹　一九四八『諏訪史概説』上　諏訪史談会叢書第一輯
岡谷市　一九七三『岡谷市史』上巻
岡谷工業高等学校同窓会　一九八一『岡谷工業高校七十年史』
郷土出版社編　一九八九『長野県歴史人物大辞典』郷土出版社
「考古学の道標」編集委員会編　二〇一四『考古学の道標―考古学者・戸沢充則の軌跡―』新泉社
史実会研究室　一九五〇『史実誌』四号
信濃毎日新聞社編　一九七〇『信州の教師像』信濃毎日新聞社
清水利一　一九七一『本立而道生』本立而道生刊行会
下諏訪町誌編纂委員会　一九六三『下諏訪町誌』上巻　甲陽書房
諏訪教育会沿革史委員会　一九八二『諏訪教育会百年の歩み』諏訪教育会
諏訪考古学研究会　二〇一四『藤森栄一の蒔いた種　今―縄文中期文化論を問う―』
諏訪市史編纂委員会　一九九七『諏訪市史』上巻
清陵八十年史刊行委員会　一九八一『清陵八十年史』長野県諏訪清陵高等学校同窓会
曽根遺跡研究会　二〇〇九『諏訪湖底曽根遺跡研究一〇〇年の記録』長野日報社
戸沢充則　二〇〇三『考古学のこころ』新泉社
戸沢充則　二〇〇七『語りかける縄文人』新泉社

戸沢充則・宮坂光昭　一九五一「長地村梨久保遺跡調査報告―中期初頭縄文式土器の研究資料篇Ⅰ―」
『諏訪考古学』七号
鳥居龍蔵　一九二四『諏訪史』一巻　信濃教育会諏訪部会
長野県教育史刊行会　一九八三『長野県教育史』三巻　総説編三
梨久保遺跡調査団　一九八六『梨久保遺跡（本編）』岡谷市教育委員会
中村一雄　二〇一一『信州教育とはなにか』上・下巻　信州教育出版社
伴野敬一　二〇〇五『信州教育史再考―教育と文化をめぐる通史の試み―』龍鳳書房
藤森栄一　一九七三『信州教育の墓標―三澤勝衛の教育と生涯―』学生社
宮坂英弌　一九五七『尖石』茅野町教育委員会
明治大学考古学研究室　二〇〇三『市民と学ぶ考古学』白鳥舎

第5章　藤森栄一と戸沢充則

藤森英二

1　藤森栄一について

戸沢充則は、そのときどきの考古学的な（あるいは広く社会的な）状況において、師匠ともいえる藤森栄一の言葉を抜き出し発信していたことは広く知られている。今日残された戸沢の著作を読み解きその思想に迫る時、そこには師匠ともいえる藤森栄一の存在が大きい。

藤森栄一については、戸沢のみならず、多くの関係者がさまざまな場面で取り上げており、さらには藤森自身も自叙伝を含む多くの著作を残していることから、その生き方や思想をさぐる材料には事欠かない。また、藤森の死後編集された『藤森栄一の日記』や、これに旧制諏訪中学在学時の日記が加えられた『藤森栄一全集』第一五巻といった記録もある。

藤森栄一は、一九一一年（明治四四）、現在の諏訪市に、紙類や文具を扱う商家の長男として

図5‒1　藤森栄一の生家の加賀谷・博信堂

生まれた（図5‒1）。幼いころより考古遺物に興味をもち、旧制諏訪中学では教師であった三沢勝衛の「風土地理学」ともいわれる学問精神を学び、一九二七年（昭和二）には「有史以前に於ける土錘の分布と諏訪湖」という論文を書き上げる。

旧制中学卒業後、家業を継ぐことで進学を断念したものの、中学在学中から、当時諏訪地域では考古学を知る人物であった両角守一に傾倒し考古学の基礎を学ぶ。さらに、縄文土器編年の基礎を築く一人である八幡一郎の仲介などもあり、在野にありながら弥生文化の水稲農耕を証明しようとした森本六爾に出会い、家業を継がせたい親の意思に従わず、一九三二年（昭和七）に出奔。奈良、大阪、東京など各地に移り住みながら、一九三六年（昭和一一）の森本の死後も、その学風を引き継いだ東京考古学会の中心的メンバーとして会の運営にあたることとなる。同時期には、奈良県田原本町の唐古遺跡の発掘や、各地の弥生土器の集成、弥生石器の研究などをおこなうとともに、諏訪地域の古墳に関するものなど数多くのレポートを発表している。

一九四一年（昭和一六）には東京で「葦牙書房」を設立、考古学関係の書籍を出版するも、一九四二年（昭和一七）に召集され、南方に渡る。その後大陸を転戦し、ボルネオで終戦を迎えた。終戦後の一九四六年に復員し諏訪に帰るものの、現地で患ったマラリアから、この後は闘病生活を強いられる。その後は出版業、本屋、旅館の経営などをしながら、私設の「諏訪考古学研究所」を開き、少年少女たちに考古学の指導をはじめる。このなかの一人に戸沢がいた。

また、この間にも調査や研究を重ね、多彩な論考や著作を発表しているが、なかでも縄文中期の農耕論に関する一連のものが著名である。晩年は環境保護にも取り組み、とくに八島湿原と旧御射山遺跡の保護活動の先頭に立つ。この問題を題材とした新田次郎の『霧の子孫たち』の主人公・宮森栄之助こそは、藤森がモデルである。しかし、病に冒されたまま、一九七三年一二月一九日、諏訪で永眠する。享年六二であった。

中学以来の友人で小説家の新田次郎（本名：藤原寛人）に「明らかに文筆を業としている随筆家か小説家のそれである」と評されていた藤森の文章であるが（戸沢 二〇〇六）、広く一般に読まれる解説書やエッセイ、伝記なども数多く書いており、市民と考古学を結ぶ役割をはたしたことでも知られている。たとえば、後に多くの若者を考古学の世界へ導いた『かもしかみち』（一九四六年）や、考古学の基本を小中学生でも学べる文体でまとめた『石器と土器の話』（一九四八年）、諏訪神社に伝世する鉄鐸と弥生時代の銅鐸を結びつけようと考古学の枠にとらわれない解釈を試みた『銅鐸』(一九六四年)、一九六〇年代までの旧石器研究史を情緒豊かに綴った『旧石器の狩人』(一九六五年)、森本六爾の伝記ともいえる『二粒の籾』(一九六七年)などがある。没後の一九七六年には在野の考古学研究者に贈られる「藤森栄一賞」が長野県考古学会によって設けられ、一九七八年からは全一五巻となる『藤森栄一全集』が刊行されている。

以上およその生涯を紹介したが、藤森の研究対象は、縄文、弥生時代はもちろん、旧石器から古墳時代以降歴史時代に至るまで、時代や分野にとらわれない多岐にわたるものであった。そしてその内容は、遺物や遺構の編年のみでない、土器や石器の用途論、遺跡の分布や地理的条件などを視野に入れ、これらを総合的にとらえながら、当時の人びとの生活、文化に迫ろうとしたものが多いといえよう。

また、故郷でありフィールドでもあった諏訪地域を軸とした地域的な研究が多いのも特徴といえ、その際たるものが、後に戸沢がたびたび取り上げることとなる諏訪地域の古墳の研究と縄文農耕論といえるだろう。後述するように、それはまさに、後に戸沢が概念化する「地域的研究」「考古地域学」とよばれる方法論を体現したものであった。

2　藤森と戸沢のつながり

では、戸沢はどのように藤森とかかわってきたか。ここではとくにかかわりの強い部分について戸沢の歩みを確認しておきたい。

戸沢が考古学をはじめるきっかけは、本人も述べているように、終戦直後の教育の混乱のなか、学校のそばの畑で土器や石器を拾った中学校の授業であったのだろう。その後、友人宅で目にした、鳥居龍蔵による『諏訪史』第一巻に多大な影響を受けたという（戸沢　一九九三）。

藤森との出会いは、戸沢が中学校（諏訪清陵高校に併設）三年生の時、当時藤森が店主をしていた上諏訪駅前の書店「博信堂」で、『かもしかみち』を購入した一九四七年七月二三日である。この時はお互い声をかけることもなく、「私はぴょこんと軽く頭を下げて、飛び出すように店を出た」と回想している（戸沢　一九九五）。藤森の著作でもほぼ同様であるが（藤森　一九六五）、むろん戸沢のほうがドラマチックに記憶していたようだ。

翌一九四八年、戸沢は諏訪清陵高校（旧制諏訪中学）に進学し、地歴部に入り考古学をはじめとした郷土の歴史を学ぶ。高校生活では、宮坂英式が発掘調査していた茅野市の与助尾根遺跡や、藤森もかかわりの深い諏訪湖底曽根遺跡の調査にも参加している。

そしてこの間に戸沢らは、地歴部の『清陵考古学』に掲載する原稿を藤森に依頼し、これが「若かった頃の考古学―伏見博英君の回想―」と題して掲載された。それ以来、「葦牙書房という先生の古書店も、先生の家も、この自分勝手な考古ボーイがひねもす占領することになり、やがて諏訪考古学研究所と称して、〝ひとつぱし〟の発掘や研究をはじめる本拠となってしまったのです」という(戸沢 一九七八a)。

また、戸沢は中学三年の一九四七年、藤森とは東京考古学会の同志であり、後に恩師の一人ともなる明治大学の杉原荘介が諏訪の藤森を訪ねた際、「君の掘った下り林遺跡の土器を見せてあげなさい、と藤森先生からお声がかかった」としている(戸沢 二〇〇三b)。この記述にしたがえば、すでに戸沢は高校入学以前に藤森と個人的に親しかったことになる。ただし二〇〇六年に地元岡谷市の長地小学校でおこなった講演では、戸沢が高校一年の時に、土器(前後関係から上記の下り林遺跡の土器と思われる)を藤森の店に持ち込み、「これは大発見だよ。これからおおいに研究して考古学会に発表しなさい」と話してもらったことを語っており(戸沢 二〇〇七)、時系列の混乱もみうけられる。

さらに二〇〇〇年前後のことだったと記憶しているが、筆者が戸沢に直接聞いた話では、戸沢らが地歴部の下諏訪町殿村遺跡の調査でカメラを必要とした時、思い当たったのが「あしかび書房のおやじ」、つまり藤森栄一で、恐る恐るカメラを借りに行ったのが藤森との最初の出会いだったということであった。

図5-2 「諏訪考古学研究所」の一日
1950年、金沢村（現・茅野市）芥沢遺跡で。中央・藤森栄一、右・松沢亜生、左・戸沢

このように若干の混乱もあるが、いずれにせよ戸沢は、多感な中学高校時代には藤森との出会いをはたしていた。

結局戸沢は、高校の三年間と卒業後の一年を、「諏訪考古学研究所」に足しげく通い、藤森の執筆や調査の手伝いをしていた（図5-2）。時には店の手伝いもし、筆者の母や叔母（二人は藤森の娘）によれば、藤森家の雑事もこなしていたらしい。なお、後年戸沢は「藤森先生に近づき、本格的に考古学の道を進む機会を与えられた。私の人生の中で、一番幸せだったと信じている」と記している（戸沢 一九九五）。一方の藤森も、諏訪考古学研究所について「主な推進力になったのは戸沢君だったと思う」とも「楽しい日々を、未だに夢に思う」とも回想している（藤森 一九六五）。

高校卒業後、諏訪に残り藤森とともに歩むと決めていた戸沢であったが、藤森に川岸村（現・岡谷市）の『川岸村誌』の調査執筆を「命ぜられ」、これを一年で書き上げ、その原稿料を資金に、半ば藤森に押し切られるようなかたちで、一九五二年、明治大学に進学する（戸沢 二〇〇三a）。

この時の藤森の気持は複雑だったようで、「出京する足がかりにとも思って、最後まで残っていた諏訪考古学研究所の残党戸沢君を東京へ出した」（藤森 一九六五）とも「私のもとではもうこれ以上に伸びることもむずかしい」「私はもう、自分で、考古学者であることをあきらめていて、分身としてTONちゃんを押し出してやれば、それでいい、と本気に考えていた」（藤森 一九七〇b）とも書き残している。ただいずれにせよ、このことについて戸沢は、「藤森先生の深い愛情の結果だったに違いない」と感じていたようだ（戸沢 二〇〇三b）。

その年の夏、藤森の家にほど近い諏訪市の茶臼山で、旧石器とおぼしき石器が、やはり諏訪考古学研究所に通っていた当時高校生の松沢亜生によって発見されるが、戸沢も諏訪に戻り、藤森とともに発掘調査に参加。これを明治大学の杉原荘介や芹沢長介につなぐ役割もはたしている。こうして、関東以外ではじめて、日本列島での旧石器時代の存在を確かなものにした同遺跡であるが、その後の報告は、藤森と戸沢の連名でおこなっている（藤森・戸沢 一九六二）。戸沢にとって藤森との本格的な発掘調査は、これが最後ではなかったか。

いずれにせよこれ以降、戸沢は埼玉県所沢市の砂川遺跡や神奈川県大和市の月見野遺跡群などの先土器（旧石器）時代の遺跡調査に力を入れ、「インダストリー論」（第1章参照）とよばれる方法論を用いるが、これは戸沢が藤森から引き継ごうとした、地域文化研究をみすえたものだったとして、「インダストリーの概念を理論的に深め、そうして得られた「石器文化」を相互に比較し、その高位の文化構造として「地域文化」を確認し、さらに地域文化の動態を明らかにすることで、「時代文化」を構造的に捉えるという「インダストリー・カルチャー論」の方向性は、個々の遺跡や石器群の最も基本的な資料操作の段階から、つねにその研究のプロセスの中に歴史を意識する、別な言い方をすれば目的を明確にもった研究」であったとふり返っている（戸沢二〇〇七）。

一方藤森は、地元諏訪において、自説の「縄文農耕論」を実証すべく、一九五八年以降、富士見町の井戸尻遺跡群の調査に心血を注ぐ。くわしくは後述するが、後に戸沢は「地域文化」研究の好例としていくたびもこれを取り上げることとなる。

しかし、戸沢自身は明治大学大学院博士課程をへて同大学の専任講師となる時期と重なったために、井戸尻遺跡群の調査にはあまり積極的に関与できなかったようだ。一九五三年、夏休みの帰省時に藤森に命ぜられ、井戸尻遺跡群の新道遺跡の発掘を数日おこなったのが「これがわたしにとっては最初で（そして最後の？）富士見での発掘、「井戸尻文化」研究唯一のフィールドでした」と記している（戸沢 二〇〇四）。

ただし、戸沢の研究は、すでに一九五三年時点で、編年至上主義の考古学の脱却を志向していた。そこには地域の歴史をできるだけ具体的に描こうとする藤森の手法が認められるが（戸沢一九五三a・b）、以降も、先土器時代研究を含めその姿勢が貫かれ、一九七〇年の論文「縄文時代の遺跡・遺物と歴史構成」（戸沢 一九七〇）では「編年学的研究からの脱皮」や「「地域研究」を充実させていく」必要性を説いている。

その後、最後に二人が会ったのは、一九七三年の一一月二三日、「会田進君の結婚式場で、係にせかされて会場に急ぐ途中、階段の下で私をひきとめて、「古くさい論文集かもしれないが、もうすぐ本になるからなあ（筆者註：『古墳の地域的研究』のこと）、送ったら読んどいておくれ」と念を押されるように、階段を上りかけた私を見あげてにっこりされた。それが先生とお話した最後であった」と記している（戸沢 一九七四）。その約一カ月後、藤森は六二年の生涯を閉じる。

藤森の死から数年後、藤森栄一の業績をまとめようという動きのなか、栄一の著作を多数出版していた学生社から『藤森栄一全集』が刊行されることが決定する。戸沢はこの事業の中心の一人となり、その構成や各巻の解説者のとりまとめなどをおこない（戸沢 二〇〇六）、第一巻が一九七八年に刊行された。第一巻、第一二巻、そして最終第一五巻の解説は、戸沢自身が筆をとっている。

以上、ざっと二人の関係を整理した。戸沢の考古学的思考の背景には、鳥居龍蔵、宮坂英弌、八幡一郎、そして杉原荘介など数多くの人物をあげなければならないが、藤森の死後四半世紀の後も、「書斎の私の座る位置から一番目線のきく本棚には、ずっと以前からそうなのだが、藤森栄一先生の著作が並べてある」とあり（戸沢 二〇〇三b）、やはり藤森は特別な存在だったことがうかがえる。

あらためてふり返ると、藤森と戸沢が共に諏訪ですごした時間はわずか五年ほどでしかないが、それが二人にとっていかに大切な時間であったかを知ることができる。

3 戸沢と藤森考古学

個別実証主義、編年研究批判

ここからは戸沢がみずからの学問や思考のなかで、どのように藤森を意識してきたかをくわしくみていきたい。

藤森と戸沢は、多くの場面で、個別実証主義的な遺物の編年重視の研究があたかも考古学の目的であるような状況を危惧し、そのことについて発言している。たとえば藤森は、「いま編年作業がほぼ完了に近く、古代史家やその他の思想家たちが競って考古学の成果を利用して古代文化の編成に向かう機運に遭逢して、むろん事実を資料としてあつかった考古学者がやればいちばんいいにきまっているのに、一向にそうした冒険を試みようとしないのは、長い習慣よりくる勇気の喪失である」（藤森　一九六九）と述べる。また一般向けの書である『石器と土器のはなし』でも、型式や編年の必要性も説明しながら、それが何のための道具であり、そこから人間の生活、あるいは文化の何をみいだすべきなのかを説いている（松沢　一九八二）。

戸沢も同様に、編年のみに固執することへの警鐘を多くの場面で述べている。たとえば日本の考古学史をふり返るなかで、「時代別・地域別に細かく編成された土器型式の編年を用いて、縄文文化の動態やその歴史的内容がどれほど解明されたであろうか」（戸沢　一九七八ｄ）、「多くの研究者が「何故に細分を行うのか」という目的意識を欠き、無目的な個別実証主義的な研究に走りすぎた」（戸沢　一九八五ｃ）と指摘する。また、晩年の藤森が長野県宮田村の中越遺跡の研究集会を開いた後に記したレポートに対し、「病床に原稿用紙を運ばせて書いたのが中越遺跡拝見記である。その内容には、あれだけの興味深い問題をかかえた中越遺跡の、すぐれた多くの資料を前にして、なお研究者が土器の編年や細かな事実経過にこだわり、大胆に問題の核心に迫ろうとしないことに対する、もどかしさや不満のありったけをぶちまけようとする激しさが感じられる」（戸沢　一九八四ａ）と、藤森の気持ちを代弁するように記している。

しかし実際には、藤森も、縄文土器はもちろん、弥生土器や土師器の編年研究をおこなっていたことは事実であり、とくに一九三六年（昭和一一）の「ミネルヴァ論争」以降は、その重要性を強く認識していた（宮坂　二〇一四）。その後も編年研究が考古学の基礎であることを説いている（藤森　一九四七）。また戸沢自身も、大学入学以前の一九五〇年代に諏訪地域の縄文中期初頭の土器や早期押型文系土器について、さらに一九五〇～六〇年代にかけても中部や関東地方の晩期の土器について編年的な研究をおこなっている（第2章参照）。つまり両者ともに、もとより土器編年の重要性を充分に認めつつも、それを基礎にして、遺物、遺構、遺跡の研究・分析にもとづく縄文時代の歴史構成、つまり歴史叙述こそが重要だととらえていた。

後にふれる藤森の「縄文農耕論」においても、その基礎的資料となった井戸尻遺跡群出土の土器について、遺構の切り合いによって土器の新旧をセットでみきわめる「井戸尻編年」を生みつつも、編年的研究に終始せず、その用途や文様の意味の解釈を試み、生活の変化を示す指標として用いている。藤森は縄文農耕論への当時の強い批判に対し「いつまで編年をやるのか」という言葉さえ残している（藤森 一九六九）。この藤森の発言に対し戸沢は、「「いつまで編年をやるのか」とは私はいわない。編年は考古学の基礎的研究をして不可欠の必要性をもつ。しかし「いつまで編年だけをやるか」という焦りは、近代日本考古学一〇〇年の学史をふりかえって強く覚える」と発言している（戸沢 一九七八b）。

ただし戸沢は、藤森の論述に対し、「藤森の縄文時代の研究には、編年研究と一線を置こうという意識の強いあまり、基礎的な考古資料の年代観の上で甘さをもつという限界」があったことや「発想に走りすぎて、事実の実証や分析に不充分な点」もあったことを指摘している（戸沢 一九八四a）。

筆者も縄文時代研究に身をおくものとして、戸沢のいわんとすること、目指す方向は充分理解できるが、個別的な編年研究をおこなっていても、各研究者のなかにはその先を目指そうという意識は多くの場合内在している。それが具体化できていないところが問題なのではないかと考える。その点で、戸沢の再三にわたる批判は、研究の現状に対する強い焦りがあったように思う。

地域文化論

戸沢の「インダストリー論」については第1章でくわしく述べられたが、これは戸沢が藤森らと調査した茶臼山遺跡の経験をもとに、砂川遺跡の調査をとおして、出土した石器を石器群として正しく把握し、それを歴史を構成する基本資料（単位）として位置づけるものであった。

そして一九七〇年以降になると、戸沢は「インダストリー論」のつぎの展開、あるいは高位の概念と位置づけた「地域研究」「地域文化」という言葉を頻繁に使うようになる。これは総じていえば、考古学による歴史叙述を目指すため、個別実証主義的な、あるいはそれ自体が目的化した編年重視の研究を止揚し、一地域の総合的研究を推し進める方法論といえよう。

この概念の下地には、当然、戸沢による実践的な調査研究があったわけだが（たとえば千葉県市川市史や長野県岡谷市史の編纂作業など）、根底には鳥居龍蔵の『諏訪史』第一巻をはじめ、信州の生んだ考古学者であった宮坂英弌や八幡一郎、そして藤森によるそれぞれの土地に根ざした研究の影響が認められる。なかでも諏訪地域の古墳群研究や八ヶ岳山麓を中心とした縄文時代中期文化の研究を戸沢は高く評価している。

古墳の研究については「地域を単位にした考古学的事象の歴史的再編成という理念は、あらゆる分野の考古学研究者によって批判的に継承されるべき、日本考古学の新しい一つの方法を示したもの」（戸沢 一九七四）、「地域を単位として、そこに残された古墳と集落を、その地域の古代史の歴史構成の素材として生かすことを目的とした、真に歴史学としての考古学がとるべき研究の方法」（戸沢一九七八c）と記している。さらにいえば、戸沢が大学入学前の一九五一年、藤森の指導によりに進めていた『川岸村誌』において、すでにそれを実践していたことにも注目すべきであろう（宮下 一九九〇）。

一九六〇年代に手がけた千葉県市川市の市史編纂事業にかかわる研究のまとめである『市川市史』において、戸沢はその地域性を「貝塚文化」とよぶ（戸沢 一九七一）。さらに一九七〇年代以降には、地域ごとの遺跡数の変動、とくに各地域でもっとも遺跡数が増加した時期は、それぞれの地域で特徴的に発達した生業活動とそれを背景とした地域文化があるとして、縄文中期の中部地方の「井戸尻文化」、縄文後期を中心とする南関東地方の「貝塚文化」、縄文晩期の東北地方の「亀ヶ岡文化」という三つの時空を、縄文時代における「地域文化」の例として記すようになる。

ここでは、このうちで戸沢がたびたび具体的に取り上げている「井戸尻文化」についてみておきたい。戸沢はこの「井戸尻文化」を概念化したことについて、「八ヶ岳山麓をフィールドとした藤森栄一・武藤雄六・小林公明さん等地域の研究者によって行われた、縄文農耕論をパラダイム（研究目標）とした中期縄文文化研究の成果を高く評価し、中部高地地方から関東西部・東海東部にかけて広がる中期文化の繁栄の様相を「井戸尻文化」として捉え、それを縄文時代における代表的な地域文化の一つとして位置づけられると主張いたしました（筆者註：戸沢 一九八六bを踏まえた発言）」と振り返る（戸沢 二〇〇七）。

少し時間をさかのぼると、藤森は一九四九年の「原始焼畑陸耕の諸問題」（『夕刊信州』一一月二五日号）を皮切りに、縄文時代中期に農耕がおこなわれていた可能性を問いはじめていた。八ヶ岳山麓の遺跡で石鏃が少なく打製石斧や乳棒状石斧、石皿が多いこと、また土器の器種が分化しあたかも弥生土器のようなセット関係がみえることなどから、焼畑陸耕による食料生産を想定し、それが尖石遺跡などの大集落を支えていたとしたのである。

その後一九五八年から、藤森の指導により、地元住民らによる井戸尻遺跡群の本格的な調査がはじまる。これは八ヶ岳西南麓、およそ二キロ四方に点在する遺跡群であるが、一連の発掘調査では、各遺跡での遺構（住居址）の切り合いによって土器の新旧をみきわめるという方法が試された。その結果、中部高地の縄文中期において、いわゆる「井戸尻編年」が生み出された。そして重要な点は、これがたんに土器の新旧を位置づけるだけでなく、時期ごとに構成される土器群をセットでとらえようとした点であった。

さらにこの時間軸をもとに、土器の器種ごとの用途や土偶や石棒などの解釈を加え、さらに重層的な縄文中期農耕論を展開すると同時に、主に八ヶ岳山麓を中心とした地域的な時代の変遷を描いたのである。また藤森はこの独特な文化を「井戸尻縄文文化」ともよび、縄文時代中期に八ヶ岳西南麓から長野県内、山梨、西関東の一部におよぶものとも指摘し、その時空を定めている（藤森 一九六五、一九七〇ａなど）。

戸沢はこの概念を縄文時代の地域文化の一つである「井戸尻文化」ととらえ直すわけだが、すでに井戸尻遺跡群調査以前の一九五三年の『川岸村誌』で、藤森栄一の唱える説として縄文中期における「原始的な焼畑陸耕」を紹介し、なかでも「狩・漁撈でなお間に合わなかった、またはそれ以上に必要な食用植物を得るために、野生の植物を近くに移植して、原始的な農業というよりは栽培という程度の生産が行われた」と限定的ながらも植物栽培について記述している。戸沢によるこの論調は、昨今土器の圧痕調査や微細な炭化種子の検出により明らかにされつつある豆類などの栽培の可能性と、食料生産手段におけるその位置づけの評価を予見していたかの感さえある。

ただし前述したように、戸沢自身はこの後の井戸尻遺跡群の一連の調査に直接的な関与は少なかった。また、小林公明らや三上徹也は、戸沢自身はこの時期における農耕自体の存否に言及したことは少ないと指摘する（小林他 二〇一四、第2章参照）。確かに、報告書『井戸尻』刊行後の一九七〇年には、井戸尻遺跡群の藤内遺跡九号住居址の事例や武藤雄六の凹石の用途に関する説を取り上げ、その石器用途論の前提として「最近、中部地方の中期縄文文化が原始農耕（焼畑）を持つのではないかという仮説が発表され」と紹介しているが（戸沢 一九七〇）、戸沢自身の考えはここでは明確に示してはいない。

農耕の有無を問われれば、その定義によってもとらえ方は異なるだろうし、戸沢もやや慎重な姿勢をみせていた様子がうかがえる。だがむしろ、縄文中期以前に限っても、エゴマ、ヒョウタン、リョクトウなど栽培植物の存在を肯定的に書いた論は多い（戸沢　一九七九b・一九八三）。

いずれにせよ戸沢は、藤森の、そしてその後を引き継いだ井戸尻考古館による農耕の存在を証明するための石器や土器の用途をはじめとする一連の研究を、「さまざまな考古資料の検討にもとづいて、一つの地域を単位とした縄文文化の様相を、これほどまでに総合的に明らかにした研究は、過去一〇〇年の日本考古学史の中では、全く信じられないことであるが、他に例はない」（戸沢　一九七九a）、「学史的にみて半世紀にもわたる編年学偏重の縄文文化研究を、人類の歴史、文化の構造の問題に向かわせるための、藤森栄一の学問観の発露」（戸沢　一九七九b）といったように、編年重視の研究から脱却した地域考古研究の好例と位置づけ、終始高く評価しつづける。

さらに研究史の中においては、「縄文農耕論は、すでに半世紀前に縄文時代観の転換と見直しを迫る、重大な問題提起だったと評価すべきなのである。（中略）それはブームとともに消え去るかもしれない「縄文時代観の転換」の意義を、かけ声だけで終わらせることなく、真に日本歴史の中に意味のある、縄文時代観の確立の道をひらく、確かな方法論を教えてくれると信じて疑わない」（戸沢　一九九五）と位置づけようとしている。

以上、二人の学問に共通した姿勢は、遺跡遺物を個別的に取り上げるのではなく、それを有機的に関連させ総合的にとらえながら、編年研究を越え、人びとの具体的な生活を描き、さらにその考古学的事象を歴史のなかにあてはめようとする姿勢であるといえるだろう。戸沢自身の論は、「インダストリー論」から「地域文化」の概念化へと進んだ。それは考古学による「歴史叙述」の道程の一部といえるだろう。なお、これらの点は、近年においてもその重要性が指摘されている（中沢 二〇一二、時枝 二〇一五）。

4 社会にかかわる姿勢

戸沢は、一九九五年に藤森の『かもしかみち』が再版された際、解説を執筆しているが、そのなかで以下のように記している。

「日本考古学界の直面している現状（危機）を、いまここでとやかくいうつもりはない。しかし幼い心の中に「かもしかみちを行こう」と決めてから過去半世紀、曲りなりにも考古学の道を歩みつづけてきた私からみれば、どんな大きな新しい発見をしても、そのことにロマンや哲学、いや、もっと素直に、強い真実の感動をもてないような考古学は、本当の考古学、少なくても人間の学問とはいえない。ブームのかげで夢も感動も与えられないまま消えてい

く、遥けき人の生命の証がいかに多いことか。それが日本考古学の悲しい現状であろう」（戸沢　一九九五）

これは開発優先の発掘調査やそれにふりまわされる研究者たち、あるいは個別実証主義に陥りやすい学風への批判であるが、その危機感は藤森の危機感でもあった。戦前の一九三七年（昭和一二）、藤森が書いた「古代史には脚がない」について戸沢は、「学問も思想も生活も、日本人からすべての自由がうばわれていた、あの敗戦前の暗黒の時代に、よく活字になって発表されたものだと、藤森先生自身が後に回想しているほど〝危険〟な文章である。当時の皇国史観一辺倒の古代史研究に対して、それは脚のない、つまり幽霊のような、架空のうそで固めた古代史であり、やがてそれは日本民族を亡ぼすことになると喝破したのだから、その勇気ある発言には驚かざるをえない」とし、「戦後五十年を迎えたいま、考古学を通して真実の古代史、日本歴史を知ることこそ、民族の将来を見通すことのできる基礎であるとする、五十年前の藤森先生の叫びを、いま私たちが改めて共通の認識とすべきことだと考える」と、戦争とそれを許した道をけっしてくり返してはならないという強い意志を、藤森の言葉と重ねて語っている。

このような例にあるように、戸沢は、学界やそれを取り巻く社会を批判する際、藤森の言葉を借りて事に当たるという例が多い。日本考古学の信頼を大きく揺るがした「前期旧石器捏造事件」における戸沢の活動についてもふれておきたい。

二〇〇〇年一一月五日の毎日新聞において報道された「前期旧石器捏造事件」は、考古学研究者に計り知れない衝撃を与えた。その経過については第8章でくわしくふれられるが、みずから「プレ（旧石器時代）の研究者」と語っていた戸沢の衝撃はいかほどのものであったか。そして、この事件について書いた一連の文章のなかでも、戸沢はたびたび藤森の言葉を引用している。『考古学のこころ』の「序章　こころを失った考古学への怒り」によると、戸沢は事件発覚の二〇〇〇年一一月五日当日、「混乱し切った考えに疲れて、ふとその背文字に何回か目を注ぐうちに、私は、藤森先生がこの捏造問題について何かを語りかけているような気がした。そして頭の中のもやもやが少しずつ薄れていくのを感じた」として、その晩のうちに、この問題に関する原稿を書いている。それは多少の手直しの後、一一月八日付けの『信濃毎日新聞』に掲載されるが、戸沢はここでも藤森の文章を引用する。

それは一九三八年（昭和一三）に書かれた「掘るだけなら掘らんでもいい話」である（公表されたのは一九七四年）。これは当時の帝国大学教授よる資料の私物化が発覚した事件について、それを個人の問題とするだけで、学会やアカデミズムが黙殺したことに対する怒りの表明と戸沢は読むが（戸沢　一九八五ａ）、戸沢はおそらく、藤森が当時の学会に対して抱いた「怒り」を、今度の捏造事件でもくり返してはならない、つまり事件を学会全体で検証し解決していくべきであるという決意をもったのだろう。別の文章では「藤森先生がこう叫んだ七十年近く前の学問状況と、旧石器発掘捏造事件で露呈された現在のそれとどんな違いがあるだろうか。いやあ余りにもよく似ている、というよりは幾星霜の学史を閲した日本考古学は、体質的にまったく変化も進歩もないのではないかというのが、捏造発覚の日の夜、「藤森栄一」と対話して私が到達した結論だったといってよい。そしてそういった藤森先生の怒りに尻を叩かれて、捏造検証の現場に私はかり立てられていった」（戸沢 二〇〇六）と記している。

そして、実際に戸沢は、日本考古学協会の「前・中期旧石器問題調査研究特別委員会」の委員長を引き受ける。自身が記しているように、それはまさに「火中の栗を拾う」行為だった。事件の真相解明やその後の検証作業における個々の人びとへの感謝や友情とは別に、戸沢の「怒り」は、文化財行政にむけられる。戸沢は捏造問題に対する総括を述べるなかで最後に、「文化庁の責任者は調査開始前の町民への説明会（二〇〇二年四月・岩田山町）で、文化庁は行政との太いパイプをもち、地元自治体とは十分に協議することができるが、学界はそれがないと、私の前であたかも学界はそれまで、地元住民を無視してやってきたといわんばかりの印象を与えるあいさつをした。とするならば、文化庁も共同調査団に顔を並べながら、なぜ地元の町当局や町民に、座散乱木検証調査の厳正な結果を、自らの責任をふくめて、私などパイプのない研究者に代わって十分な説明をし、理解を得る努力をしなかったのか」と強い口調で記した。

戸沢が怒りを吐露した背景には、時に藤森が表にだした、権威に対する批判を恐れない勇気を引き継いだものだったのかもしれない。戸沢は、この一連の経緯を綴った本の最後の頁にも、「生きるとはただひたすらに生き抜くことである」と、藤森の言葉を借りて結んでいる（戸沢 二〇〇三a)。

5　純粋性と反骨心

学問に対する純粋な気持ち

二人の著作を読み返すと、藤森にみられる人間性は学問に対する純粋な気持ち、つまり「純粋性」と表現できるのではないだろうか。それに合致しないものには、どうどうと立ちむかい、それは時として「反骨心」となり、学界に、社会に、行政組織に、さらには政治にもむけられた。

一方、戸沢は、少ないながらも筆者が直接接した際の印象や書き残した文章の端々に、藤森と同じ精神を感じている。茶臼山遺跡の調査では、当時の「東京の学者」による茶臼山の遺物、調査への疑いや不信感に対し、「強い疑問と反発」を感じ、藤森や松沢とともにその研究に打ち込んだとしている（戸沢 二〇〇七）。このような「反骨心」も、やはり藤森同様、学問に対する純粋な気持ちが強かったからだと思う。

そして社会とかかわる必要がある場面で、藤森の言葉を引用することで、その真意を多くの人びとに伝えようとしたのだと思う。筆者が学生のころは直接指導を受けることは少なく、「怖い先生」という前評判だったが、実際には「遺跡の保存か開発か」などといった厳しい局面でも、相手を怒らせたり挑発したりせず、双方にとって納得のいく道筋をつけるのが得意だったと、よく耳にした（平林 二〇一二）。

さて今日、私たちは藤森の著作と藤森の評価の数々に直接ふれることができるが、そうしたなかで、藤森についてもっとも多く書き残したのが戸沢ではないだろうか。とくに藤森の死後は、戸沢の著作にその名がみえることが多く、「藤森栄一論」は戸沢の数ある業績の一部といえるだろう。

これらは戸沢と藤森の関係の強さを示すものでもあり、戸沢の思考を理解するには重要なファクターとなるが、同時に後世の私たちは、戸沢の著作をとおして、言い換えれば、戸沢のフィルターをとおした藤森像をいだきやすい。二〇〇〇年ごろだったと記憶しているが、筆者は戸沢から、「今まで栄一のことを少し良く書き過ぎた。神様なんかじゃなく、人間藤森栄一を引き摺り下ろさなきゃいけないな」と聞いたことがある。

筆者は以前、茶臼山遺跡発見前後の経緯について、藤森が一九五二年当時、岩宿での旧石器の発見を知らなかったという記述（藤森 一九六五）に対し、それは不自然ではないかと、当時をよく知るはずの戸沢に尋ねたことがある。戸沢は「先生も、知らないことはなかったと思うぞ。あの人は脚色も上手いんだ」と笑っていたのを思い出す。戸沢が「人間栄一を引き摺り下ろす」前に筆を置いてしまったいま、その藤森栄一の本当の姿を描き出すのも、残された私たちの仕事かもしれない。

遺された意志とその行き先

藤森のバトンは、確かに戸沢に引き継がれた。それは考古学においては、出土した遺物や遺構をたんなるモノとして片づけず、考古学をとおして歴史を語らしめようとする研究姿勢であり、具体的には目的意識を欠いた無目的な個別実証主義的な研究の否定から、その克服手段として「地域的研究」の必要性をみいだすことに昇華した。また考古学以前の生き方として、時として、大きな権力に対しても対峙できる精神も。

では、戸沢からのバトンはどうだろう。戸沢はすでに一九九五年、自身が六三歳の当時、「もう休んではいられない。私の生きる道を導いてくれた『かもしかみち』を、そして藤森栄一先生の学問するこころを、一日も早く、若い考古学の世代にひきつがなければならないからだ」と記していた。戸沢はその後、旧石器捏造事件に立ちむかい、二〇一二年四月九日、享年七九で永眠する。

いま、私たちが二人の意思を受け継ぎ云々と口でいうのは簡単であるが、実際はそんなになまやさしいものではない。今日の考古学をみわたせば、発掘調査の大部分は行政のシステムに組み込まれ、さまざまな技術の導入でより効率的になった。研究という意味では、豊富な資料を前に各分野は細分化されつつもそれぞれが深化し、科学的には正しい方向に進んでいるかと思われるが、そんないまこそ、上に記した二人の姿勢の必要性はより高まっているかもしれない。

私たちはいま、あふれる考古資料を個人で把握することはまず不可能な状態にある。さらに、それらを駆使して歴史叙述をおこなうとすれば、さらなる困難をともなう。であれば、藤森が実践し戸沢がさらなる方向性を示した「地域文化研究」は、ますますその重要性を増しているのではないだろうか。

あふれる考古資料を前に、私たちは歴史叙述ができるだろうか。行き先を間違いかねない文化財行政に、あるいは政治に、はっきりとものを言うことができているだろうか。考古学により真実の歴史をみいだし、人類の歩むべき道をみいだすという二人の理想を、私たちは実践できているだろうか。彼らの故郷である信州に身をおき、そんなことを思うのである。

［参考文献］

小林深志・小林健治・五味一郎　二〇一四「縄文農耕論の系譜と展開」『藤森栄一の蒔いた種　今―縄文中期文化論を問う―』諏訪考古学研究所

諏訪考古学研究会編　二〇〇六『人間探求の考古学者　藤森栄一を読む』新泉社

時枝務　二〇一五「郷土考古学の実践―藤森栄一の場合―」『立正大学文学部研究紀要』三一号

戸沢充則　一九五三ａ「第二編　先史原史時代」『川岸村誌』川岸村誌刊行会

戸沢充則　一九五三b「諏訪湖周辺の中期初頭縄文式遺跡―諸磯文化期における漁撈集落と狩猟集落―」『信濃』五巻五号
戸沢充則　一九七〇「縄文時代の遺跡・遺物と歴史構成」『郷土史研究講座一』校倉書房
戸沢充則　一九七一「貝塚文化―縄文時代―」『市川市史』一巻
戸沢充則　一九七四「考古学に於ける『地域研究』の方法・序説」『信濃』二六巻四号
戸沢充則　一九七八a「人間、藤森栄一とその考古学の原点」『藤森栄一全集』一巻　学生社
戸沢充則　一九七八b「押型文土器編年研究素描」『中部高地の考古学』
戸沢充則　一九七八c「藤森考古学の現代的意義―通念に縛られた学問観の変革を求めて―」『季刊地域と創造』五
戸沢充則　一九七八d「日本考古学史とその背景」『日本考古学を学ぶ』1　有斐閣
戸沢充則　一九七九a「地域研究の理念と方法・覚書」『狭山丘陵』二
戸沢充則　一九七九b「縄文農耕論」『日本考古学を学ぶ』2　有斐閣
戸沢充則　一九八三「縄文農耕論」『縄文文化の研究』二巻　雄山閣出版
戸沢充則　一九八四a「生きた縄文人を掘り出す研究の軌跡」『藤森栄一全集』一二巻　学生社
戸沢充則　一九八四b「縄文社会の展開」『日本歴史体系』一巻　山川出版社
戸沢充則　一九八五a「再発見、藤森栄一の学問観の輝き」『藤森栄一全集』一五巻　学生社
戸沢充則　一九八五b「概説・縄文文化の研究（1）」『探訪・縄文の遺跡　東日本編』有斐閣
戸沢充則　一九八五c「日本考古学における型式学の系譜『論集　日本原史』吉川弘文館
戸沢充則　一九八六a「総論―考古学における地域性―」『岩波講座　日本考古学』五　岩波書店
戸沢充則　一九八六b「縄文時代の地域と文化―八ヶ岳山麓の縄文文化を例に―」『岩波講座　日本考

古学』五　岩波書店
戸沢充則　一九九三「考古学との出会い」『諏訪市史研究紀要』五号
戸沢充則　一九九五「解説　永遠の「かもしかみち」」『新装版かもしかみち』藤森栄一著　学生社
戸沢充則　二〇〇三a『考古学のこころ』新泉社
戸沢充則　二〇〇三b「わが考古学事始め」『市民と学ぶ考古学』白鳥舎
戸沢充則　二〇〇四「地域研究がとらえた井戸尻文化」『井戸尻考古館建館三十周年記念講演録集』井戸尻考古館
戸沢充則　二〇〇六「あとがき」『人間探求の考古学者　藤森栄一を読む』諏訪考古学研究会編　新泉社
戸沢充則　二〇〇七『語りかける縄文人』新泉社
中沢道彦　二〇一二「中部高地における縄文時代中期の植物質食料利用について」『長野県考古学会誌』一四三・一四四合併号
新田次郎・青木正博・五味一明・藤森みち子・市川一雄　一九七八「座談会　人間・藤森栄一を語る」『季刊　地域と創造』五
平林彰　二〇一二「戸沢先生と長野県遺跡調査指導委員会」『長野県考古学会誌』一四二号
藤森栄一　一九三七「古代史には脚がない」『信濃』六巻一一号
藤森栄一　一九三八「掘るだけなら掘らんでもいい話」『考古学・考古学者』学生社
藤森栄一　一九四四『信濃諏訪地方古墳の地域的研究』伊藤書店
藤森英一　一九四七「縄文式土器研究の歴史」『考古学・考古学者』学生社
藤森栄一　一九六五『旧石器の狩人』学生社

藤森栄一　一九六九「いつまで編年だけやるのか」『考古学ジャーナル』三五号
藤森栄一　一九七〇a『縄文農耕』学生社
藤森栄一　一九七〇b『考古学とともに』学生社
藤森栄一・戸沢充則　一九六二「茶臼山石器文化」『考古学集刊』四冊
松沢亜生　一九八二「わかりやすい考古学の話」『藤森栄一全集』七巻　学生社
三上徹也・田中聡・中島透・及川穣　二〇〇六「『諏訪湖底より石器を発見す』の石鏃再発見す」『長野県考古学会誌』一一七号
宮坂勝彦編　一九八九『銀河グラフティ信州人物風土記・近代を拓く九　可能性にこそ　藤森栄一』銀河書房
宮坂清　二〇一四「藤森栄一の思想と学問」『藤森栄一の蒔いた種　今―縄文中期文化論を問う―』諏訪考古学研究所
宮下健司　一九九〇「解説　縄文時代研究序説―考古学における地域研究を柱に―」『縄文時代研究序説』名著出版
矢島國雄　二〇一四「戸沢先生と旧石器捏造問題」『戸沢充則を語る―『考古学の道標』刊行記念―発表要旨』『考古学の道標』編纂委員会　明治大学考古学研究室

Ⅲ 社会への責任

第6章　遺跡は誰のためのものであるべきか

井口直司

1　開発と「緊急発掘調査」体制

考古学は、遺跡に対する発掘調査という研究手段をもつ。重大なのは、考古学者がおこなう学術調査であっても、発掘は掘削による地層の解体であり、遺跡の消滅につながるということである。それゆえに、目的ある周到な準備、専門的な知識と経験にもとづく高度な技術、みきわめと判断力を必要とする。簡単におこなえるものではない。

ところが、日本の文化財保護法では、遺跡が存在する土地に対して、遺跡に影響を与える掘削をともなう工事などをする場合、「事前に届出」、必要に応じた「発掘調査を事前」におこなわなければならないとされている。「工事」と「遺跡の発掘調査」とが結びつき、それにかかわる事務および指導助言あるいは調査を、遺跡が所在する自治体（主に教育委員会）がおこなうことになっている。

日本全国の自治体は、届出があるごとに、緊急対応で、法にもとづく行政指導を執行しなければならない。現在おこなわれている年間一万件にも達しようという日本の発掘調査のほとんどは、各種工事現場に存在する遺跡が破壊される前に、とり急ぎで記録として残そう（記録保存とよばれる）という法的根拠でおこなわれ、数多くの遺跡が普通に失われているのが現状である。このシステムは、文化財保護法が改正された一九七五年以降、法のもとで、開発工事と行政措置による記録保存とが連動した「緊急発掘調査」として定着した。

高度経済成長とバブルのエネルギーに後押しされた各種開発工事は、緊急発掘を必要とした。そのため日本全国の自治体は、大学で考古学を専攻した博物館学芸員有資格者を職員に採用し、行政指導と緊急発掘の担い手として配置した。[1] この全国に配置された遺跡取り扱い担当者を介して、考古学関係者は、本来ならば手を下したくない発掘調査を強いられることになった。結果として、日本考古学は「開発にともなう遺跡の緊急発掘調査」をおこなうことでめざましく進歩してきた体質をもつ。一方で、考古学者は、遺跡破壊をともなう発掘調査という諸刃の刃を前に、できるだけ遺跡の保護と活用を推しはかる役割を担うことになった。

開発工事は、遺跡の破壊につながる。だから事前に発掘調査をおこなわなければならない。この文化財保護法をめぐり、遺跡を護ろうとするなら工事の邪魔者、工事をおこなおうとするなら遺跡の破壊者という、立場や考えによる対立が全国各地で発生し、社会問題化している。

ここでは、二〇一二年四月にこの世を去った戸沢充則という考古学者が、開発と遺跡と発掘調査の狭間で示した理念と足跡から、遺跡は誰のためのものであるべきなのかを考える。

2　試み：小さな街の大きな発掘　多摩湖遺跡群

一九七六年二月二〇日から三月三〇日、湖の底にある遺跡の発掘調査がおこなわれた。事の発端は、東京都による村山貯水池の導水管工事であった。村山貯水池は、関東平野西部にポツンと突出して孤立した狭山丘陵の懐にある。渓谷沿いにあった旧宅部村を水没させてつくられた、都の水甕として知られる、通称多摩湖とよばれる人造湖である。[2] 工事にともない水抜きがおこなわれて湖底があらわれるという。この千載一遇の機会に着目した東大和市文化財専門会議が原動力となり、東大和市が国と都の補助金事業として、ダムに水没していた「湖底に沈んだ村」の現状確認調査にあわせ、郷土の歴史遺産総合調査の一環として発掘調査が計画された。

この調査は、多摩湖の水抜きを機会に実施された分布調査で新たに発見された遺跡のうち、湖底部分に存在する二二カ所について、ふたたび水没してしまう前に遺存状態や範囲および性格などを把握しようという学術的な確認調査であった。遺跡の発掘調査は、人材と準備と経費と期間を要する。広大な面積を限られた期間内でおこなうのは容易でない。

当時の常識的心配をよそに、調査対象面積約百万平方メートルという広大な湖底の大発掘調査が実施された。遺跡現場で実際に発掘調査をおこなったのは、手弁当の一般の人びとである。かかわった参加登録者約二八〇〇人、のべ人数約二万人。その中核に戸沢充則（明治大学助教授、四三歳）がいた。

戸沢は、多摩湖を行政区域内にもつ東大和市に在住しており、同市の文化財専門会議の委員であった。調査関係者曰く、戸沢の「野尻湖の発掘にならって市民参加でおこないましょう」の一言が、小さな街の大きな発掘を成立させたという。この時の戸沢は、みんなでおこなう発掘調査を、たんなる歴史ロマン漂う体験イベントでなく、考古学という学問としての水準に保ち、同時に、遺跡は誰のためのものであるかを広く問うための工夫をした。

発掘調査の目的を共通理解するため、事前に「市民のための文化財講座」を開催した。さらに、みんなの意識を高めようと、調査期間中の日曜日現地見学会や団体見学（学校など）を随時受け付け、できるだけ遺跡と発掘調査を公開した。朝はミーティングによって前日の成果とその日の目的を全員で共通認識し、昼休みと調査終了後には勉強会もおこなった。また、速報ニュース「多摩湖の記録」を毎日刊行した（図6-1）。参加者たちは、地域の歴史や文化財を学習する意義を自らの体験から学んだ。調査員の一人であった勅使河原彰は、多摩湖遺跡群発掘調査の最大の特徴は、市民・行政・研究者が一致団結した有志による手弁当の体制を整えられたことであり、多摩湖の湖底そのものを「歴史の生きた大教室」にしえた点にあると指摘した。

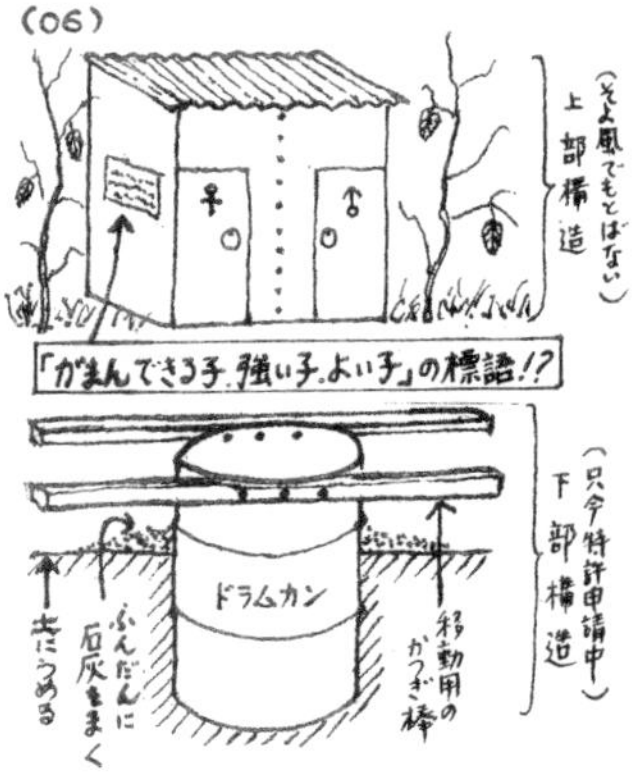

◀◁○トイレット大作戦進展中○▷▶

既報、調査会の悩みの種、トイレット問題は、かねてより事務局で鋭意検討中のところ、このたび左の図のような"多摩湖形式"の仮設便所が考案・完成しました。過日、水道局員の立合のもと、発掘の場所に近く、おちついてできる場所数ヶ所を選定し、移動のための実地検証をすませました。また市の環境衛生課もバキュームカーの随時出動体制を完了しました。ちなみにこの仮設便所のとくに下部構造は苦心の作で、特許および環境庁長官賞努力賞を申請中という不確実情報もあります。それにしても、かつぎ棒を腕でとって移動する事務局員のことを思うと、ウンと気をつけて使うべきだということが、強い世論となっています。

声・声…こだま：発掘によせるみんなの期待(1)

今回の多摩湖の発掘に、校長から特別に年休をもらいました。20日から23日までわずかな期間ですが、僕の考古学の情熱をかけてがんばります。お送りいただいた資料を手にして、この発掘にかけるみなさんの学問的情熱、若さが伝ってきます。僕がまだ学生なら卒業を1年のばしても、この新しい歴史の創造――多摩湖の発掘に青春をかけるのですが…。多摩湖の発掘が新しい地方史、いや日本史を生み出す力につながり、考古学の新しい調査方法・研究の出発点になるように期待しています。そして、その中で僕もその息吹きを感じとり、自分自身の方向性を見出したいと決意しています。

(長野県・中学校教員)

多摩湖の発掘に市民参加の方式をとったのは、市民の手で祖先の生活の跡をさぐり、自分の住んでいる町の歴史を明らかにすることによって、埋蔵文化財が一部の研究者の専有物でなく、市民の共有の財産であることを理解してもらう。そして狭山丘陵の自然と文化を市民自身の手で保存していく力へと発展させることにこそ本当の意義があると思います。私たちの市は、私たちの自主性がなければ本当に住みよい町にはなりません。「基地跡地問題」にしても市民の手による自主的な利用案によってこそ、はじめて問題は正しく解決できるのです。発掘も同じことだと思うのです。

(所沢市・高校教員)

私たち親子4人で参加します。去年は野尻湖へ行きましたが、こんな近くで市民にひらかれた発掘があるなんてほんとにすばらしい。野尻湖では「大物」を掘り当てませんでしたが、速報で成果を知って自分のことのように喜びました。参加者の連帯感がとても大切ですね。多摩湖では、たとえなにが出なくとも、生の形で大昔の歴史の息吹きを感ずるだけでも幸せだと、いまから家中でたのしみにしています。

(青梅市・鳥山さん・電話で)

私の数代前の祖先までは湖底の村の住民でした。そう思うと、湖底に残っているものは、どんなものにでも祖先の匂いが残っているようで、期間中にできるだけ多くのものを見、また肌で感じ、知ったことを、これからの湖底をもう知ることのできない子孫になんでも伝えていきたい。

(蔵敷・内堀英一さん、参加者最年長71才)

☆集合場所の確認を

前半(3月5日頃まで)は下貯水池事務所前

後半は上貯水池事務所前です。参加予定日の前日になるべく事務局(64-2451)にお問い合せを。

なお日曜日の学習会は毎日上貯水池事務所前。

●○悪天候の場合の問い合せは毎朝7時以降事務局へ電話をどうぞ。

(05)

多摩湖の記録 No. 3

1976.2.15・多摩湖遺跡群調査会発行

発掘Go近ずく！着々と準備すすむ!!

調査方法を検討
第1回調査員会議ひらかれる

今回の発掘調査の中核となる調査員20名は、1月12日午前中現地視察したあと、発掘を具体的にどのように進めるかを討議し、おおよその方針を次のようにきめました。なお細かい技術上の問題については、2月20日の会議でさらに検討される予定です。

①集落跡の埋っているような大きな遺跡は1週間前後の日数、また小さな遺跡については3日間ほどで調査を終えるようにする。 ②3班の調査班編成で、同時に3遺跡を併行して調査する。③大遺跡については、1辺が10mの碁盤目状の発掘区を遺跡全体に設け、全体をムラなく調査できるグリッド方式で発掘をおこない、小さな遺跡、斜面にある遺跡では巾2m以内の試掘溝を設けてトレンチ方式で発掘をおこなう。 ④発掘にかかる前に精密な表面採集調査を時間を十分にかけておこない、遺物の落ちていた場所を正確に記録する。⑤出土した遺物はむやみにとりあげず、できるだけその場所にのこして、古い時代の生活面の確認につとめる。⑥1遺跡1〜2個所で深掘りをして、地層や文化層の重なり具合などをしらべる。

以上の通り、多摩湖でおこなわれる発掘や調査は、住居跡などや石器・土器などの宝さがし的な採集が目的ではなく、遺跡の現状や性質を確認することを目的とした地味なものになります。しかし文化財の保護、遺跡の保存のために、さまざまな貴重なデータ、体験をえられよう。

特別調査班の日程など決定
第2回調査会役員会

12日午後第2回調査会役員会がひらかれ、尾崎会長のあいさつのあと、1月9日（第1回役員会）以降の準備を中心とした経過と、前項のような発掘方法の検討結果の報告、さらに調査専門委でねった特別調査班の活動計画と現地学習会の実施が承認されました。

◆歴史班◆ ①旧湖底村居住の古老と湖底を歩きながらの聞きとり調査（2月25・28・29日） ②いままでの研究や知られている資料などの検討整理（専門の調査員が中心） ③現状で可能な湖底旧村の資料の採集、測量・撮影調査（3月10・13・14日）。以上の調査は専門委員と郷土研グループが主におこない、当日の参加市民の有志も加わることができます。

◆地学班◆ ①湖底の地形区分図・地質図作成 ②各遺跡の地層をしらべる ③基盤岩に関する調査 ④地形・地質の断面図作成 ⑤多摩湖と周辺の地史のまとめ。 以上のような調査を2月12日を皮切りに、26・28日、3月11・12・13日の予定でおこないます。作業の性質上あまり多人数の参加は不可能です。歴史・地学班の活動についての詳細は事務局へお問い合せ下さい。

現地学習会・見学会日程

2月29日 多摩湖をめぐる地形と地質・発掘について
3月7日 湖底の村と東大和の歴史・発掘について
3月14日 発掘で何がわかったか・会長（市長）のあいさつ
〈参加希望者は毎回10時上貯水池事務所前集合〉

図6-1 「多摩湖の記録」No.3（1976年）

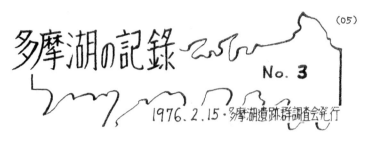

戸沢は、多摩湖遺跡群の調査期間中、こうした遺跡と市民とのかかわりについて、①文化財保護への関心、②学問の創造、③市民の歴史意識を高めるという三つの期待を提示し、「市民参加の発掘は、多摩湖だから、あるいはどこだからできてどこそこではできないといった条件についての問題でなく、研究者や行政の意識と姿勢の問題である」と述べている。

この調査が「戸沢の市民発掘」の原点となり、考古学者として、遺跡と土地の開発問題にむき合いながら、遺跡といまを生きる人とのかかわり方に希望をみいだすに至るまでの始点となった。

3　課題：対立でない対話　東久留米市の保存活用

遺跡にむき合う標：新山遺跡

東京都東久留米市という人口一一万五〇〇〇人を超える典型的なベッドタウンがある。面積約一三平方キロというこの小さな自治体は、東京都区部が西郊へと広がる多摩地域の玄関口に位置し、村から町へ、町から市へと変わりゆく一九五〇年代から七〇年代にいたるわずか二十数年の間に人口が一〇倍になった。その結果、人口急増にともなう慢性的な学校不足を誘発し、行政は学校建設にあえいだ。とくに一九六六年～七六年までの一〇年間には、小中学校一四校を建設・開校した。そして、その最終段階として一九七六年に計画されたのが、下里小学校と下里中学校という隣接させた二つの学校建設であった。

東京圏の狭い行政区域のなかで、面積・位置・環境などの条件を整えた学校用地の確保は容易でない。ようやく適応する用地を都合した。そこに新山遺跡があった。時は、文化財保護法改正直後である。緊急行政課題として、法の規制を受けた、学校建設にともなう埋蔵文化財の取り扱いという問題が急浮上した。

東久留米市は、取り急いで遺跡の発掘調査ができる職員体制を整え、一九七六年六月、市長を会長とする「新山遺跡調査会」を組織した。その構成は、市行政・市議会議員・学校関係・父母会関係・研究者（文化財・考古学）・文化庁・東京都教育庁・東京国立博物館など、立場を異にするさまざまな分野の人たち三〇名以上におよんだ。そこに、多摩湖遺跡の発掘調査を終えたばかりの戸沢（明治大学教授、四三歳）がいた。

この調査会の着目すべき特徴は、たんなる緊急発掘の執行機関とならないことを意図して、立場の異なるみんなで協力し、話し合い、みんなで考えるという姿勢を基本方針にした点にある。戸沢は、学生に対して「遺跡は教室だ」と教え、そして考古学とは何か、遺跡は誰のためのものであるべきかということを、自他に問いつづけた研究者である。その戸沢自身が、先の多摩湖の調査でみいだしたと思われる考古学者として歩む方向づけが、この調査会に反映されている。

新山遺跡の調査は、大人数による集中的表面採集という、ふだんみることのない変わった光景からはじまった。活動のしやすい思い思いの格好をした小学生や中学生を含む地元および近隣の市民およそ二五〇人が、いっせいにビニール袋と竹串を片手に地面に落ちている土器や石器をさがし、発見したらビニール袋に入れてその場所に差し置く。そんな集団が住宅群にかこまれた畑地に出現した。二時間もすると、畑一面に光り輝くビニール袋が無数にばらまかれたように広がり、その位置を示した。太陽の光と風を受けてきらめく光の群落は、縄文時代の土器や石器類である。それらを望見する者全員に縄文時代の遺跡が身近に存在していたことを知らしめた。

研究者だけでなく、みんなの協力によって開始された発掘調査を前に、全員で共通認識したことは、「学校も遺跡も大切」という姿勢であった。「どちらも大切」では答えに窮するが、戸沢があえて主張しつづけた考え方である。

「市民発掘」がふたたび開始された。調査会の基本方針[3]にもとづき、小学校の建設予定地にどのような内容の遺跡がどれくらいの範囲で包蔵されているのかを正しく知ることを目的とした、「学校建設を前提としない遺跡の確認調査」である。この調査は、学校建設用地約一二〇〇〇平方メートル全体を満遍なく調査する仕組みとして、遺跡全体に八メートル方眼を重ね、各方眼北西二メートル×四メートルの小区画約一五〇カ所を発掘するという方法で、通称グリッド方式とよばれた。遺跡の範囲や内容を合理的に把握するための基本的な調査方法である。その結果、縄文時代の竪穴住居跡一軒と土坑二基が発見された。通常、わずかといってよいであろう。大規模な集落遺跡の存在を予測させる内容でなく、用地の一部に小規模な縄文時代中期の生活跡が存在するという所見が示された。調査会は、その「確認調査の成果」を参考にして話し合い、検討を加えたうえで、最終的に「学校建設を優先して遺跡については記録保存をおこなう」という方針を選択し、学校建設工事の前に本格的な発掘調査（事前本調査）をおこなうことを決定した。ところがそこに、考古学という学問の、その時点における限界ともいうべき重大な落とし穴が隠されていた。当時の考古学では、縄文時代中期末葉期の集落遺跡の発見事例がほとんど知られておらず、皮肉にも、この新山遺跡の事前本調査において、その理由が明らかとなったのである。

縄文時代の竪穴住居跡は、赤土と呼ばれるローム層に深く掘りこまれ、そこに腐食した黒土が堆積して埋まっているものが発掘調査されていた。遺構の所在を確認したうえで、土器や石器を掘りだす手順となる。ところが、新山遺跡の事前本調査で発見された竪穴住居跡は、竪穴の掘り込みが浅く、ローム層に達していないため、住居跡の壁も床も黒土、住居跡を埋めている土（覆土）も黒土だったのである。遺構の所在が確認できない。じつは、その発見に結びつく糸口はあった。それは、竪穴住居跡が見当たらないのに、土器や石器が大量に出土するという不自然さである。

新山遺跡の事前本調査では、土器や石器類や石など、細かな破片でもすべて出土地点を正確に記録するという「全点記録」を採用した。この調査方法が、土器や石器の分布状態に着目するという視点を引きだし、密集する部分に対して、なんらかの生活跡が存在する可能性を想定した精査をおこなうことになった。遺物の所在が先で遺構検出が後となる。結果はあらわれた。体色を変化させたカメレオンの擬態色を見抜くに等しい、「黒土に掘り込まれた黒土が覆土の竪穴住居跡」を発見することができた。未知であったとはいえ、先の確認調査では、存在したはずの中期末葉期の遺構群をとらえることができなかったのである。

事前本調査の成果は大きく、半面厳しい結果となった。下里小学校建設用地のほぼ全域から、竪穴住居跡三〇軒、土坑五二基、配石遺構二基など、それまで知られていなかった縄文時代中期末葉期の集落の姿を明らかにできた（図6-2）。学術的な成果といってよい。同時に遺跡の内容を誤認してしまったことも明らかになったのである。

確認調査と事前本調査が示した結果は、埋蔵文化財の取り扱いの難しさをあらためて突きつけられたかたちとなり、関係者に衝撃を与えた。関係者全員が謙虚に反省した。調査会は、あらためて真摯に遺跡とむき合い、何ができるか、何をすべきかを考え、知恵を出しあって審議した。その結果、遺跡がある場所に開校する小学校施設内に、遺跡が存在したことを証言し、同時に、そこで学ぶ子どもたちの生きた教材となるようなミニ新山遺跡資料展示室（図6-3）を設けたらどうかという、当時として斬新な考えを引きだすにいたるのである。[4]

引きつづき調査会は、隣接させて建設を計画する下里中学校用地の確認調査をおこなった。下里小学校区域の経験を生かし、遺跡の内容を検証し、調査の成果をみんなで学んで正確に把握した。学校建設も遺跡も「どちらも大切」という理念にもとづき、遺跡の特徴を生かしながら、校舎の位置や設計や校庭の構造に変更と工夫を加えた。さらに、約三〇〇〇平方メートルの区域について検出された遺構（柄鏡形敷石住居跡や土坑）を「校庭下」に埋没保存し、埋没保存させた柄

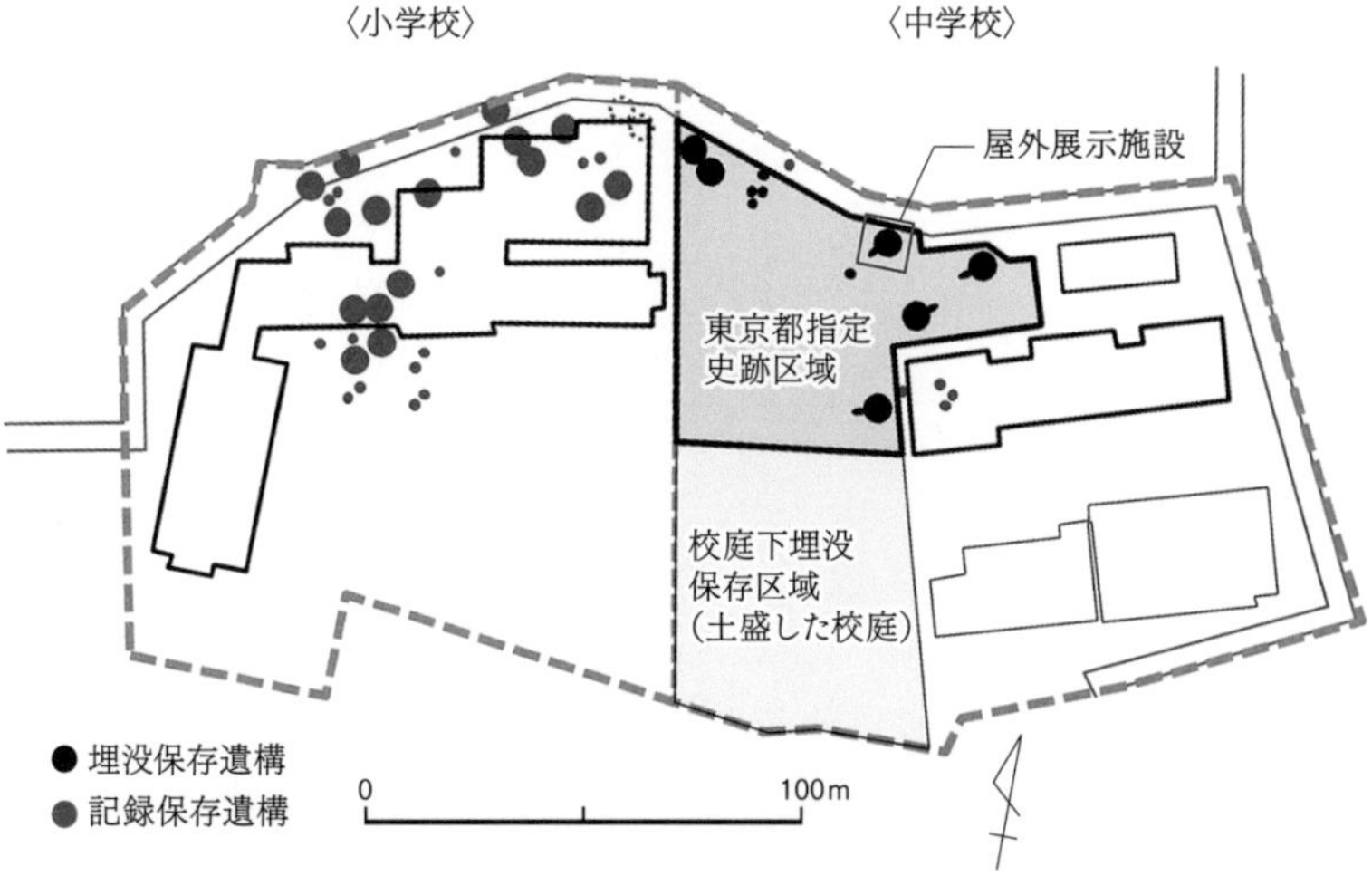

図 6-2　新山遺跡図

図 6-3　下里小学校のミニ新山遺跡資料展示室
2020 年 3 月、下里小学校閉校をもって閉室

鏡形敷石住居跡の一軒を型取り復元（フランスのパンスバーン遺跡でおこなわれていたラテックス樹脂という特殊ゴムを活用、国内初）、校庭の一画に屋外展示施設設置（柄鏡形敷石住居跡一軒を実物展示）、校庭部分を市の史跡に指定（後に東京都の史跡指定一九七八年三月、市指定史跡同時解除）など、「縄文時代の遺跡を抱く学校教育施設の開校」という、将来に希望をつなぐ埋蔵文化財保存活用の具体例となる画期的な施設を生みだすという結果を残したのである。

ベッドタウンと遺跡：下里本邑遺跡

東久留米市という自治体の文化財保護行政は、かたちはおぼろげながら、新山遺跡の経験がその礎石となりつつあった。新山遺跡に入れ替わるかたちで、東京都住宅供給公社（以下、公社）が団地建設用地としてすでに買収してあった土地に存在する下里本邑遺跡の発掘調査の話が具体化しはじめた。そして、市・都・公社の三者協議により、新山遺跡と同じく、団地建設を前提とすることなく、土地の利用や遺跡の保存・活用を含めた将来計画のための基礎的な検討資料の収集と研究を目的とする確認調査をおこなうことで合意された。

一九七八年、「団地建設は必要、遺跡は大切」という公平な考え方を柱に下里本邑遺跡調査会が結成され、調査団が編成された。調査会は新山遺跡にならい、立場や考えの異なる研究者・都・市・市議会議員・公社などで構成されている。調査団の中核は、新山遺跡に関わったメンバーであった（戸沢は調査会理事・調査団長・明治大学教授、四五歳）。

同年の夏におこなわれた確認調査は、遺跡を正しく知るため、当時あまり調査対象とされない河川敷に対しても視野を広げ、遺跡を取り巻く環境をも含めた情報をできるだけ確保しようとした[5]。一九七八年一〇月に確認調査は終了し、翌年一月にその報告書ができあがった。

下里本邑遺跡調査会は、遺跡が存在する土地の総合的で正当な理解に結びつけるため、遺跡内容を誤認した新山遺跡の経験に学び、十分に検証を加えながら、確認調査の内容と成果を同じテーブルで学習した。共通理解と協力は、対立するかたちでなく、前向きな一つの方向に考えを進展させることに役立った。

しかし、審議は困難をきわめた。公共的住宅建設を任務とする公社、遺跡の保存活用を考える研究者、広い緑の空間を望む地元市民、意見調整と市政への反映の責務を担う行政による議論は、二年近くの長期間にわたって重ねられた。そしてついに、対象地を開発区域と保存区域に分け、保存区域については遺跡公園として整備し、保存区域と開発区域との境については事前本調査を実施するという、団地を建設し、遺跡も保存し、学術性をもたせた発掘調査もおこなうという、当時としては異例ともいえる基本計画案をもって意志を統一するところにたどりついた。約二四〇〇〇平方メートルの団地建設用地のうち、三分の一に相当するおよそ八〇〇〇平方メートルの土地が遺跡として保存され、遺跡公園として整備されることになったのである（図6−4）。

一九八一年一月、下里本邑遺跡調査会と調査団の目的は、確認調査から事前本調査にあらためられた。事前本調査では、発掘調査を考古学という狭い枠のなかに閉じ込めるのではなく、住民

図 6-4　団地のなかにある下里本邑遺跡公園

の生活や住宅環境の問題として、文化財保護行政の問題として、また新しい住宅建設・街づくりの問題としても関心をもつような取り組みを試みた。調査団は、調査参加者を新聞広告で募集し、「みんなの発掘体制」を整えた（募集者を面談して選考）。また、発掘調査中に市民見学会や学習会を実施し、パンフレットやニュースを発行するなど（図6-5）、広報活動を積極的におこなうことで、市民への窓口を開放した。調査会では、調査によってあきらかになる遺跡の内容に対応させた協議が適時おこなわれ、保存区域の範囲や全体設計への変更が三度にわたって加えられた。公社は、建設用地内に遺跡が存在するという特殊性を受け入れ、「緑の自然と原始の史跡を取り込んだ豊かな環境づくり」を団地の建設目標に掲げた。

団地建設に合わせて設けられた下里本邑遺跡公園は、縄文時代の集落をイメージできる植樹を環状に配した中央広場、復元した旧石器時代の礫群、花壇で位置づけた弥生・平安時代の住居跡などが設けられ、それぞれに説明パネルが添えられた。さらに縄文時代早期の生活跡を埋没保存した河川敷部分には、下里本邑遺跡館（鉄筋コンクリート造りで、三面ガラス張り、床面積四九平方メートルの無人の屋外見学施設）が設置された。対立でない対話は、四年の歳月をかけた創意と工夫により、遺跡の保存と活用のかたちを示した約八〇〇〇平方メートルの遺跡公園の東京都史跡指定を実現させ、首都圏を特徴づける団地のなかに、現在の生活と共生する「歴史的空間」を創造したものとなった。

下里本邑遺跡の調査報告書の「まとめ」で戸沢は、「ビル群の中にとりかこまれた遺跡公園、

下里 ほんむらニュース 1

発行　下里本邑遺跡調査団
編集　勅使河原彰・後藤祥夫
1978年8月10日

下里本邑遺跡確認調査始まる!!

山形県の酒田市では40度を起えたとか。東京でも記録的な暑さが連日続いています。この猛暑のなか、下里本邑遺跡の確認調査が８月１日から始まりました。

東久留米市では、現在53ケ所の遺跡（埋蔵文化財）が確認されており、その大部分が黒目、落合、立野などの河川ぞいに存在しています。なかでも黒目川ぞいには近年調査された下里新山遺跡にみられるような大規模な遺跡の存在が予想されています。

下里本邑遺跡もその一つで、昭和46年に故安西義則氏と平塚義和（本調査団員）が、分布調査を実施した際に確認されました。

遺跡は野火止３丁目３番地、黒目川の上流左岸、標高約56ｍの台地を中心に存在します。ちょうど市立本村小学校と都立久留米西高校の間です。台地は南北120ｍ、東西110ｍ程の小舌状台地で、この台地から４～５ｍ下ると、南を流れる黒目川まで低地が続いています。

この遺跡は、今まで正式に発掘調査されたことはありませんが、平塚や都文化課職員の表面採集調査、道路断面での観察、それに旧地主さんが耕作中に発見した遺物などから、先土器時代、縄文時代、弥生時代の複合遺跡と考えられます。

それでは、表面採集などによって確認された事実を、時代別に、やや詳しく紹介してみましょう。

◎先土器時代

表面採集で、台地西側斜面より先土器時代のぎようかい岩製刃器や、安山岩、チャート、黒曜石、黒色粘板岩のはく片が採集されています。

◎縄文時代

台地中央及び斜面より縄文時代中期の土器片や石器が採集されています。図の土器と石器は、旧地主の木下和三郎氏が耕作中に、台

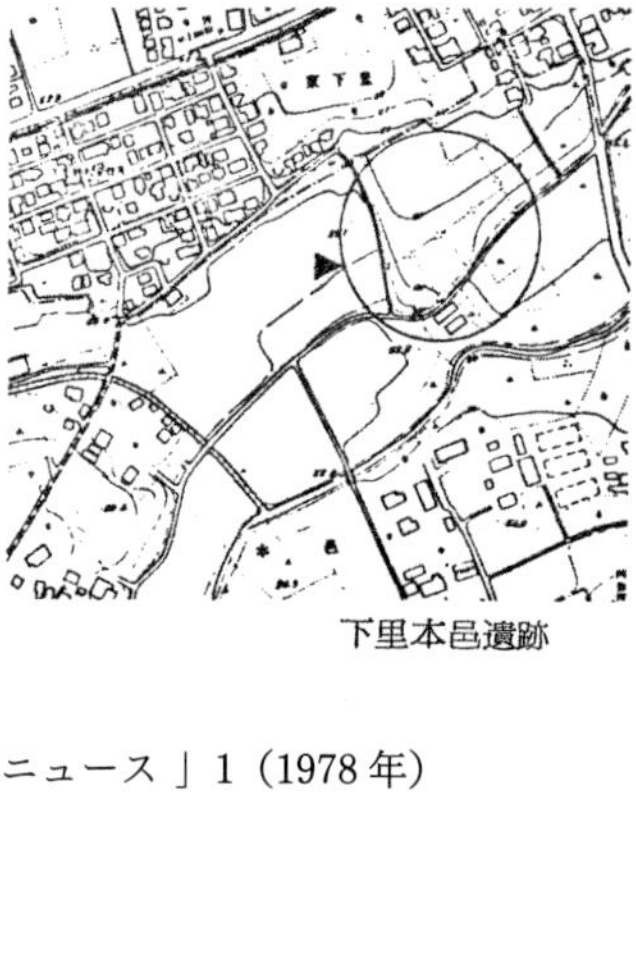

下里本邑遺跡

図6-5　「下里ほんむらニュース」1（1978年）

いや遺跡公園をもつ住宅団地の姿を、いま私たちは敢て保存と開発の調和などとはいわない。しかしそれはたしかに現代というぎりぎりの状況の中で生み出された一つの実験であった。その実験を後世の人々は二十世紀末の祖先たちの創造と評価するか、全く逆の評価をするか、そのどちらかであるかは予測しえない。それでも私たちはみんなでとことんまで努力した結果であることにわずかな誇りをもち、下里本邑遺跡公園と下里本邑遺跡館の将来に何かを期待したいと念ずるものである」と結んでいる。

4 希望：地元でヨイショ 陸平貝塚と動く博物館構想

陸平貝塚は、霞ヶ浦の南西方向から湖の中央部へと半島状に突き出した馬掛（安中）台地上にある縄文時代の貝塚で、一八七九年（明治一二）に日本人によるはじめての発掘調査がおこなわれ、日本人による最初の発掘調査報告書が記された、「日本考古学の原点」となる遺跡として知られている[6]（図6−6）。

陸平貝塚のある茨城県美浦村は、湖岸低地がひろがる霞ヶ浦の西南岸（茨城県の南端）に位置している。村域に鉄道はなく、標高三〇メートルに満たない低台地が起伏点在し、都会の雑踏とは無縁の、漁業と農業を主な産業とする古の風土をとどめている。

図6-6　空からみた陸平貝塚
白アミが貝塚、上方は霞ヶ浦

そんな水辺の村にも、高度経済成長にともなう開発の波が押しよせたことがあった。一九七〇年代はじめのことである。自然環境豊かな土地に着目した不動産会社が馬掛台地一帯を買収し、宅地化とリゾートホテルを含む観光レジャー施設の建設を計画した。地元の美浦村は密かにそれを歓迎したようであるが、考古学研究者や地元郷土史研究グループなどによる陸平貝塚の保存運動が待ったをかけ、それが全国的な貝塚破壊反対の声となった。結果として、石油危機という世界的な経済悪化も加わって計画は立切れ、買収された土地は放置された。

その後、近代化と生活習慣の変化

は都市化を進め、地方の過疎化を促進させた。第一次産業（農業や漁業など）の低迷がそれを加速させ、全国各地で、ムラ起こしや町起こしといった郷土活性化政策が切実に望まれるようになった。美浦村も同様の問題が村政の重要課題となっていた。とくに、放置された陸平貝塚一帯の買収地には藪が再生され、貝塚が負の郷土遺産となる足かせではないかと思わせるほど、人の営みを遠ざけていた。

一九七〇年代から八〇年代は、前半期の高度経済成長と後半期のバブル経済に躍動する強烈な開発エネルギーに煽られるかのように、開発工事を立ちふさぐ遺跡の存在と保存運動は邪魔者という偏向意識をもたげさせ、首都圏のニュータウン建設現場などでは「遺跡百年戦争」と銘打たれるなど、文化財保護法にもとづく遺跡の取り扱いが大きな社会問題となって加熱していた。

バブルが巨大化する一九八〇年代後半、美浦村は、地域活性化を願う村と大手開発企業との発意による、レジャー施設を含めた大規模な安中地区の地域開発（村おこし事業）の検討に入った。この開発計画の再燃は、当然のごとく陸平貝塚が鍵となり、保存運動も再燃する。

苦い経験をもつ村当局は、陸平貝塚の保存と活用を図ることが重要な項目として、それを企業との間に取り交わす協定書に明記した。そして、総事業面積約二一〇ヘクタールという大規模な総合開発計画に対応させた陸平貝塚保存対策委員会を設置し、開発計画が陸平貝塚の保存を前提として進めるものであることを確認した。その基本計画は、ゴルフ場やレジャー施設などに文化リゾート的な要素を加え、自然も歴史も農産業も総合的に活性化させ、住民の生活環境と経済環境を整備確保するというものであった。陸平貝塚を郷土の大切な文化財と認知するその基本方針にもとづき、同委員会は発展的に解消され、新たに陸平調査会の設置が決議された。

一九八六年秋、陸平調査会が発足した。そこに、戸沢の姿がある（明治大学教授、五五歳）。注目されるのは、開発と遺跡にむき合う調査会の理念と軌跡が、多摩湖・新山・下里本邑で実践された指標と重なっている点である。

翌一九八七年、下里本邑遺跡と同じく、陸平貝塚の現状を正確に知るための基礎調査がおこなわれることになった。この時、調査の状況を村民や広く村外の一般の人びとにも知ってもらう目的で発行されたのが、「陸平通信」と名付けた週刊ミニ新聞である。現地調査がはじまる直前に発行されたその第一号に、市川紀行調査会長（当時村長）は、巻頭で「陸平貝塚そのものと開発は並列同義」という理念を明記し、陸平貝塚の保存と活用は「精神的にはむしろ優位にあると断言できる」、さらに「村民と地域が誇り得るものを、誇り得る形態でできるだけ残し」と加え、陸平貝塚の調査への期待と意義を明らかにしている。

基礎調査の目標は、なるべく遺跡を傷めることなく、地形測量や分布調査などを含めて陸平貝塚の範囲や内容など、現在残されている状態を確認する情報収集とした。調査は、六月の予備調査にはじまった。そして、その成果の裏づけをもとにおこなわれた八月の一カ月におよぶ集中調査参加者は、明治大学を中心とした筑波大学や千葉大学などの大学生・茨城県考古学関係者・地元村民・小中学校生徒など、のべ三〇〇〇人を超えたとされる。

この陸平調査会による遺跡の状況確認調査により、過去の調査（一九六八年に明治大学考古学研究室がおこなった。戸沢も参加している。明治大学助教授、三六歳）で発見されていた、台地をかこむように配置した八つの斜面貝塚の存在と構成がより具体的な内容で明らかとなった。もっとも注目される、貝塚を残した人びとの生活拠点となる縄文ムラについても、その存在が予想されていた台地中央部分の地下レーダー探査の結果、竪穴住居跡などの遺構群が存在することを示唆する情報がえられた。そして、縄文早期から後期までの長期間にわたって営まれた、首都圏で現状をとどめる最後の大型貝塚であること、縄文人の生活基盤となった周辺地形と景観が良好な状態で保全されていることが確認され、かぎりなく縄文時代の原風景を復元できる可能性が残された貴重な遺跡であるという総合的な所見をえた。

一九九〇年、貝塚の主体部と谷など周辺の地形や景観を含めた約一四ヘクタールが開発予定区域から除外され、保存対象とされた（企業はその広大な買収地を村に寄付、後に国の史跡指定）。そして、着々と進展する事業計画を基礎にして、戸沢が牽引力となり、村・企業・大学・研究団体・村民みんなの総意のもとで、陸平貝塚を中核に調査・研究とその成果を活用した地域に根差した文化活動を原動力とする、「動く博物館構想」という、村の将来を担う計画が生みだされた。

ところが、思いもよらない事態となった。バブルがはじけたのである。バブル崩壊の影響は大きく、企業の開発計画は頓挫し、後押しする企業と資本は消えた。大規模開発にともなう華やかな施設構想は、ふたたびかすみ、時代や社会や企業がみせた希望には失望が重なった。

しかし、人が希望をたぐり寄せた。村おこしの切実な願いと郷土の遺跡への愛着が灯した地元住民の心の灯は消えない、消すわけにはいかないという思いが底力となり、ボランティア団体「陸平貝塚をヨイショする会」を結成させた。地元有志による地道な藪掃いと草刈りからはじめられた。そしてさらに、星を見る集い、縄文食をつくる学習、縄文土器を焼く会など、陸平貝塚の保存と活用をヨイショするための自主的な企画事業がおこなわれたのである(図6-7)。莫大な企業資金を投入させた夢見る立派な施設は何もできていないが、自然や縄文時代に視点をあてた地に足のついた地道な研究活動や体験学習などの活動をとおして、みんなで〝動くこと〟で、遺跡と郷土をつなぎ、過去の人たちと未来の人たちをつなぐ歴史の絆を生み、育てはじめた。

一九九五年、陸平調査会・美浦村・同教育委員会が主催する「陸平からのメッセージ　調査研究発表会」が村の公民館で開催された。その基調講演で、「動く博物館はもう動いている」と戸沢は述べた。それは、地元の人びとへのエールのように聞こえるが、それだけではない。ヨイショする会の人びとの心と活動に、戸沢自身の希望をみいだした感動ではなかったか。戸沢が発案した「動く博物館構想」の夢が、地元住民の心に重なって引きつがれたのである。

動く博物館構想とはどのようなものか、イメージを共通理解できるような簡潔な説明を用意することは難しい。戸沢によると、遺跡の保護と活用、継続的調査研究とその成果の提供、学習の拠点を目指すもの、誰もが親しく体験的に学ぶことができるなど、みんなの学習と体験から新たな目標と成果を生みだし、それらの継続と活性化によって地域と連帯した文化的ゾーンのシンボ

図6–7　みんなでヨイショして竪穴住居をつくる

ルとなる博物館と記している（戸沢　一九九一・一九九三）。説明しきれない多様性と可能性にその真髄があるようだ。

それは、陳列や再現や展示によって用意された結果や成果を見学するだけの施設でなく、結果を生みだす過程や意味を一般の人びとを含めたみんなで、探求し、体現し、共有し、そしてともに歩みながら、つねに地元に根づいて、牽引力を失うことなく稼働しつづけ、それぞれの知恵と独創性を育む学習精神が消えることなく引きつがれる拠点となる。そして、時とともに、人とともに変化する、いわば命が与えられる生きた博物館としてイメージすることができる。

住民活動は、村との両輪となり、陸平貝塚を基軸にした各種イベントや多岐にわたる文化活動や学習会の実績を重ねた。そして、一九九八年には遺跡の主要部を含む約六・五ヘクタールが国の史跡指定を受け、二〇〇四年には美浦村文化財センター（陸平研究所）を完成させた。陸平貝塚を核とする、美浦村と地元の人びとが創造した動く博物館を実体化させることに成功したのである。大切なのは立派な施設でなく、郷土と一体化した遺跡そのものと人であることを、地元の人たちみずからが実証した事例となった。

戸沢は、建造物（ハード面）だけでは遺跡との絆は担えないものであり、遺跡を基軸にした調査や研究の成果を活用した地域に根差した継続的におこなわれる文化活動（ソフト面）こそが不可欠であると考え、動く博物館構想に希望をみいだしていたにちがいない。

5　確信：糞が宝になった　鷹山遺跡

日本列島は、世界でも有数の活火山帯である。その火山活動によって産み落された貴重な鉱物の一つに、「黒曜石」と呼ばれるガラス質の石がある。その名のごとく、黒くきらめき、敲き割ると、その剝片の縁は鋭利に、角は鋭く尖る。剝片は、金属のナイフと同等に、突き刺し、切り裂くことに適した利器となる。旧石器時代と縄文時代の遺跡からは、この黒曜石が必ずといってよいほど出土する。黒曜石の原産地は、北海道から九州に点在するが、優れて代表的な原産地の一つが長野県にある。
長野県のヘソにあたる諏訪湖（戸沢と考古学を結びつけた故郷）を西に見下ろす、八ヶ岳連峰の北側に寄り添う峰々から霧ヶ峰の一帯が、黒耀石の原産地であり、峯々が並ぶ一五〇〇メートル近い峠には、「黒耀石原産地遺跡」として注目される鷹山遺跡がある。地元では、黒耀石を「星糞」とよび、星糞峠という地名も残されている。[7]

バブル経済のエネルギーが地方へと波及する一九八〇年代、合併前の長門町は、町の将来への命運をかけた一大事業として、農業振興を目的とした農作業の効率化を図る圃場整備と、町営スキー場を核とした観光施設を設け、郷土の活性化をはかろうという、町おこしリゾート計画を企画した。スキー場計画地の尾根や峠には、黒耀石の鉱脈と鷹山遺跡がある。鷹山遺跡は、地元の児玉司農武によって発見され、地元の考古学や郷土史関係者によって地道な調査と研究が継続されてきた、名実ともに郷土の歴史遺産として確かな存在となっていた。長門町の町おこし計画は、時代・背景・土俵、そしてスタートラインが、陸平貝塚のある美浦村と重なる。開発と遺跡との取り扱いは簡単ではない。

一九八四年一〇月、計画地内にある鷹山遺跡の状況を把握する目的で確認調査がおこなわれることになり、森嶋稔千曲川水系古代文化研究所主幹を調査団長とする鷹山遺跡調査団が結成された。この調査団は、立場の異なる人たちによる構成というより、将来への願いと希望を重ねた町がみずから担う、地元みんなの調査団であった。責任と結果は町が負い、地元住民が受け入れることになる。そこに、明治大学の協力体制を整えた戸沢（明治大学教授、五二歳）が顧問としていた。

確認調査の結果は、必ずしも町の意向に沿うものではなかった。予想をはるかにしのぐ大量の黒耀石がみつかり、鷹山遺跡の存在と重要性を高めることになったのである。地元で「星糞」とよぶ黒耀石は、太古の石器時代にあってはなくてはならない貴重な素材であったかもしれないが、近現代の農村では畑に散乱するガラスの欠片は危険物であり邪魔者であるという認識が強く、「星糞」と言い伝えられてきた呼び名に察することができる。町おこしの当初計画では、スキー用のリフト関連施設と駐車場用地が、「星糞が密集」する遺跡のほぼ全域にかかっていたのである。

多くの研究者や関係者から危惧の声があがるなかで、長門町教育委員会は、町の進路を決める重大性を帯びた岐路に立たされた。郷土の活性化をはかる町おこし開発事業、地元に深く根づいた歴史遺産の保護、町の将来にとってどちらも同等に大切、それでは答えに窮するのは当然で、どちらかを優先させるのが一般論であろう。その決断は、明確に示された。町は、県道の付け替えを含む大幅な工事計画の変更と遺跡の主要部分の保存を決めたのである。信濃毎日新聞は一九八四年一〇月二六日付で、この長門町の計画変更と遺跡保存の処置を、「勇気ある決断」と報道した。

町おこし総合計画の方向性を再検討し、舵を保存に切った長門町は、計画変更した町営スキー

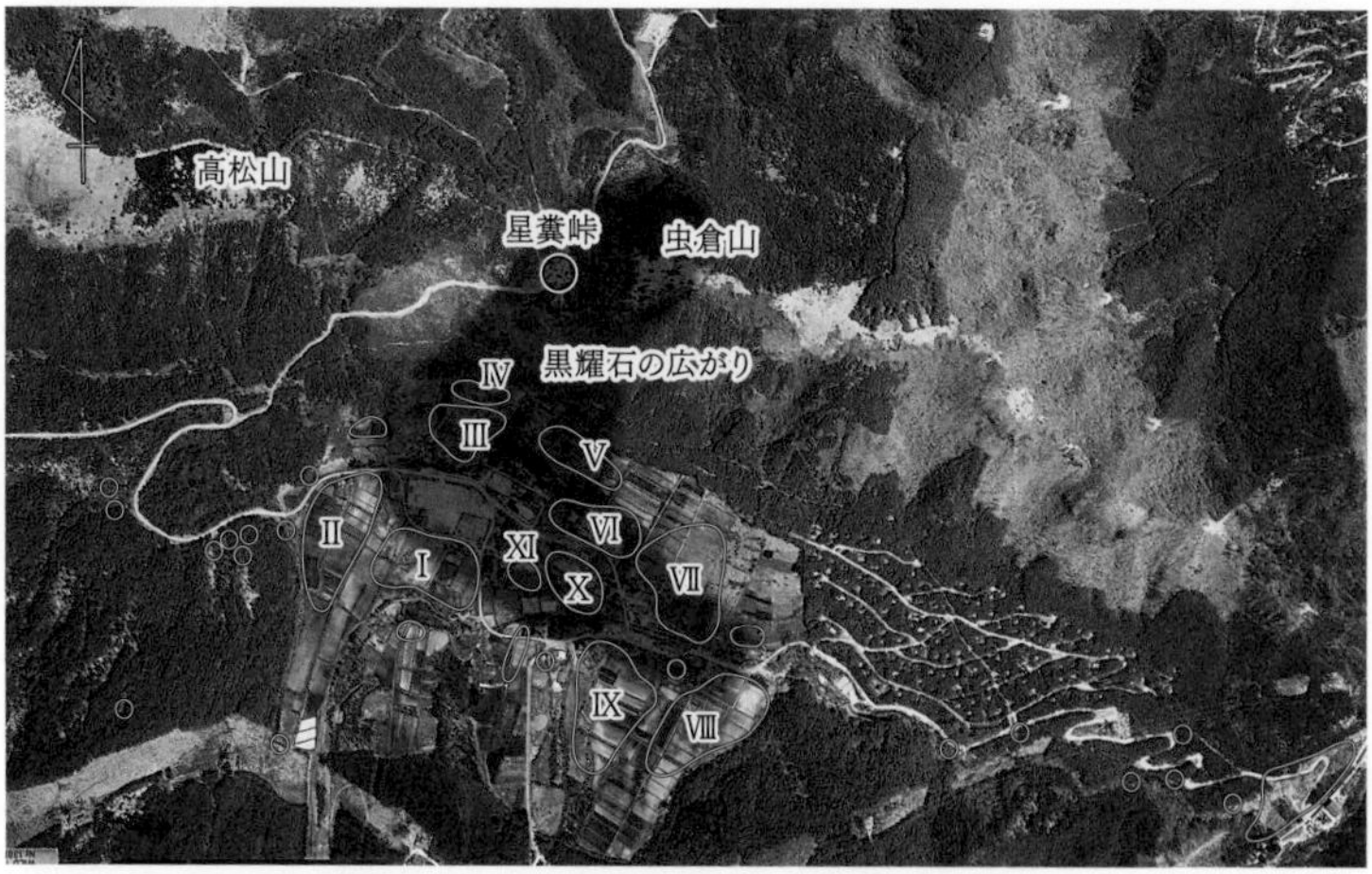

図6–8　星糞峠と黒耀石原産地鷹山遺跡群

場を一九八六年にオープンさせ、合わせて「地域ならではの遺跡の保存活用と調和のある開発計画推進」という、視点を変えた、新たな柱を加えた町おこし事業を始動させた。町の要請を受けた明治大学は、一九九〇年、戸沢（明治大学教授、五八歳）を団長とする調査団を編成した。調査団は、鷹山遺跡と周辺の遺跡を包括してとらえ、総合的詳細分布調査を皮切りに峠一帯へと調査を進展させ、「黒耀石の原産地遺跡群」の遺跡地図を完成させた（図6–8）。

発掘調査と考古学の研究成果を礎石にした、郷土の歴史遺産を強く抱いた町おこしは力強く稼働した。二〇〇〇年度には、大学と自治体との考古学をとおした共同体制の明治大学黒耀石研究センターを建設（この間戸沢は明治大学学長：一九九六・四〜二〇〇〇・三）、二〇〇四年には長門町鷹山を会場の一つとした世界初の黒耀石研究国際サミット開催、二〇〇六年八月には長門町と和田村との合併（二〇〇五年五月、長和町となる）記念事業として第二回黒耀石ふるさとまつりの開催と、つぎつぎに実績を重ねた。さらに、考古学の調査でも世界に例のない「石器時代黒耀石採掘跡」の大発見を加え、町立黒耀石展示・体験館の建設、縄文黒耀石鉱山の史跡公園の開設にいたっている。

地元教育長であり町長となった北澤貞利氏は、つぎのように記している（北澤 二〇〇三）。

「大げさに聞こえるかもしれないが、畑の隅に追いやってきた「星糞」が、これでもかと土の下のいたるところから湧き出すごとく顔を出す。「えらいことになった」率直な思いであった。しかし、そこには、「これこそがおらが町の歴史なのだ」という感慨にも似た思いに胸が騒いだことも事実である。（中略）ふるさとの歴史を知ること。その真実の姿に感動すること。戸沢先生の研究に対する熱い思いは、明日を生きる力となる地域住民の誇りと相通じる思いでもある」

簡単な歩みではない。過疎化が進み、乏しい町の財源のなかで遺跡を保存し、調査を重ねることに費やす予算の執行は、「豊かな生活に結びつく町おこしの支出負担」とたやすく説明できるものではなかったであろう。時間がいる。人の心を結び留おく地道な活動が欠かせない。鷹山遺跡群とむき合って導きだされたものは、遺跡をもとに文化財の保護と町の利益とを結びつけた、

図 6–9　黒耀石のふるさと祭り

「黒耀石原産地遺跡群」と「高原野菜農地」と「スキー場」を核としたリゾート地における共生である。土地が人の集落を生み、人の暮らしが土地を育み、郷土に誇りをもち、風土と一体化して暮らす長和町の人びとは、郷土の遺跡をいまある暮らしのなかに受け入れ、やっかいものであった星糞を、そのキラキラと光る黒耀石を、明日を担うかけがえのない宝物と変えた（図6–9）。

6　日本考古学の役割と責任

考古学にたずさわる者の役割

考古学にたずさわる者は、少なくとも二つの役割を担っている。一つは、遺跡の発掘調査をおこない、その成果について「ありのままを正確にもれなく」記した発掘調査報告書としてまとめ上げること。[8] もう一つは、発掘調査の成果をもとに、人びとの生活した姿を歴史のなかに組み込むことである。戸沢はもう一つ役割を加えた。みんなにわかるように資料と情報を提供し、みんなで遺跡に立ち、みんなで考え学ぶということである。それは、遺跡は誰のためのものか、遺跡の真の価値は何かという問いに対する戸沢の答えであろう。

戸沢は、自分の足跡をふり返るなかで、一九四五年の敗戦により、管理統制された国粋教育の封印が解けたとき、恩師の教えで地元の畑に立ち、足下にころがる縄文土器という真実の歴史のかけらを手にした、そのときの衝撃が自分の考古学の原点だと述べている。だからこそ、先土器（旧石器）時代や縄文時代や自分の学説を語り教えるという「知識の切り売り」でなく、みんなで遺跡にむき合い、みんなで郷土の歴史遺産とかかわることで、二度とゆがむことのない真実の歴史と将来を期待したのではないか。

このように考えた筆者は、あえて、目的にむかって登頂するかのような、試み・課題・希望・確信という段階を設定しながら、戸沢の足跡をたどってみた。はたして、戸沢が深くかかわった、多摩湖遺跡群・新山遺跡・下里本邑遺跡、そして陸平貝塚・鷹山遺跡における取り組みには、考古学と遺跡とのかかわり方に一貫した理念が顕示されている。それは、対立でなく対話、開発も遺跡も発掘調査も必要で大切、みんなで考えるという姿勢と、郷土の歴史の事実をそれぞれ自らが直接遺跡に学んで知ること、それこそが大切だという考え方である。遺跡から真実の歴史を読みとるには、遺跡が残されたそれぞれの地域と切り離した研究であってはならないという確信である（戸沢 二〇〇四）。

「保存した—研究した」でなく

東久留米市において半世紀がすぎようとするいま、課題があらわれている。東久留米市では、新山遺跡と下里本邑遺跡の発掘調査によって遺跡を市民の身近なものとしてたぐり寄せ、遺跡にかかわる施設が郷土の遺産として現地に産み落とされた。しかし、それらの成果は、市民の知識として理解されることを期待する施設（ハード）にとどまり、そこで暮らす人びとと生活に結びつく活動（ソフト）は生まれなかった。学校内のミニ資料展示室は開かずの間となり、屋外展示施設や遺跡公園や東京都の史跡は、そうであるという説明を聞くまで知らなかったという、「新興住宅都市」に住む東久留米市民の声を耳にする。学習施設があっても、遺跡があっても、そこにかかわりながら暮らす人がいない。東久留米市は典型的なベッドタウンで、市民の八割以上は、首都東京に移住してきた新たな住民である。新山遺跡も下里本邑遺跡も、発掘調査に参加した市民のほとんどは移住市民であった。発掘という短期イベントには参加したが、発掘調査の成果はゴールであり、多様な市民をかかえた行政にも、教育・文化を牽引する基盤が希薄で、郷土の遺産を活用して共生しようとする将来に向けた展望はなかったのである。

一方で、陸平貝塚と鷹山遺跡では、新しきものの創造と古きものの保存活用という遺跡との共生をスタートさせ、みんなの活動と村づくり・町づくりの将来とを結びつけることに成功した。その原動力となったのは、遺跡が営まれた郷土に根づいて暮らす地元の人びとであり、歯車となったのは、町おこしに希望を重ねた地元の自治体であった。試み・課題・希望・確信の足跡にみる戸沢の功績は、開発工事と遺跡保護の間に生じる対立を対話に替えたことであり、いまある生活と過去の遺産との「共生」という方向性を拓いたことである。しかし、遺跡も発掘調査も開発も、かかわるのは「人」であり、道を拓くのも「人」であり、遺跡といまを生きる私たちとを結びつけるものは、私たち自身に他ならない。それが結果となってあらわれている。

冒頭でふれたように、遺跡を発掘調査するという行為は、文化財保護法の規定により、開発工事を原因として日本全国でおこなわれている[9]。ここで、開発にともなう発掘調査の是非にはふれないが、開発は遺跡を選ばない。工事がおこなわれるありとあらゆる場所で、法にもとづいて悉皆的に発掘調査がおこなわれる。そのため、日本の考古学は、歴史に目立って影響力をもつ選んだ遺跡の研究でなく、日本全国各地に存在する「普通の遺跡」を等しく発掘調査研究する積み重ねによって学問としての苗床をつくってきた。その成果は、私たちと直に結びつく「普通の人びとの暮らしぶり」を、地域ごとに膨大な郷土史料として蓄積させ、集大成したものとなっている。そこに、世界にも例をみない日本考古学の特徴がある。日本全国各地に残された遺跡は、支配者階層の歴史でなく、広く一般国民みんなの歴史記録であり、その身近な真実の地域史をみんなで編纂する確固たる伴走者でありつづける、そこに日本考古学の責任が求められるのではないだろうか。
遺跡を「保存した―研究した」ということでなく、過去に生きた人びとの営みと、いまを生き未来を生きようという人たちの正当な営みを、真実の歴史として正しく結びつけるものが遺跡であり、遺跡への関心、学習精神の育成、みんなの歴史意識を高める役割を担うのが考古学なのだ。このように考古学者戸沢充則の「足跡」から、明日への「教示」を読みとることができる。

［注］
［1］全国各地に発見されている遺跡の取り扱いは地方自治体が要となっており、実際に遺跡を取り扱うのは埋蔵文化財専門職員である。遺跡の真の価値を引きだして保存し活用するという事業は、自治体抜きではなしえない。文化庁は、一九七五年の文化財保護法の改正を契機に、専門的な行政分野となる埋蔵文化財保護行政を適切におこなうためには、専門知識と実務経験を有する専門職員が必要であるという指針を示した。ところが、全国の埋蔵文化財専門職員の数は、二〇〇〇年度を最多（七一一一人）にその数が減りつづけている。この現象に対して文化庁は、あらためて、二〇一五年度から「明日の埋蔵文化財行政を担う人材の育成を図る取り組み」を開始してい

る。

[2] 多摩湖は二つの湖に分かれ、正式名称は村山上貯水池・下貯水池。旧宅部川が流れる狭山丘陵の谷をせき止め、旧宅部村一六一戸の家屋を水底に沈めてつくられた。なお、多摩湖に隣接して狭山湖(正式名称は山口貯水池)がある。

[3] 「新山遺跡調査会規約第一章第一条 この調査会は、仮称下里小・中学校建設予定地域内における埋蔵文化財の発掘調査を実施し、その範囲、性格を確認し記録を作成するとともに保存活用を研究することを目的とする。」

[4] 完成したのは、発掘調査によって検出された土器や石器を展示して、わかりやすく解説したミニ資料館「新山遺跡資料展示室」。学校教育の教材としての活用(他校にも)や、市民にも開かれた郷土の歴史学習の場としての生涯学習施設的な活用も期待された。

[5] 遺跡周辺部の環境調査により、日当たりのよい高台だけでなく、台地斜面部や河成低地部にも人びとの生活がおよんでいた痕跡を発見するという貴重な成果をあげた。後に、全国各地で注目される低湿地遺跡や水場遺構調査の先駆的事例の一つともなった。

[6] 一八七七年(明治一〇)、モース指導下でおこなわれた日本最初の本格的学術発掘となる大森貝塚発掘調査に参加した佐々木忠次郎(当時東京帝国大学学生)は、その二年後(一八七九年:明治一二)、後輩の飯島魁と、陸平貝塚で日本人による最初の発掘調査をおこない、その成果報告書を記した(一八八〇年:明治一三「常州陸平介墟報告」『学芸志林』東京帝国大学学部刊行雑誌、「OKADAIRA SHELL MOUND」東京帝国大学理学部紀要第一巻第一部附録(陸平貝塚正式報告書:英文)。報告書に記された、大森貝塚出土の土器と陸平貝塚出土の土器とを比較してその違いを指摘する着目は、その後の縄文土器研究の指標となった。

［7］黒曜石は、火山岩の一種で、宝石としても取り扱われる。岩石名は黒曜岩。黒曜石の呼称は、江戸時代の雲根誌（一七七三年：安永三）に「黒曜石」と記されており、常用漢字にも適用されている。しかし、黒曜石の「ヨウ」という漢字には、偏による日・火・光＝黒曜石・黒燿石・黒耀石の三種類をみる。鷹山遺跡では、意図して光を用いた黒耀石を使い記している。

［8］筆者が学生だったころ、戸沢と同じ長野県（岡谷市）の先輩考古学者故八幡一郎宅を訪問したとき、発掘調査報告書をつくるにあたって注意すべきこととして、「報告書というものは、発掘したありのままを正確にもれなく記すこと、それが一番大事です」とご教示いただいた。

［9］日本の文化財保護法は、許可制ではなく、「届出」することで開発事業は法の関所を通過することになる。関所を通過するにあたり、「事前に発掘調査する」という条件が与えられる。発掘調査は、行政指導によってそれをおこなうことができる者が担う。この時点で、開発事業者・発掘調査者・行政という三者の関係が成立し、開発工事と遺跡とをめぐる問題が協議されることになる。戸沢は、この三者の他にいろいろな立場の人や組織を加え、協議をオープンにした。

［参考文献］

井口直司　一九八五「東京都新山遺跡」『探訪縄文の遺跡　東日本編』有斐閣
井口直司　一九九七「新山遺跡の調査から二〇年」『明日への文化財』四〇号
井口直司　二〇〇三「下里本邑遺跡―みんなで創りだした遺跡の保存と活用―」『市民と学ぶ考古学』明治大学考古学研究室編　白鳥舎
北澤貞利　二〇〇三「星糞のふるさとに出会う　不変の夢を語り合う」『市民と学ぶ考古学』明治大学考古学研究室編　白鳥舎

「考古学の道標」編集委員会編　二〇一四『考古学の道標　考古学者・戸沢充則の軌跡』新泉社
黒耀石体験ミュージアム編　二〇〇四『黒曜石の原産地を探る　鷹山遺跡群』シリーズ「遺跡を学ぶ」別冊01　新泉社
下里本邑遺跡調査団　一九八二『下里本邑遺跡』下里本邑遺跡調査会
新山遺跡調査会　一九八一『新山遺跡』東久留米市教育委員会
諏訪考古学研究会編　二〇〇六『人間探究の考古学者　藤森栄一を読む』新泉社
「多摩湖の歴史」編集委員会　一九八〇『多摩湖の歴史―湖底の遺跡と村の発掘―』東大和市多摩湖遺跡群調査会
勅使河原彰　二〇一二「人間、戸沢充則とその考古学」『道具と人類史』新泉社
戸沢充則　一九七九「主要遺跡概説　七五陸平貝塚」『茨城県史料　考古資料編』
戸沢充則　一九八六「長野県の考古学」『歴史手帳』一四巻一号
戸沢充則　一九八六「縄文時代観の転換ということ」『歴史手帳』一四巻四号
戸沢充則　一九八七『縄文人との対話』名著出版
戸沢充則　一九九一「陸平・動く貝塚博物館構想」『歴史手帳』一九巻五号
戸沢充則　一九九三「動く博物館構想の基礎―陸平貝塚の保存と活用―」『論苑考古学』天山舎
戸沢充則　一九九五「縄文時代論のもう一つの視角」『縄文人の時代』新泉社
戸沢充則　二〇〇三『考古学のこころ』新泉社
戸沢充則　二〇〇四『考古地域史論』新泉社
戸沢充則　二〇〇七『語りかける縄文人』新泉社
中村哲也　二〇〇八『霞ヶ浦の縄文景観　陸平貝塚』シリーズ「遺跡を学ぶ」45　新泉社

明治大学考古学研究室編　二〇〇三『市民と学ぶ考古学』白鳥舎
山崎丈　二〇〇三「新山遺跡―遺跡の子供たちの大きな仕事―」『市民と学ぶ考古学』明治大学考古学研究室編　白鳥舎

第7章　考古学と社会

追川吉生

1　考古学の原体験

歴史教育の転換と考古学との出会い

一九四一年（昭和一六）四月一日をもって国民学校が発足した。それはたんに小学校という名称が消失しただけにとどまらなかった。変革は教育内容におよび、教科は国民科（修身・国語・国史・地理）、理数科（算数・理科）、体練科、芸能科（図工・音楽）・実業科の五つに統合された（初等科は実業科を除いた四科）。国民科の国史となった国民学校の歴史教育は、「皇国の歴史的使命」の自覚と「神国意識の伝統」を明らかにすることが学習目的にすえられた。

岡谷国民学校に入学した戸沢が学んだ歴史はまさに、日本の建国が皇祖天照大神からはじまる神話にもとづいたものだった。もっとも戦局の悪化とともに国民学校では授業を充分におこなうことは難しくなっていった。諏訪地方の国民学校では、高等科は勤労奉仕として工場や農作業などへ動員され、初等科児童も代ふみ、野草採取、木挽きなどの作業に動員されたようだ。戸沢も例外ではなく、初等科五年生の時には防空壕掘りをさせられている。[1]

一九四五年八月の終戦によって、教育内容はふたたび大きく変わることになる。九月になると「新日本建設ノ教育方針」によって、「今後ノ教育ハ益々国体ノ護持ニ努ムルト共ニ軍国的思想及施策を払拭シ平和国家ノ建設ヲ目途トシテ謙虚反省」する方針が示され（九月一五日）、「終戦ニ伴フ教科用図書取扱方ニ関スル件」[2]（九月二〇日）によって、教材のなかで戦時色の強い部分を削除することが指示された。夏休み明けの教室で、戸沢が教科書を墨で黒く塗りつぶしたのは、こうした終戦直後の政府の教育政策によるものだった。

しかし「新日本建設ノ教育方針」では軍国的な思想や施策の払拭こそ謳われたものの、依然として教育の目的は「国体ノ護持」にあった。それを不十分とした連合国軍総司令部（ＧＨＱ）は「日本教育制度に対する管理政策」を指令し、軍国主義や超国家主義的な教育を禁止し、修身・歴史・地理の授業中止と教科書の廃棄、新教科書の作成を命じ（一二月三一日）、歴史の授業再開は翌四六年の一一月とされた。それに間に合うように刊行された教科書が『くにのあゆみ』（小学校）と『日本の歴史』（中学校）だった。

戦後初の歴史教科書である『くにのあゆみ』は、天皇制や戦争責任の記述があいまいであるといった点が批判されているが、授業再開までの短期間に考古学に関する記述も盛り込まれた点は評価するべきだろう。また『日本の歴史』も考古学という言葉こそみられないが、「文化の黎明」（第一章第二節）は縄文時代からはじまっており、神話から脱した科学的な歴史教育を志向していたことがうかがえる。

歴史教育が新しい教科書によって再開したころ、諏訪では教師たちが「歴史を科学的に取り扱おうとする」ための教材研究として、八幡一郎の指導のもと、諏訪史談会（諏訪地方の歴史を研究する諏訪教育会の研究会）が海戸遺跡を発掘調査した（一九四六年）。調査期間はわずか二日間と短いながらも、歴史教育に考古学の成果を取り入れるための実践的な試みの一つだった。諏訪清陵高校（併設中学校）に編入学した戸沢も、友人らとこの調査を見学しており、その翌日には調査地点とは道をはさんだ向かい側の空地で〝非公式な〟発掘調査を試みたようだ（戸沢　一九七三）。

新しい歴史教育や静岡県静岡市の登呂遺跡や群馬県みどり市の岩宿遺跡などの発掘成果によって、この時期は全国的な考古学ブームがおこり、中高生の間でも考古学の実践が活発になされていた。戸沢のフィールドワークが本格的にはじまったのもこのころである。注1で紹介した下り林遺跡や諏訪湖底曽根遺跡の舟上からの調査（一九四七年）など、活動の舞台は友人らとともに結成した史実会という同人であり、諏訪清陵高等学校の地歴部だった。その一端は『史実誌』や『清陵考古学』、『清陵地歴部報』に掲載された論稿にみることができる。一九四八年には、諏訪周辺の高校生らとともに、茅野市の与助尾根遺跡の発掘調査に参加している。

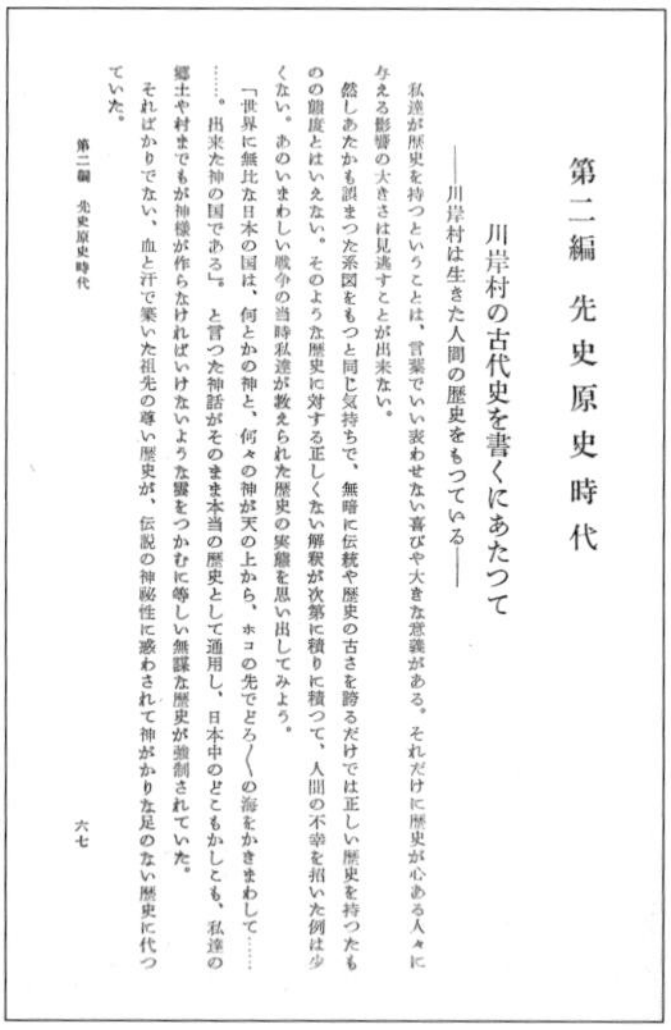

第二編　先史原史時代

川岸村の古代史を書くにあたつて

——川岸村は生きた人間の歴史をもつている——

私達が歴史を持つということは、言葉でいい表わせない喜びや大きな意義がある。それだけに歴史が心ある人々に与える影響の大きさは見逃すことが出来ない。

然しあたかも誤まつた系図をもつと同じ気持ちで、無暗に伝統や歴史の古さを誇るだけでは正しい歴史を持つたものの態度とはいえない。そのような歴史に対する正しくない解釈が次第に積りに積つて、人間の不幸を招いた例は少くない。あのいまわしい戦争の当時私達が教えられた歴史の実態を思い出してみよう。

「世界に無比な日本の国は、何とかの神と、何々の神が天の上から、ホコの先でどろどろの海をかきまわして……。出来た神の国である」。と言つた神話がそのまま本当の歴史として通用し、日本中のどこもかしこも、私達の郷土や村までもが神様が作らなければいけないような響をつかむに等しい無謀な歴史が強制されていた。

そればかりでない、血と汗で築いた祖先の尊い歴史が、伝説の神秘性に惑わされて神がかりな足のない歴史に代つていた。

第二編　先史原史時代　　六七

図7–1　『川岸村誌』の函と戸沢の執筆した「第二編　先史原史時代」の冒頭頁

そんな考古学ボーイだった戸沢の、よき指導者となった藤森栄一と出会ったのもこのころのことだった。戸沢が藤森の主宰する「諏訪考古学研究所」ですごした「夢多き実り豊かな青春」（戸沢 一九九五）の日々のなかで、特筆されるのが『川岸村誌』の刊行だろう（図7–1、一九五三年刊行）。戦地で罹患したマラリアの影響で体調が優れなかった藤森から、川岸村（現・岡谷市）の村誌編纂の仕事を全面的にまかせられた戸沢の奮闘は、藤森の著書のなかで触れられている[3]。「川岸村は生きた人間の歴史をもつている」ではじまる『川岸村誌』「第二編　先史原史時代」の冒頭には、つぎの一節がつづく。

「あのいまわしい戦争の当時私達が教えられた歴史の実態を思い出してみよう。（中略）神話がそのまま本当の歴史として通用し、日本中のどこもかしこも、私達の郷土や村までもが神様が作らなければいけないような雲をつかむに等しい無謀な歴史が強制されていた。

そればかりでない、血と汗で築いた祖先の尊い歴史が、伝説の神秘性に惑わされて神がかりな足のない歴史に代わっていた」（戸沢　一九五三）

これが一九歳の若者の手による文章であることに驚かされる。戸沢充則が生涯を通じて貫いた考古学者としての姿勢は、すでにこの時期にその原型が形成されていたといえる。

戦後の科学運動と戸沢の考古学観の完成期

戸沢は一九五二年に明治大学に入学した。四月一一日には東京大学人類学教室に山内清男を訪ねている。その日の日記には、こう記されている。

「（前略）然しあの雑然たる明治大学の教室を自分のものにするだけの勢で勉強したら或いは僕は満足に足る勉強も出来よう。やってみよう。

うわっ面のかるはずみの、誇大妄想の明治大学の研究態度に自己が没した時、おれよ、東大のイチョーの並木道を歩け。赤レンガの人類学教室に入って、山内さんの静かな大きな学問の姿を見よ」

この日、山内との間でどのような会話が交わされたのかはつまびらかではない（山内とは諏訪ですでに面識があった）。思い描いていた考古学専攻生の学究生活と現実とのギャップを入学早々に感じていたのだろうか。後年の、私たちの知る大学教員としての戸沢からは想像のつかない、若さゆえの気負いと苦悩が垣間見える。

とはいえ大学に入学してからの戸沢は、これまで以上に精力的にフィールドワークに取り組んでいった。長野県諏訪市の茶臼山遺跡（一九五二年）をはじめ、同市の上ノ平遺跡、愛知県名古屋市の西志賀貝塚（一九五三年）、長野県南牧村の矢出川遺跡、千葉県市川市の堀之内貝塚（一九五四年）など、各地の発掘現場を文字どおり転戦し、大学にあっても整理作業や明治大学考古学研究会の活動に積極的にかかわった。

戸沢が大学に入学した一九五二年は、民主主義科学者協会（民科）の石母田正が提唱した「国民的歴史学運動」が急速に盛り上がりをみせた時期にあたる。多くの学生たちが、石母田の『歴史と民族の発見』をバイブルに農村へと調査に赴いた（小熊 二〇〇二）。考古学でも、「国民的考古学運動」（十菱 一九七二）として実践された。なかでも近藤義郎、和島誠一らによる月の輪古墳の調査（一九五三年）は「国民的考古学運動」にとどまらず、「国民的歴史学運動」の成功例の一つとしてあげることができる。

しかし、戸沢が「国民的考古学運動」にかかわっていた様子はみられない。明治大学考古学専攻では、戸沢の一期上にあたる中山（岡田）淳子が月の輪古墳の発掘調査に参加しており、その参加記が『月の輪教室』（美備郷土文化の会 一九五四）に掲載されている。戸沢自身も明治大学学生会考古学研究会の機関誌『ミクロリス』に執筆した小稿で『月の輪教室』を引用してもいる（戸沢 一九五五）。そうしたなかにあって、戸沢が「国民的考古学運動」にかかわらなかったのは、研究室や諏訪での発掘調査が多忙をきわめたからだろう。また、戸沢が大学四年生あるいは修士課程に籍をおくころには、国民的歴史学運動自体が衰退しつつあった。そうした意味では、戸沢はこの運動に積極的にかかわる世代よりは後の世代だったともいえる。

『ミクロリス』誌上で戸沢が『月の輪教室』を引用したのは、「「団体研究」ということ」である（戸沢 一九五五）。これは戸沢が立ち上げた「学史勉強会」の活動の目的や現状を述べたものである。勉強会自体は十分な成果をあげることはできなかったようだが、ここで興味深いのは、戸沢はこの「学史勉強会」の活動をとおして、井尻正二の地学団体研究会（以下、地団研）が推進した団体研究を実践することを意図していた点だ。戸沢はこの小稿で、「相手にわかって貰うための努力」の必要性を説いている。これは井尻の「私たちの文章はなぜむずかしくなるのか」（井尻 一九五三）を、大学四年生だった戸沢が考古学において実践しようとした足跡と理解できよう。

戸沢は教室や発掘現場などで折りにふれて研究や調査成果を、難しい術語ではなく、やさしい言葉に言い換えて伝えることの大切さを私たちに指導していた。学生時代の勉強会で、すでにこのことを意識していたことがわかる。

2　市民のための考古学

大学紛争と市町村史への取り組み

一九六一年、戸沢は明治大学文学部の専任講師に就任する。二〇〇二年に退職するまでの四〇年にわたる大学教育者の道のはじまりだった。フィールドワークは北海道遠軽町の白滝服部台遺跡（一九六一年）、千葉県市川市の姥山貝塚、北海道置戸町の置戸遺跡（一六六二年）、岩手県二戸市の雨滝遺跡、広島県庄原市の帝釈寄倉岩陰遺跡（一九六三年）など、これまで以上に全国におよんだ。研究においても学位論文である「先土器時代文化の構造」の提出（一九六七年）をはじめ、「先土器時代における石器群研究の方法―考古学的な資料を、歴史学的な認識とするまでの、整理と理解の過程に関する方法論への試みとして。―」（一九六五年）など活発に進めていた。

こうして気鋭の考古学者としてスタートをきった戸沢に大きな転換点が訪れる。大学紛争だ。戸沢は一九六八年には、茨城県美浦村の陸平貝塚での測量調査や神奈川県大和市の月見野遺跡群の発掘調査以降、教え子たちに現場をまかせた埼玉県所沢市の砂川遺跡の第二次調査などを除けば、一九七六年までの八年間はフィールドワークを手がけていない。一年間の在外研究期間を含んでいるとはいえ、一五歳で長野県諏訪市の曽根遺跡を調査してから欠かすことなく遺跡に身を置いてきた戸沢にとって、これは尋常でない事態だった。この時期の多くの大学教員がそうであったように、戸沢も大学紛争への対応に忙殺されていた。大学紛争が考古学者としての戸沢の人生に大きな転機となったことはまちがいない。

フィールドワークから距離をおいたこの時期、戸沢が精力的に取り組んだのが市町村史の編纂だった。そもそも戸沢の郷土である諏訪では、遺物から語る地域史として画期的な『諏訪史』第一巻が鳥居龍蔵によってまとめられていた（一九二四年）。戸沢自身はこれを同級生の父親から借りて（後に譲り受けて）愛読し、時にはフィールドにも携えていたようだ。またすでに述べたように、若い戸沢が精力的に取り組んだのは『川岸村史』であった。そうした意味で、戸沢にとっての市町村史は、考古学者として成長するための糧の一つだったといえる。

とはいえ当時の研究者や学界には、「考古学研究者というのは、ちゃんとした学術報告書を書き、学術雑誌に論文を発表し、業績を世に認められることが大切で、村史みたいなものを書いていては損するぞ」と言われたと回想するように（戸沢 一九八六a）、市町村史を軽視する姿勢や風潮があったようだ。

戸沢がこの時期に刊行に携わった市町村史には『岡谷市史』（上巻、一九七三年）、『市川市史』

（第一巻、一九七一年）などがある。『市川市史』では「貝塚文化―縄文時代―」を担当した（杉原荘介と共著）。本書は先土器時代から土師時代といった時代区分とともに、それぞれの文化的な性格を原始狩猟文化、古墳文化のように併記するという編集方針のもとで構成されている。縄文時代を「貝塚文化」という表題で著したのは、縄文時代の社会が、先土器時代（旧石器時代）以来の採集活動に、漁撈が加わることで促されたという点に焦点をあてたことによる。

「貝塚文化」は縄文時代のある地域内において、一連の型式変化としてとらえうる土器型式群を単位とする地域性の一つである。したがって、市川市域の縄文時代を「貝塚文化」ととらえるためには、縄文時代の多様な地域性の検討が必要だった。もとより本論は『市川市史』の一部であって、列島の縄文文化を広く俯瞰するものではない。しかし、戸沢は執筆にあたった当初、縄文時代の領域を形づくっていた縄文社会の共同体構成を明らかにするために、市内の縄文時代の遺跡の調査・分析をおこなうことを計画していた。実際には、市史編纂事業の一環として実施した須和田遺跡の全面調査に、考古学研究室が学生を実習として参加させたことなどが、折からの「明大紛争」に連動する形で問題となって実現しなかった。こうして資料的にも、時間的にもきわめて限られたなかでの執筆にならざるをえなかったのである。[4]

こうした大学教員として困難な時期に、市町村史のあるべき姿を追求していったが、一九八六年の「市町村史編さんと考古学」で、理想的な市町村史をつくりあげるために必要なものとしてつぎの点を指摘する。「市町村民がどんな市町村史を慾していているかを企画・構成の基本とし、それに地元を中心とした研究者や有識者が積極的にコミットし、そうした仕事を指導し、まとめていくための指導者としての学者にも参加を求め、まずじっくりと基本的な方針を検討」しうるような体制の確立が重要であるとした（戸沢 一九八六ａ）。

それは市町村史が、各自治体の記念事業でも、ましてや研究者の業績のためでもなく、それぞれの町や村に住む市町村民のものであるはずという理念にもとづくものだった。「理想的な市町村史を作るために、徹底した市民参加の市町村史編さん事業を、是非実践したいものだと日頃考えている」というように、戸沢は企画・構成の段階から住民が市町村史づくりに参加するような体制を理想としていた。

大学がロックアウトされて学生への教育が思うにまかせない時期に、戸沢は「学史勉強会」を立ち上げたころに目指した考古学者としての自身の使命、「自分は科学をすることによって得た知識と技術をもって、ガイドとなり、それによって科学を皆のものとする」（戸沢 一九五五）ことを実践していたのである。

市民と学ぶ考古学を目指して

「市町村史編さんと考古学」のなかで、「徹底した市民参加の市町村史編さん事業」（傍線筆者）と述べているように、一九七〇年代になると戸沢は、「市民」や「市民参加」という言葉を多く用いるようになる。戸沢はこの「市民」「市民参加」という言葉の内に何を期待していたのだろうか。戸沢がはじめて市民参加の発掘調査を実践した東京都多摩湖遺跡群を例にさぐってみよう（図7―2）。

多摩湖遺跡群は、狭山丘陵に造られた多摩湖（村山貯水池）で一九七五年におこなわれた導水管工事にともなって実施された調査である。当時の文化財行政の担当課長だった味村昌幸によれば、多摩湖の発掘調査費の見積りは一億四〇〇〇万円にのぼった。これは一般会計予算額が五四億円あまり（そのうち社会教育費は約二億二〇〇〇万円）だった当時の東大和市にとって、実施できる金額ではなかった。苦悩する市当局に対して、「野尻湖の発掘にならって市民参加でおこないましょう」と提案したのが戸沢だった（味村 二〇〇三）。[5]

野尻湖の調査とは、野尻湖発掘調査団が一九六二年から継続しておこなっている調査のことで、豊野層団体研究グループを中心に結成され、また井尻が調査指導に携わったこともあって、調査は地団研による三位一体の科学運動（創造〔研究〕活動、普及〔啓蒙〕活動、条件の獲得活動）を志向していた。とりわけ「大衆発掘」とよばれるように、調査参加者を全国から広く募ったことが特徴で、参加者は各自に平等に割りふられた区画内での調査を担当し、それを研究者が補佐する形で調査が進められていく（野尻湖発掘調査団 一九七五）。

野尻湖発掘調査団の調査は現在でも参加者の「手弁当精神」によって支えられているが、戸沢が多摩湖遺跡群の調査を「野尻湖の発掘にならって」と提案したのは、参加者の手弁当による調査経費の削減のみを狙ったわけではなく、多くの市民が発掘調査を通じて、自分たちが暮らす地

地下タビはいて、泥にまみれて、わたしはがんばる!
―尾崎会長大いに語る

9日の調査会発足のあと、会長である尾崎市長は、発掘にあたっての決意や感想を次のように語りました。「正直いって、いまの苦しい市の財政で200万円の支出は楽ではなかったが、議会の理解も得て決った。けっしていい訳ではないが、発掘は金だけの問題ではない。歴史を愛する市民の参加を得て、予算の数倍もの成果をあげたいと思う。そのためにわたしは東大和で生まれ、育った土地ッ子の1人として、地下タビをはき、ハッピでも着こんで、毎日でも遺跡へ行き、泥まみれになって、土運びでもなんでもやるつもりでいます。市民参加で心配することの1つは、都民の水ガメである貯水池の清潔を保つことですが、市でも仮設便所やごみ篭を用意するなど、できるだけのことをしますので、市民の自覚ある行動をとくに望みます。」

航空測量はじまる
― 空から見た湖底写真 ―

今回の調査では、水底にある遺跡がながい間にどんな変化をおこすかといったことを知るデータを集め、今後の遺跡保存に役立てる研究が1つのテーマです。そのため最近技術の進んだ航空測量を応用することになり、測量会社と打合せをすすめていましたが、12日、その予備撮影の写真が事務局にとどけられました。50年ぶりにあらわれた湖底を、"史上始めて"空から見ることのできる貴重な写真です。いま事務局ではパネルにして、中央公民館玄関にでも展示できるよう準備を進めています。

なお、調査のはじまる2月20日までには、航空写真をもとにした縮尺2000分の1　等高線50cmという湖底の遺跡群全体の精密な地形図ができるよう、12日に測量会社に正式に発注しました。この図や写真をもとに、遺跡の発掘はもとより、地形・地質の研究、湖底の旧村の記録などが、正確におこなわれる基礎ができることになります。

市報臨時号にご注目を!!

1月20日発行の市報臨時号(市内全戸配布)に、多摩湖遺跡群調査についての特集がのせられます。遺跡遺物の解説や、発掘参加のしかた、そして参加者の守っていただくべき約束などが書かれています。事務局に若干の部数、余分がとってあります。

1月24日(土)2時、中央公民館へ集りましょう
― 調査についてみんなの意見を ―

9日夕、調査専門委員会で、24日に予定している第5回文化財講座を、多摩湖遺跡群の発掘にむけての準備・打合せ会として、とりくむことを決め、次のような内容にする用意をすすめることにしました。

①調査会長の決意のことば ②スライド「ぼくらの野尻湖発掘」上映 ③多摩湖の発掘をどのようにすすめるか(専門委員の話) ④多摩湖の地形・地質の見方(専門委員の話) ⑤湖底の村を歩いて(郷土史研究グループの人の話) ⑥私はこんなことを知りたい(市民と専門家との話し合い)

ひと言 自己紹介いたします

固い呼び方をすると、私は「多摩湖の記録」といいますが「たまこ」と愛称して下さい。調査期間中、みなさんの間をかけまわって、心の通い路をきりひらきたいと念じています。すばらしい成果をわかりやすく話して下さい。面白い科学のお話をして下さい。発掘に参加して楽しかったですか、それとも苦しかったですか、みなさんの率直な意見や感想もどしどし聞かせて下さい。字ばかりではつまらないですね。たまにはマンガもいいですよ。事務局のみなさん、連絡事項もひきうけますよ。とにかくどんなにつらい日課の中でも、私がいることを決して忘れないで。私が停刊廃刊になる時、こんな小さな「ミニコミ」よりずっと大きな歴史を愛する気持ちが、芽生えることでしょう。

多摩湖の記録

（01）

第1号
（おめみえ版）

1976.1.15・多摩湖遺跡群調査会発行

多摩湖遺跡群調査会発足

市民の代表多数を含め方針決定

1月9日午後2時から、中央公民館会議室で調査会の発会式をかねた、第1回目の会議がひらかれました。この調査会は、遺跡の発掘の方法や、保存の問題、さらに研究の成果や出土品をどのように普及・活用していくかなどを、みんなで考え、実行していくためにつくられたものです。とくに今度発足した多摩湖遺跡群調査会は、発掘調査への市民参加を強力におしすすめ、自分たちの住むマチの歴史に、市民がすすんで関心をもち、文化財保護や研究についても積極的に意見をいうことのできる機会として、湖底の旧村に関係ある自治会の代表や、自主的な郷土研究グループの代表など、学者や行政関係以外の市民代表が多数参加しているのが特徴です。

9日の会議には39名の役員全員がのこらず出席し、発掘調査の基本方針を討議し、それぞれの立場からの協力を確認しました。

☆中沢重一副会長（その日の座長）のことば

「私はまえまえから、専門の先生方や教委事務局から今回の計画を聞いて、やりがいのある仕事だと思っておりましたが、全員出席というこの会議の熱意にうたれて、あらためて、市民のみなさんといっしょに、どうしてもこの発掘を成功させたいと、決意を強くしました。私たちの祖先の歴史を自分たちの手で掘る。ほんとに素晴らしいです。」

多摩湖遺跡群調査会役員

［会長］尾崎清太郎（市長）

［副会長］中沢重一（助役）・石井俊光（教育長）

［理事］森本洋次（都教育庁）・中村万之助（都教育庁）荒潤三（貯水池事務所）・立川倉人（市議会）・野口一平（市議会）・根岸昌一（文化協会）・小峰正存（文化協会）細山弘（小中校長会）・浜本清海（東大和高）・斉藤慶一（P.T.A連協）・黒木昊（一中）・空花圭一（二中）・内田良夫（三中）・尾又利秋（芋窪東自治会）・佐々木栄匡（芋窪南同）・木村久雄（芋窪中同）・三田万蔵（芋窪西）・内堀一郎（蔵敷同）・荒幡基一（奈良橋同）尾崎作治（高木同）・町田義保（狭山同）・野口一二（清水連合同）・尾崎金平（農協）・海野美智子（郷土研）・有川総子（まどか）・田久保国子（みちの会）伊藤好一（文化財専門委員会）・小町雄之（同）・坂詰秀一（同）・鈴木康司（同）・戸沢充則（同）・成迫政則（同）・宮鍋二郎（同）・安島春一（企画広報室）

［監事］石川博（財務課）・多田実（教委）

◆調査団・調査専門委員

小町雄之（歴史担当）・伊藤好一（歴史担当）・坂詰秀一（考古担当）・鈴木康司（地学担当）・戸沢充則（考古・総括担当）・成迫政則（歴史・生徒指導・広報担当）・宮鍋二郎（歴史・市民指導担当）

◆事務局……中央公民館内

味村昌幸（社会教育課）・星野治夫（同）・内野仁（同）

TEL 0425－64－2451

図 7-2 「多摩湖の記録」No.1（1976 年）

域の本当の歴史を学ぶ機会をえられる場とすることを目指したのである。戸沢は、多摩湖遺跡群の調査に関する読売新聞のインタビューにつぎのように語っている。

「私は、大学で学問を続けていますが、こういう（藤森）先生の態度を継いでやっていこうと、常に考えていた（中略）。市民参加が発掘だけで終わってはならないと思うんです。今後、市民を取り込んだいろいろな活動が続けられ、この成果を市民全体で共有していくことができるかどうか、そこまでできて、初めて成功したと言えるのではないでしょうか。市民参加が、学問を新しくする活力になり得るかどうかも、興味あるところです」（読売新聞　一九七六年二月二六日）

かくして調査団長である戸沢は、多摩湖遺跡群の調査に際して二つの方針を立てる。一つは調査の主体が、調査に参加した市民であるということ。そして二つ目が調査の目的は、地域の歴史の解明であるということだ。実際の発掘調査については第6章を参照してほしいが、地域市民向けのニュース『多摩湖の記録』の、日刊から月刊に変わった第一号のなかで、戸沢は地域研究の意義をつぎのように記している（戸沢　一九七六）。

「何のために歴史を学ぶのかという原点に立って、改めて地域の歴史を掘りおこすことを続けるならば、あの不幸な戦争をもたらせた誤った日本歴史を、私たちが再び信じなければならないような、暗黒の時代の再来を防ぐ、大きな力になると信じるのです」

戸沢はこの後、多摩湖遺跡群のような市民参加型の大規模発掘調査はおこなわなかったが、「遺跡は教室」という信念のもと、つねに調査の成果を地元近隣の人びとと分かち合っていた。筆者も長野県長和町の鷹山遺跡群の調査で、日々の情報を新聞にして地域に配布することを経験したが、調査後のミーティングで一日の調査成果を参加者全員が共有した後、それをわかりやすい言葉で、必要に応じて実測図を添えて新聞という形にまとめるという作業は、非常に困難であったが、だからこそ「遺跡は教室」ということを身をもって学べたと思う。

こうして遺跡を教室に、市民とともに学んでいく戸沢の実践例として重要なのが、これも第6章で記されたように、東京都東久留米市の新山遺跡や下里本邑遺跡の発掘調査と、茨城県美浦村の陸平貝塚の「動く博物館構想」だ。陸平貝塚では、保存と活用のあり方として戸沢を中心に「動く貝塚博物館構想」が立案された。しかし折からのバブル経済崩壊によってこの構想は頓挫してしまう。行政サイドでこの構想にかかわった元美浦村教育委員会の中村哲也は、その要因としてバブル崩壊という経済的側面とともに、計画自体が行政や専門家の間で進められたため、一般住民の興味を惹くものになっていなかったと指摘している（中村 二〇〇三）。

こうして管理も行き届かなくなり、戸沢自身も大学の役職で忙殺されて以前よりもかかわれなくなった陸平貝塚だったが、やがて村民有志によるボランティア活動や学習活動がはじまり、一九九五年には「陸平をヨイショする会」が結成された。バブル崩壊とともに動く博物館構想は止まってしまったかのように見えるが、そのバトンは地域住民の手にわたり、動きだした。考古資料は「地域住民の手で掘り出され、地域の人びとの歴史認識の向上に役立つように、研究され活用されるべき」という戸沢の思い（戸沢 二〇〇四）が結実した活動である。

3 平和のための考古学

八紘一宇の考古学への抗い

中学校での教科書の墨塗りの体験が、考古学に興味を抱くきっかけとなった戸沢にとって、平和な社会実現のためにはたす考古学の役割、ことに歴史教育へのかかわりは生涯にわたるテーマだった。

すでにふれたように戦後の歴史教育は、GHQによる「日本教育制度に関する管理政策」にもとづき再開し、それに合わせて教科書も作成された。しかし一九五五年に、日本民主党教科書問題特別委員会が発行した『うれうべき教科書の問題』に呼応するように、一九五八年に「中学校学習指導要領」が改悪されて、原始社会の学習にあたっては「社会組織などに深入りしたり、考古学的な興味だけにとらわれて、これらに多くの時間を費やさないように留意する必要がある」とされたほか、「古典に見える神話や伝承などについても正しく取り扱い、当時の人々の信仰やものの見方などにも触れることが望ましい」とした。終戦を機に決別したはずの神話にもとづく歴史教育復活の兆しだ。

明治大学で考古学を学び、当時教員をしていた松島（神村）透[6]は、こうした教育行政の方向転換を、「天皇を中心とする日本の歴史という考え方が抬頭してきたことを意味するもので、反動政治と結びついた文教政策の一端を示すものであろう」と批判し（松島 一九五八）、文部省初等中等教育局で社会科を担当していた平田嘉三との間で論争となった（平田 一九五八）。戸沢は『考古学手帖』六号で、神話にもとづく歴史教育がなされていくことに対して「考古学界の宿命ともいえる「無関心」」を批判し、それをくり返さないためにも考古学が主体性を確立することこそが必要であると述べている（戸沢 一九五九）。

図 7-3 『新編　日本史』

それから約三〇年をへた一九八六年、高等学校の歴史教科書として検定中だった『新編日本史』の内容の一部が新聞報道によって明らかとなって、教科書としての是非が中国・

韓国をも巻き込んで議論となった（図7−3）。『新編　日本史』は日本を守る国民会議が編集したとはいえ、同団体による改憲運動とは別のものであるとされている（村尾　一九八七）。しかし、たとえば「日本の建国伝承」には、「このような日本の統一国家への動きは、中国の歴史書にみえる断片的な記事や、国内に散在する考古学的な遺蹟・遺物などからも、明らかにされつつある。しかし、それらとあわせて大切なてがかりになるのは、八世紀初頭に編纂された『古事記』『日本書紀』などにみえる伝承である」というように、神話を通じた歴史教育という意図がみられた。

　この年はまた、梅原猛が三代目市川猿之助が演じる歌舞伎のために書き下ろした戯曲『ヤマトタケル』が、スーパー歌舞伎として上演されてロングランを重ねるヒットとなった年でもあった。梅原自身が述べているように、この戯曲はヤマトタケルによって征服される熊襲や蝦夷などの先住民族の「滅びゆくものの悲劇」に梅原の歴史観を投影したフィクション（梅原　二〇〇三）である。しかし、侵略する側のヤマトタケルが正義の立役者として形象され、征服される側の熊襲や蝦夷、山神などが悪役然として演じられる演出（津上　一九八六）が皇国史観を髣髴とさせた。『考古学ジャーナル』誌上に寄せた「いま考古学の存立基盤は確かか？」（戸沢　一九八六c）は、こうした教科書や舞台芸術を通じて、知らず知らずのうちに神話にもとづく歴史が社会にふたたび受け入れられようとしているなかで、考古学者の「無関心」さに警鐘を鳴らすものだった。戸沢がくり返し指摘した考古学者の無関心は、「明治時代以来一世紀の間、学問の世界の周辺に起こったさまざまな現実の問題、たとえばアジア諸国への侵略戦争にさえ眼をつぶり、神話に代わる科学的原始・古代史探求の役目を自ら放棄するといった、無節操で無思想的であった日本考古学の体質」のことをさす（戸沢 一九七八）。

縄文文明？

さて、一九九〇年代になると群馬県みなかみ町の矢瀬遺跡、富山県小矢部市の桜町遺跡、鹿児島県霧島市の上野原遺跡など、それまでの縄文時代観に再考を促すような発掘調査がつづいた。なかでも「大きい」「長い」「多い」の三つのキーワードでとらえられた青森市の三内丸山遺跡の調査は、縄文ブームとよばれるような社会現象を引き起こした。縄文文化を「海洋的日本文明」と位置づけていた安田喜憲（安田 一九八七）は、三内丸山遺跡の発見を契機に「縄文文明」という概念を打ち立てた（梅原・安田 一九九五）。

縄文文明という概念については、世界の四大文明に参入させるために独自の「文明」の定義づけをおこなったという今村啓爾の批判がある（今村 一九九九）が、戸沢もまた『縄文人は生きている』（一九八五年）のなかで、すでに「八紘一宇」につながるような縄文時代観の転換に強く抵抗の意志を示していた。さらにこうした縄文ブームを受けて、考古学者が主体的に縄文時代観の転換や見直しに取り組む姿勢を示したのが『縄文人の時代』（一九九五年、増補版二〇〇二年）だった。

戸沢は、一九八〇年代半ばから各地の講演やマスコミへの寄稿において、考古学と歴史教育をテーマとすることが目立つようになる。[7] また大学での授業でもこの問題を取り上げていたことが講義資料からうかがえる（図7-4）。

もっとも戸沢は、この問題について充分に論じることなくこの世を去ってしまった。戸沢の蔵書のなかには、明治から昭和末までの歴史教科書や学習指導要領などがある。それらには長野県松本市をはじめとして各地の古書店のラベルが付されており、出張の折りなどに資料として収集していたことがうかがえる。晩年、「海戸塾」と名付けた筆者らとの学習会を通じて、考古学と歴史教科書の問題について論考を重ねていくつもりだったものと思われる。

平和への希求

考古学と歴史教育の問題とともに、このころから戸沢の講義や講演資料にしばしば取り上げられるようになるのが、人類史の年表に道具の変遷を当てはめたものである（図7-5）。狩猟採集の道具として石器を発明した人類が、やがて戦争の道具をつくり出し、年表の最後のわずかな部分で核兵器を持つまでに至る。この資料に込められた戸沢の思いは、『古代の知恵を発掘する』（一九八六年）内の、「道具をつくる心、使う心」にもっとも強くあらわれている。

「これからも私たち人類は、いろいろな道具や物を作り出していくだろう。しかしその使い方を誤ればたいへんなことになる。核爆弾が地球上で爆発したら、おびただしい人々が死に、

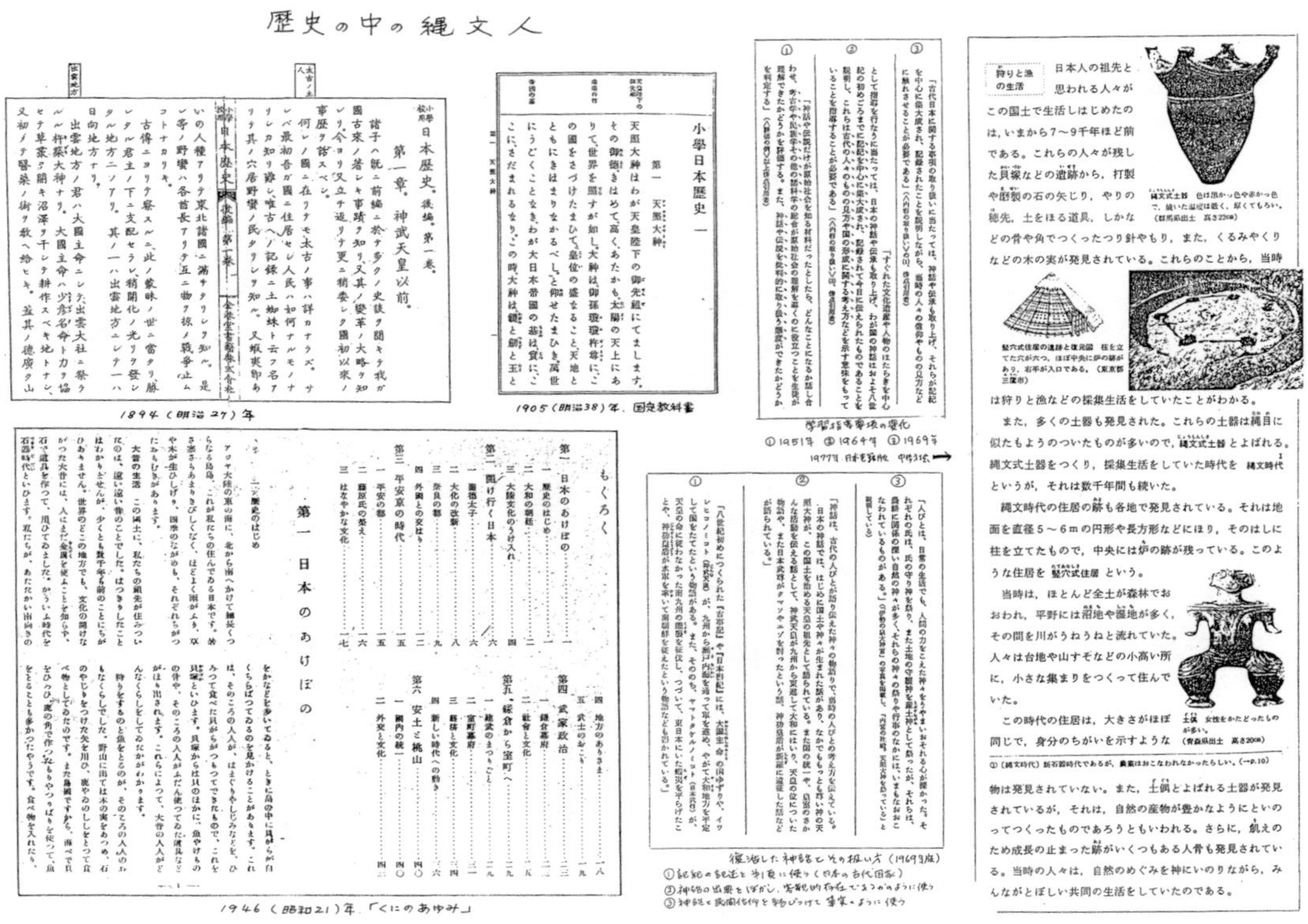

図7-4 戸沢の大学での講義資料「歴史の中の縄文人」

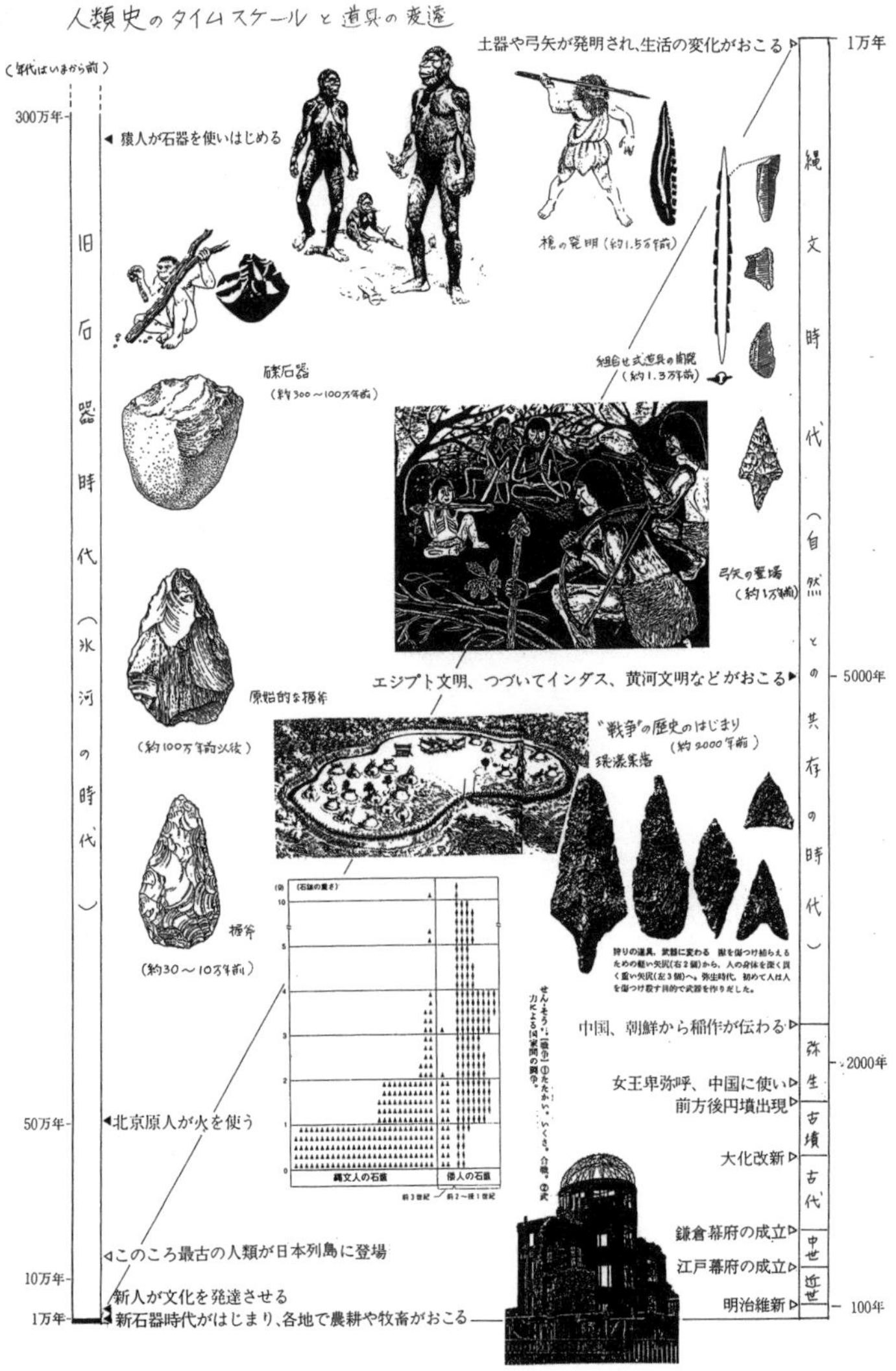

図 7-5　戸沢の大学での講義資料「人類史のタイムスケールと道具の変遷」

長い間、大地は不毛になると予想されている。そんなことにならないように、道具を作る心といっしょに、それを使う心を、私たちはつねに学ばなければいけない。

現代の私たちのまわりには、まちがった道具や機械、そして現代科学技術のまちがった使い方がいっぱいあるのではなかろうか。

道具をつくる心と、それを使う心が、いつも正しくかみ合っている時こそ、これからの人類の進歩が見通せる時なのだということを覚えてほしい。そして最後にもう一度願っておきたいことは、この原爆ドームを記憶に残しながら、いま最高の技術と文明におごる人類が、地球を滅ぼす主役にならないようにと」

『古代の知恵を発掘する』は、少年少女向けに企画された『日本人はどこからきたか』シリーズの一冊で、道具に込められた人類の知恵と歴史を解説したものである。そこで戸沢がつぎの時代を担う読者に語りかけたのは、考古学の知識ではなく、平和な世界を実現するための道具の使い方だった。[8]

また学界にあっては、一九八六年に日本考古学協会の会員有志を中心に結成された「反核考古学研究者の会」（代表江上波夫）の運動にも積極的にかかわっていく。同会は戦争のない社会を実現するべく、世界の考古学者・人類学者が手を携えていくことを目指したものだった。同会の「反核の宣言」作成にも戸沢の意見が強く反映していたものと思われる。

この運動は必ずしも学界全体の賛同が得られたわけではなく、会が目指したような世界中の考古学者・人類学者の連帯も実現しなかったが、中距離核戦力全廃条約調印（一九八七年）前の、いまだ東西両陣営での核戦争の危機がつづくなかでの考古学者の行動として注目される。国内にあっては中曽根康弘首相（当時）によって「新しい日本の主体性」[9]が求められ、神話による歴史が教育や文化のなかに垣間見られつつある状況で、考古学者が考古学という「存立基盤」をもう一度確認するということを、著作ではなく自身の行動によって示したものだった。

戸沢をこうした行動に突き動かした原点は、戸沢自身は後年、それをたんなる子ども心の好奇心だったと否定しているが、やはり教科書の墨塗り後に学校の裏山で土器を拾った時の、「電流に貫かれたよう」な感動だったにちがいない。[10]二度と戦争をくり返さないために、各地域の本当の歴史を考古学者が、その地域に暮らす人びととともに学んでいく必要があるという、考古学者としての信念が戸沢を駆り立てた。

遺跡にはやはり感動があったのだ。だからこそ、晩年の戸沢はこれをキーワードとしたシリーズ『遺跡を学ぶ』の監修にも最後の力をふりしぼって取り組んだ。本シリーズの「刊行にあたって」のなかには、戸沢が考古学者として生涯をかけて取り組んだ、考古学と社会とを結び付けるということへの思いが込められている。そしてそれは、平和な社会への希求だった。

考古学の存立基盤を確かなものとすることを追究してきた戸沢にショックな出来事が訪れる。二〇一一年の東日本大震災にともなう原子力発電所の事故だ。いまだ震災の影響や、原発事故への不安感が日本中を重くおおいつくしていたその年の夏、戸沢と交わした話も、「まちがった道具」「まちがった現代科学技術」としての原子力技術の危うさと、大津波による被害の可能性を考古学的な視点から喚起できなかったことへのもどかしさだった。

次代の考古学への提言などいまの自分には体力も気力もない、と断りながらも、筆者のたびかさなる依頼に筆をとってくれた「考古学変革の新しい契機」(戸沢 二〇一二)はこう結ばれている。

「考古学が過去の人類史に学び、将来にわたって人類全体が平和と安全のうちに共生することに貢献する学問であるべきという〝哲学〟の下にあろうとするならば、六〇余年前の敗戦時に匹敵する、いやそれ以上に人類史的視野での変革が求められよう。昨年の大震災は考古学変革の新しい契機ではないだろうか」

二〇一二年四月、戸沢は例年よりも遅れた満開の桜に見送られて世を去った。図らずもこれが最後の執筆原稿となった。あの震災から一〇年がたつ。社会のあり方が時代とともに変わりゆくならば、考古学の存立基盤を確かなものにするためには、私たちはつねに社会とのかかわりを保ちつづけなければならない。そして戸沢が五〇年以上にわたってこの問いをくり返してきたように、私たちもまたそのときどきの社会にあって、「日本考古学が存続する限り」[1]この問いをくり返していかなければならない。それこそが、私たちが戸沢から学んだ「市民と共にある考古学」だ。

［注］

［1］ この防空壕掘りで偶然地中から土器を拾うことになるのだが、「こんな物は野蛮人が捨てたもので、そんな物を拾っていると、日本は戦争に負けるぞ!!」と踏み潰されたという（戸沢 二〇〇七）。この時は、土器に対する興味はわかなかったらしい。この防空壕の跡地が、後に高校生になった戸沢が発掘調査した下り林遺跡だ。

［2］ 次官通牒。

［3］ 「TONちゃんの上京」（藤森栄一 一九七〇『考古学とともに―涙と笑いの奮戦記―』講談社）。原稿を書かせた理由を「東都遊学（筆者注：大学に進学）の価値判断がかかっていた」と藤森は書くが、もっとも戸沢自身は後年「先生のその言葉に含まれる、その頃の自分の気持ちの流れがはっきりとした記憶にない」という（戸沢 二〇〇三b）。

［4］ 戸沢は須和田遺跡問題をはじめ、当時の大学紛争に考古学研究室がどのように対処したかを克明に綴った「大学紛争と考古学研究室」という表題のノートを残している。ノートはつぎのような

一文で締めくくられている。「一致してその苦境をのりこえることが、われわれの考古学の未来への道を決めることになるものだと自覚している。一日も早く、事に対して対応するという状態から抜け出し、主体的に今後あるべきわれわれの学問、そして大学を創造するために、この休暇中を以前にもましたきびしい討論の期間として、われわれ自身の改革の方向を探り出していきたいと考えている。一九六九年七月二七日」

[5] 多摩湖は一九二七年（昭和二）に狭山丘陵に建造された人造湖で、正式名称は村山貯水池である。造成工事に先立つ一九一六年（大正五）に、東京市の依頼を受けて鳥居龍蔵が調査を実施している。一九七五年の調査は、工事によって貯水池の水が抜かれる機会を利用して湖底で実施された。

[6] 長野県出身で、戸沢とは高校こそ違うものの共に発掘調査をおこない、明治大学でも同期生だった。

[7] 講演のタイトルに、歴史教育という言葉が登場するようになるのは、一九八五年に市川博物館でおこなわれた「歴史教育と貝塚発掘」からである。

[8] 日本電機株式会社の社内誌である『コンセンサス』に連載したエッセイ「ツールのルーツ」（一九九六～九七年）の最終回で、日本のモノづくりの中核を担う読者に語りかけたのもまた、人類の未来にこそ技術や道具は使われるべきであるということだった。「ツールのルーツ」は、「道具のルーツ」と改題されて『道具と人類史』（新泉社 二〇一二）に所収。

[9] 自由民主党第五回軽井沢セミナー（一九八五年）。

[10] 二〇〇三年に、この時の電流が貫かれたような感動の正体について戸沢は、歴史の真実を認めたというよりは、土器を拾ったという少年の好奇心だったと述懐している。

[11] シリーズ『遺跡を学ぶ』「刊行にあたって」より。

［参考文献］

井尻正二　一九五三「私たちの文章はなぜむずかしくなるのか―新生代の研究・日高の地質の批判をかねて―」『地球科学』一〇号

市川猿之助　二〇一七「三代目猿之助の功績―スーパー歌舞伎―」『舞台芸術』二〇号

今村啓爾　一九九九『縄文の実像を求めて』吉川弘文館

梅原猛　二〇〇三『戯曲集　ヤマトタケル　小栗判官　オオクニヌシ』梅原猛著作集一九　小学館

梅原猛　二〇〇四「縄文時代の世界観」『縄文人の世界―日本人の原像を求めて―』角川学芸出版

梅原猛・安田喜憲編　一九九五『縄文文明の発見―驚異の三内丸山遺跡―』ＰＨＰ研究所

小熊英二　二〇〇二『〈民主〉と〈愛国〉―戦後日本のナショナリズムと公共性―』新曜社

十菱駿武　一九七二「「国民的考古学」運動の「復権」と継承のために（総括運動のために）」『歴史評論』二六七

杉原荘介・戸沢充則　一九七一「貝塚文化―縄文時代―」『市川市史』一巻　市川市役所

津上忠　一九八六「演劇性への過信の錯誤―スーパー歌舞伎「ヤマトタケル」を観て―」『文化評論』三〇二

戸沢充則　一九五三「第二編　先史原史時代」『川岸村誌』川岸村誌刊行会

戸沢充則　一九五五「「団体研究」ということ」『ミクロリス』一二号

戸沢充則　一九五九「〈時評〉松島・平田氏らの見解を知って」『考古学手帖』六号

戸沢充則　一九七三「原始・古代の岡谷」『岡谷市史』上巻　岡谷市役所

戸沢充則　一九七六「歴史における「地域研究」の意義（1）―とくに郷土史のあり方にふれて―」

『月刊多摩湖の記録』一
戸沢充則　一九七八「藤森考古学の現代的意義―通念に縛られた学問観の変革を求めて―」『季刊　地域と創造』五
戸沢充則　一九八三「歴史の中の縄文人像」『本』一九八三年一月号
戸沢充則　一九八四「縄文社会の展開」『日本歴史大系一　原始・古代』山川出版社
戸沢充則　一九八六a「市町村史編さんと考古学」『立川社会教育会館資料』四
戸沢充則　一九八六b「縄文人のとまどい」『赤旗』六月四日
戸沢充則　一九八六c「いま考古学の存立基盤は確かか？」『考古学ジャーナル』二六八号
戸沢充則　一九九五「解説　永遠の「かもしかみち」」『新装版　かもしかみち』学生社
戸沢充則　一九九七「技術の進歩と人類の未来」『コンセンサス』三月号
戸沢充則　二〇〇三a『考古学のこころ』新泉社
戸沢充則　二〇〇三b「わが考古学事始め」『市民と学ぶ考古学』明治大学考古学研究室編　白鳥舎
戸沢充則　二〇〇四「陸平が未来に残すもの―動く博物館構想の原点―」『ようこそ陸平へ』陸平をヨイショする会
戸沢充則　二〇〇七『語りかける縄文人』新泉社
戸沢充則　二〇一二「考古学変革の新しい契機」『考古学ジャーナル』六二三号
戸沢充則（監著）　一九八六『古代の知恵を発掘する』福武書店
戸沢充則（編著）　一九八五『縄文人は生きている―原始との対話―』有斐閣
戸沢充則（編著）　一九九五『縄文人の時代』（増補版二〇〇二）新泉社
中曽根康弘　一九八五「新しい日本の主体性」『月刊自由民主』九　自由民主党

中村哲也　二〇〇三「陸平貝塚―保存と活用をめぐる様々な試み―」『市民と学ぶ考古学』明治大学考古学研究室編　白鳥舎
中山淳子　一九五四「見学記」『月の輪教室』美備郷土文化の会　理論社
西尾幹二・新しい歴史教科書をつくる会編　『国民の歴史』産経新聞ニュースサービス
日本民主党教科書問題特別委員会編　一九五五『うれうべき教科書の問題　一～三』日本民主党
野尻湖発掘調査団（井尻正二監修）　一九七五『野尻湖の発掘』共立出版
平田嘉三　一九五八「松島さんに答える」『考古学手帖』五号
堀尾輝久　一九七八「第四章　経済成長と教育」『戦後日本教育史』大田堯編　岩波書店
松島透　一九五八「社会科における考古学的分野の取り扱い」『考古学手帖』四号
味村昌幸　二〇〇三「一言が生んだ多摩湖方式―小さな街の大きな発掘―」『市民と学ぶ考古学』明治大学考古学研究室編　白鳥舎
村尾次郎監修　一九八七『新編日本史のすべて―新しい日本史教科書の創造へ―』原書房
安田喜憲　一九八七『世界史のなかの縄文文化』雄山閣出版
安田喜憲　二〇〇〇「縄文文明こそ日本文明―多元的文明世界を守り少数民族国家のリーダーたれ―」『Voice』二七一　ＰＨＰ研究所

第8章　旧石器ねつ造問題と戸沢充則
——考古学を未来へつなぐ

勅使河原彰

1　「旧石器発掘ねつ造」の報道

二〇〇〇年一一月五日の夕方、私は、小松空港の待合室で何気なくテレビに目をやった。「旧石器発掘ねつ造」という衝撃的なテロップとともに、藤村新一がねつ造をおこなっていた画像が映し出されていた。

原稿の取材目的はあったとはいえ、気心の知れた友人と遺跡ばかりか、念願の白米千枚田（石川県輪島市白米町に所在）を見学しての帰りであった。旅では、新聞やテレビをなるべくみないことにしていたので、朝からのニュースはまったく知らなかった。そして、楽しかった能登の旅が、ニュース画面をみて一瞬に吹き飛んでしまったことを、いまでも鮮明に覚えている。

あれから二二年、この年に生まれた人が成人になることを考えれば、事件の記憶が薄れかけている人も多いと思うし、若い考古学徒のなかには、事件そのものを知らない人も増えているのではないかとも思う。

事件の発覚は、二〇〇〇年一一月五日の『毎日新聞』朝刊でのスクープ記事だった。一面に「旧石器発掘ねつ造」の見出しで、「上高森遺跡」（宮城県栗原郡築館町、現・栗原市）で調査団長の藤村新一が石器を埋め込み、遺跡をねつ造していた現場写真とともに、「魔がさした」との自白の記事。二面に「教科書、書き換えも」、三面に「未成熟な『旧石器』研究」、二五面に「早朝、たった一人で」藤村が石器の埋め込み作業をした足取りを一四枚の写真とともに詳細に解説し、二六面で「『神業の発掘』その陰で」、二七面で「崩れた太古のロマン」の見出しで、記者と藤村の一問一答が掲載されていた。

動かしえないビデオという証拠の前で、藤村は、自分のコレクションのなかから、「旧石器」と思われる石器を前もって埋め込んで、ねつ造工作をおこなっていたことを認めた。しかし、当初、上高森と北海道の総進不動坂の二つだけだと主張していたが、その後の日本考古学協会をはじめとする各種機関の検証調査によって、藤村が遺跡の踏査をはじめた一九七五年までさかのぼる可能性が高く、とりわけ一九八一年の座散乱木遺跡の第三次調査以降のすべての前期・中期旧石器時代の遺跡において、ねつ造工作をおこなっていたことが明らかとなった。

日本の旧石器時代研究は、一九四九年の岩宿遺跡（群馬県笠懸村、現・みどり市笠懸町に所在）

の発掘を契機として全国的な展開をみせ、世界の旧石器時代の時期区分である前期・中期・後期の三期区分のうち、後期旧石器時代については堅実で、かつ精緻な研究が積み重ねられてきた。一方、前期・中期旧石器時代の研究については、一九六〇年代はじめのころから芹沢長介が早水台遺跡（大分県日出町に所在）や星野遺跡（栃木市星野町に所在）などの資料をもとに「前期旧石器」時代の存在を主張してきたが、「石器」そのものの真偽だけでなく、それが出土する層序や出土状況などから、その存在を否定する意見が支配的であった。

ところが、一九八一年の藤村も参加した「石器文化談話会」による座散乱木遺跡の第三次の発掘調査によって、中期旧石器時代に相当する地層から誰もが人工品と認める石器が出土したことで、「前期旧石器存否論争は、ここに終結した」と喧伝され、中期旧石器時代の存在が「確証」されることになった。その後、中峰C遺跡（宮城県大和町に所在）、馬場壇A遺跡（宮城県大崎市に所在）、高森遺跡（宮城県栗原市に所在）などというように、「最古」の発見がくり返され、上高森では「一〇〇万年前に到達することも予想」されるまでになった。しかも、「石器」が原人段階の前期旧石器時代にさかのぼるだけでなく、「炉跡」や「墓」、「石器埋納遺構」など「人類史的発見」とともに、宮城県から東北各県、東京都、北海道、埼玉県と地域が拡大していった。

これら藤村がかかわった前期・中期旧石器時代とされた遺跡のすべてにねつ造工作がおこなわれていたことで、一九八一年の座散乱木遺跡の第三次の発掘調査以来、二〇年にわたって積み重ねられてきた日本の前期・中期旧石器時代の研究は、完全に白紙の状態に戻った。その結果、座散乱木遺跡や馬場壇A遺跡などでは、史跡の指定が解除され、各地の博物館・資料館の展示内容が変更されただけでなく、教科書の記述さえも訂正せざるをえないなどの大事件となった。

2　前・中期旧石器問題調査研究特別委員会準備会の設置

戸沢充則が事件を知ったのは、ある新聞社の記者からの取材の電話であった。『毎日新聞』の記事を読んでいなかった戸沢は、近くの西武拝島線・東大和市駅まで走って新聞を買い、その場で記事をむさぼり読んだという。一一月六日付『朝日新聞』朝刊の「心臓の血が凍る思い」との戸沢の談話こそ、記事を読んだ最初の気持ちであった。

旧石器時代研究の第一人者である戸沢のもとには、当然、取材が殺到したが、ゆっくり事件を考えたいとの思いから、その日の午後は、電話を留守電に切り替えて、書斎に閉じこもって自問した。戸沢は、「この問題は誰彼の犯行、スキャンダルといった次元の事件ではなく、日本考古学全体が信頼を問われるような、学問の本質にかかわる重大事だ。それは研究者全体の真摯な反省の上に立って、それぞれが主体的に真相の解明と、将来への展望につながる解決の方向を求めなければならないと気がついた。そしてこの問題の解決のために、自らを評論家・傍観者的立場においてはいけない。当事者の一人として責任をもつべきだ」とも。さらに、戸沢は、五〇年余の研究生活の最後の務めとして、その責任の一端を担うことも辞さないとの考えをめぐらせていた。

　じつをいうと、一一月七日に私は戸沢と二人で会っていた。その時、戸沢は、上記した自分の考えを話し、「どうだろうか」と意見を求めてきた。私は、当事者の一人として責任をもつことは大事だが、責任者となる必要などないと答えた。それは先ず第一に、三月に明治大学の学長を退いたばかりで、体調が思わしくないことを知っていたので、それを気遣ってのことであった。もう一つは、事件の性格から、それに一定の決着をつけるのは難しいし、もし一定の決着がつけられたとしても、学界の体質から考えて、なんだかんだといちゃもんをつけられるのが目に見えており、「火中の栗を拾うようなものだ」と考えたからである。

　しかし、戸沢の決心は固く、一一月九日の明治大学考古学研究室の会議で、ねつ造事件の対応を協議するとともに、一〇日には、日本考古学協会の会長である甘粕健とも、同副会長である小林三郎、同総務委員の矢島國雄が同席のもとで話し合いをおこなった。甘粕とは、古墳時代と石器時代と専攻はちがっていたが、一九五四年に文化財保護と研究体制の改善などを目的に青年考古学協議会を立ち上げて以来の朋友であったことから、戸沢は甘粕に忌憚のない意見を述べ、協会が必要であれば責任者の一端を担う用意があることを伝えた。

　一方、日本考古学協会は、事件の重大さを深刻に受け止めて、一一月一二日に緊急役員会を招集し、この問題への対応を協議した。その結果、この事件は個別研究分野、あるいは関係機関やその研究者だけの問題ではなく、事実の解明とともに、考古学の負わされている社会的責務を鑑みて、協会が中心となって全学会的に取り組むべき課題であるという共通認識のもとに、特別委員会（前・中期旧石器問題調査研究特別委員会。以下、特別委員会と略）を設置することを決めた。ただし、特別委員会は、総会での承認が必要なことから、当面の緊急な課題への対処と、特別委員会の具体的な活動などを検討するための準備会を組織することと、準備会委員として、稲田孝司、佐川正敏、白石浩之、鶴丸俊明、戸沢充則、萩原博文、馬場悠男、春成秀爾、町田洋、松藤和人、矢島國雄、山中一郎の一二名とすることを決めた。

第一回の前・中期旧石器問題調査研究特別委員会準備会（以下、準備会と略）は、一二月二〇日に開催された。委員長に戸沢を選出するとともに、「①「捏造工作」の発覚で疑惑のもたれている、前・中期旧石器時代諸遺跡の事実認定調査を支援し、これに協力し、学会として必要な助言を行うこと。②前・中期旧石器時代研究の現状の整理・総括し、課題と研究の論点を明らかにし、日本列島の人類文化の初源に関する集中的な研究の進展に必要な方法論の確立と、研究および調査体制の整備を進める。」ことを目的に発足した。

ところで、事件が発覚した当初、ねつ造工作がおこなわれたのは上高森と総進不動坂を含む最近の事例で、疑念をもちながらも、座散乱木遺跡まではさかのぼらないであろうというのが一般的な認識であって、それはねつ造という想定されなかった衝撃から、希望的な観測という側面をも強くもっていた。戸沢自身も、取材に「前期旧石器発見の先駆けとなった座散乱木遺跡（宮城県）の調査は、私も比較的早くから見てきたが、確かなものだと思う。今回のことで前期旧石器時代の存在と、それが数十万年前までさかのぼるという事実が消えるわけではない」（『朝日新聞』二〇〇〇年一一月六日）と語っていた。

ところが、一二月二三・二四日の「東北日本の旧石器文化を語る会」での前期・中期旧石器の観察と検討、埼玉県教育委員会による検証作業などがはじまると、藤村がかかわった前期・中期旧石器とされた石器に当該期の所産とは考えられないガジリ痕や褐鉄鉱の線状痕、加熱痕などが、それも座散乱木遺跡にさかのぼる遺跡の資料で観察されたり、それらの発掘のほとんどに藤村が直接関与していることなどが明らかとなって、ねつ造工作が座散乱木遺跡までさかのぼる可能性が否定できなくなってきた。また、戸沢が藤村との共同研究者に直接会って話を聞くなどすると、藤村がねつ造工作を平然とおこなっていて、その行為が共同研究者にもなかなか理解できないことがわかってきた。さらに、行政はといえば、埼玉県教育委員会のように二〇〇〇年一二月に「前期旧石器時代遺跡緊急調査事業検討委員会」を発足させて、全面的な検証作業を緊急にはじめた自治体もあれば、ねつ造はないとの認識のもとに検証・再調査をおこなう予定はないとする自治体など対応はまちまちで、とくに座散乱木遺跡を国史跡に指定した文化庁や馬場壇A遺跡を県史跡に指定した宮城県教育委員会の対応は、当初は非常に冷淡であった。

このような状況がわかるにつれて、戸沢は、ねつ造の白黒をはっきりつけるためには、何よりも考古学研究者の全国組織である日本考古学協会が主体となって、疑惑の遺跡・遺物の学際的な検証に取り組む必要があり、そのための特別委員会としなければならないことを、あらためて再認識した。それに加えて、ねつ造を告白した当事者である藤村と直接会って話を聞くとともに、その共同研究者を特別委員会の検証調査に全面的に協力させることも必要と考えた。

3 検証作業とその結果

特別委員会による検証作業

二〇〇一年五月の日本考古学協会総会で「前・中期旧石器問題調査研究特別委員会」が設置された。委員（総括部会）には、安蒜政雄、稲田孝司、小田静夫、小野昭、小畑弘己、菊池強一、菊池徹夫、小林達雄、佐川正敏、佐藤宏之、渋谷孝雄、白石浩之、辻秀人、鶴丸俊明、戸沢充則、荻原博文、馬場悠男、春成秀爾、町田洋、松藤和人、矢島國雄の二一名を委嘱するとともに、委員長に戸沢を互選し、副委員長に小林と春成を選任した。そのもとに、遺物検証・遺跡検証・検証技術開発・型式検証・研究方法論研究という五つの課題別の作業部会、総勢五五名を立ち上げたが、これらは戸沢の構想による。なお、各作業部会の構成は、以下のとおりである（確定した部会員）。

第一作業部会（遺物検証）　小野昭部会長、大沼克彦、菊池強一、久保弘幸、佐藤宏之、佐藤

良二、佐川正敏、竹岡俊樹、鶴丸俊明、春成秀爾、御堂島正、山田晃弘
第二作業部会（遺跡検証）白石浩之部会長、阿部祥人、稲田孝司、大竹憲昭、菊池強一、木村英明、小林達雄、佐川正敏、渋谷孝雄、諏訪間順、辻秀人、戸田哲也、藤原妃敏、山口卓也、山田晃弘、柳田俊雄
第三作業部会（検証技術開発）矢島國雄部会長、小野昭、中村由克、藤田尚、町田洋
第四作業部会（型式検証）松藤和人部会長、伊藤健、小畑弘己、角張淳一、砂田佳弘、竹花和晴、中川和哉、萩原博文、藤波啓容、藤野次史、麻柄一志
第五作業部会（研究方法論研究）安蒜政雄部会長、石橋孝夫、植田真、岡安光彦、織笠昭、坂井隆、佐々木和博、清水宗昭、勅使河原彰、平口哲夫

ところで、戸沢は、特別委員会の設置が決まった五月の総会時に「向後一ヵ年を目途に、一定の判断を示すことができるように努力する」と宣言した。ねつ造工作の疑惑が当初の予想を超えて拡大するという状況のなかで、一年でどれだけの検証が進むのか、戸沢自身、十分な見通しや自信があったわけではなかった。しかし、日本考古学に対する社会の厳しい批判と不信、混乱を前に、いたずらに回答を引き延ばすことは許されない状況にあった。一年という期限の設定は、この問題に対する考古学研究者としての戸沢の不退転の決意の表明とともに、全研究者の一日も早い解決をという希望を代弁したものであった。

特別委員会とそのもとでの検証作業は、作業部会員はもとより、関係する自治体、学会、大学

などの組織や個人の精力的な活動とあいまって、急ピッチで進められた。その結果、二〇〇二年五月に開催された日本考古学協会の総会で、『日本考古学協会前・中期旧石器問題研究特別委員会報告（Ⅱ）二〇〇一年度前・中期旧石器問題研究特別委員会活動報告（予稿集）』（以下、『予稿集』と略）と題して、一年間の活動を中間報告した。作業部会による検証作業やその到達点について、くわしくは『予稿集』を参照していただくとして、要点はつぎのとおりである。

第一作業部会の検証調査は、座散乱木遺跡や馬場壇A遺跡、上高森などの藤村が関与した重要な一〇遺跡の七四五点の石器を調べた結果、正常な出土状態ではありえない不自然な傷（ガジリ痕）がついた石器の割合が高いばかりか、石器の表面に黒色土がついていたもの、新旧の風化度をもつもの、褐鉄鉱の線状痕跡の付着したものが目立ち、それらが藤村コレクションの資料の属性とも一致することが判明した。その結果、ねつ造は控え目にみても、①一九七〇年代の半ばから長期にわたって、②系統的に、③広範囲におこなわれたとして、学問的な資料として用件を根本的に欠くとの結論に達した。

第二作業部会の検証調査は、一斗内松葉山や柚原3など藤村が関与した五遺跡での検証調査を実施した。一斗内松葉山と柚原3では、藤村が埋めた石器が再発掘されたが、ヘラのような工具で土層を半開きにして、そのなかに石器を挟み込み足で固めるという、ねつ造工作の決定的な証拠がみつかった。また、石器の出土状態は、石器の跡型が不明瞭で、明瞭なインプリントを有していないことも確認された。一方、上高森での三五～六〇万年前の「石器埋納遺構」や「建物跡」については、マンガンや酸化鉄によるまだらの変色、あるいは地震による液状化現象によるひび割れによる誤認とともに、「石器埋納遺構」とする底面には工作された痕跡があり、ねつ造と判断された。

第四作業部会の検証調査は、前・中期旧石器のヘラ状石器、斜軸尖頭器、小形両面石器の型式学的検討と縄文時代石器との比較・検討をおこなった結果、それらが東北地方の縄文時代の石器に類品をみいだすことが可能であるとの結論に達した。

第五作業部会の検証調査は、藤村の行動記録、報告書、発表記事、証言などの再現から、ねつ造が一九七五年以前から一九七二年以降の間にさかのぼり、後期旧石器時代や縄文時代の遺跡に端を発する長期にわたるものであることを跡づけた。そして、ねつ造が①石器の埋め込みが地層の断面から発掘調査区の平面、さらに穴を掘り込むというように手口が拡大したこと、②ねつ造の工作現場が宮城県内から東北各県、東京都、北海道、埼玉県と地域を拡大させていったこと、③最古につぐ最古という方向で、日本旧石器時代の起源をさかのぼらせていったプロセスを明らかにした。また、ねつ造が長期にわたってつづいたのは、遺跡の発掘調査体制と研究成果の公表のあり方に、一つの原因があることも明らかにした。

藤村との面談

戸沢は、ねつ造の全体像を明らかにするためには、藤村との面談が不可欠だと考え、その可能性をさぐった。ねつ造発覚後、病院に入っていた藤村との面談は、主治医や弁護士らとの調整を重ねた結果、二〇〇一年五月二三日に実現した。その後、五月三〇日、七月二五日、九月一三日、九月二六日の計五回おこなわれた。その面談の内容は、『予稿集』で戸沢が報告しているが、要点をまとめてみると、つぎのとおりである。

第一回の面談（五月二三日）は、一七時三〇分に主治医から病状の説明をうけた後、一八時から一時間ほどおこなわれた。初回ということで、昔の思い出話や身体の具合、病院での日常生活のことなど、藤村の話を中心に聞くことで、今後の面談のための雰囲気づくりにほとんどを費やしたという。帰り近くになって、はじめてねつ造問題に触れると、藤村は「日本考古学協会特別委員会会長殿」との一通の封書を手渡した。それには関係者へのお詫びの言葉とともに、最近二カ年間の発見や調査については再調査が必要だが、それ以前に関してはねつ造の記憶はないといった趣旨のことが書かれていた。

第二回目の面談（五月三〇日）は、一六時一五分から一時間ほどおこなわれた。前回よりも症状が悪化したのか、話はとりとめなく、何か人と話をしているような感じがしなかったと、戸沢はメモに残している。

第三回目の面談（七月二五日）は、一五時から休憩をはさみながら二時間半ほどおこなわれた。この日の面談の直前に、柚原3の検証発掘でねつ造の証拠が発見され、秩父での検証発掘でもねつ造が濃厚であるとの報道がつづいていた。戸沢から柚原3での検証結果が説明されると、藤村は、ノートに目をやりながら、柚原3の石器の全部と中島山との接合資料や秩父での石器の全部のねつ造を認めたが、座散乱木・馬場壇A・上高森などは、依然としてねつ造を認めなかった。しかし、極度の緊張のためか、戸沢の簡単な質問にも対応できない状態となったことから、主治医の助言もあって、その日の面談は打ち切られた。

なお、八月一六日付で主治医から、七月二五日の面談で藤村が伝えようとしたねつ造「遺跡」二十数カ所のリストが書かれたメモが、戸沢宛に届けられている。戸沢は、今後の面談のことも考えて、そのリストに信憑性があるかどうかを関係者に調べてもらうと、「遺跡」と調査年月日などの整合性がとれていて、かなり信憑性が高いということがわかったという。しかし、このリストには、座散乱木遺跡など事件解明のための「重要遺跡」が記載されていないことから、戸沢はメモの公表については、今後の面談結果を待つべきだと考えた。

第四回目の面談（九月一三日）は、一六時から一時間ほどおこなわれた。前回の面談での藤村の混乱を避けるために、あらかじめ文書で質問事項を藤村に示しておいてから、後日に面談で話を聞くほうがよいという主治医の勧告に従って、戸沢が質問事項を一〇項目にまとめて、それを直接手渡し、質問内容の趣旨を説明した。その帰り際、戸沢の日記には一七時と記されているが、一九八一年の座散乱木遺跡でのねつ造が告白された。

第五回目の面談（九月二六日）は、一七時から一時間ほどおこなわれた。ここで、旧石器発掘ねつ造の全体的・決定的な告白が、藤村が自分でつくったメモとともに語られた。その告白メモには、つぎに示す四二カ所の「遺跡」名が記されていたのである。

北海道：計四遺跡　総進不動坂、下美蔓西、天狗鼻、美葉牛

岩手県：計二遺跡　ひょうたん穴、沢崎

宮城県：計一四遺跡　座散乱木、馬場壇A、高森、上高森、中島山、高山館2、青葉山E、沢口、薬莱山No.三九、薬莱山No.四〇、安養寺2、大谷地（II）、前河原前、蟹沢II

山形県：計六遺跡　袖原3、袖原6、上ミ野A、山屋A、浦山、金沢山新堤2

福島県：計二遺跡　原セ笠張、一斗内松葉山

群馬県：計三遺跡　下川田入沢、赤見峠、中山峠

埼玉県：計一一遺跡　小鹿坂、長尾根、長尾根北、桧木入、十三仏、並木下、音楽堂裏、中葉山?、万願寺、寺尾I、寺尾II

この重大な告白をうけて、戸沢は、特別委員会を招集して、藤村との面談の経緯やその結果を報告し、その評価と今後の取り扱いを審議することを決めた。そして、その特別委員会（第三回総括部会）が開催される九月二九日の朝、『毎日新聞』が朝刊の一面トップで「ねつ造二十数遺跡も　東北旧石器研　前副理事長が告白」との見出しで、告白の内容の一部をスクープした。各紙が当日の夕刊と翌日の朝刊で、いわゆる後追い記事を掲載した。突然の報道で、ねつ造を告白された「遺跡」に関係する自治体や諸機関からは、当然のように、問い合わせや抗議が殺到した。

こうした事態をうけて、協会および特別委員会は、会長と委員長名で情報管理の不手際を詫び

るとともに、いまだ告白の真意を確認するにいたっていない情報なので、その取り扱いに慎重を期してほしい旨を断ったうえで、関係自治体と諸機関に藤村の告白メモを一〇月五日までに公示した。ところが、一〇月一一日に宮城県教育委員会は、協会の要請を無視して、この告白メモをマスコミに公開した。

こうした経緯もあって、藤村との面談は、第六回目を開く機会を逸した。その後、藤村の病状の悪化もあって、面談は、ついに再開されることはなかった。

共同研究者の説明責任

戸沢は、特別委員会の検証調査に藤村の共同研究者である鎌田俊昭、梶原洋、栗島義明らを参加させたり、検証発掘の現場を見学できる機会をつくった。それは藤村のねつ造工作がどこまでさかのぼるのかということと、ねつ造工作の実態を根本的に解明するには、共同研究者の協力は不可欠と考えていたからである。そして、当初は共同研究者も、藤村の「魔がさした」とか、「プレッシャーがかかっていた」という言葉を信じ、あるいは信じたいとの思いから、ねつ造は、ここ二、三年の藤村の精神不安による衝動的な行為と考えていた。ところが検証調査や検証発掘の現場を実見するだけでなく、藤村の告白が明らかにされるなかで、当初の認識は、まったくまちがっていたことに気づかされた。そこで、これも戸沢の要請によるが、共同研究者もあらためて自己検証をおこなった。その詳細は、『予稿集』を参照いただくとして、要点はつぎのとおりである。

藤村が旧石器遺跡の踏査をはじめた当初から共にしていた鎌田と梶原は、その当初である一九七四年四月までさかのぼって、彼ら自身の記録、藤村がまとめていた記録、それと『石器文化談話会会報』などをもとに、藤村の行動記録を整理・検証した。その結果、藤村の石器発見率は、遺跡を踏査しはじめた当初から驚異的な確率で、それは二〇〇〇年から数年さかのぼった年代ともまったく変わっていないことから、ねつ造は、藤村が無名で何のプレッシャーも感じていない初期の段階から用意周到に計画・実行されていたこと。それは時々の問題点を専門家の論文や勉強会での論議、さらに雑談からも敏感に汲みとり、それに呼応するようにつぎつぎとねつ造をくり返し、彼らが期待する前・中期旧石器の「発見」「遺構」「時代像」を工作した。しかも、ねつ造工作が公衆の面前であっても、わずかな死角があれば何のてらいもなく実行されていたということであった。そして、共同研究者として、藤村の不正な「発見」やその「成果」を十分な学問的検討もへずに、むしろ積極的に評価しただけでなく、藤村の神懸かり的な「発見」に追随して、それぞれの状況において都合のよい解釈をおこなってしまった結果、藤村のねつ造を長い間みすごしにしてきたばかりか、逆に増長させてしまった責任を認めた。

一方、栗島は、一九九九年五月の長尾根遺跡の発見を契機として、翌二〇〇〇年に本格的な調査が実施された埼玉県秩父市の一〇カ所の「遺跡」の検証をおこなった。秩父の場合には、ねつ造発覚の直前で、しかも調査が一年強という短期間であったので、栗島をはじめ調査を共にした調査員や調査補助員の記憶はいまだ鮮明であった。ねつ造発覚直後、栗島が調査にかかわった全調査員に聞き取りおこなったところ、藤村にねつ造と判断するに足る明確な不審行動、あるいは作為的な工作行為は確認できなかったという。じつは、私も二〇〇〇年八月九日に秩父の発掘調査現場を見学し、「遺構」を発掘中の藤村と直接話をしているが、そこで何の違和感や不審感などを抱かなかったことを覚えている。しかし、藤村の告白と長尾根南・長尾根北・小鹿坂の検証調査で、藤村の秩父でのねつ造は明白となった。そこで、栗島は、ねつ造工作がおこなわれたという前提で、あらためて藤村の行動や「石器」発見時、あるいは「遺構」発掘時の様子を検証した。その結果、単独行動から調査のすきを狙って、さらに衆人環視のなかですら石器の埋め込みをおこなっていたことがわかり、藤村は、宮城県で二〇年来にわたっておこなってきたねつ造の手口を駆使して、そのすべてを短期間に秩父で「実践」していたことになる。しかも、ねつ造前後の行動には一切のためらいや躊躇もなく、石器「発見」時にはきわめて自然な形で喜び、それを周囲の者にも臆面もなく伝えるという、とても常人には理解できない態度であったことを明らかにした。

旧石器ねつ造問題の総括

以上みてきたように、戸沢が「向後一ヵ年を目途に、一定の判断を示すことができるように努力する」と宣言したことは、藤村が「発見」あるいは関与した「遺跡」のうち、調査が終わった三〇カ所のすべてでねつ造工作がおこなわれ、今後、学術資料として扱うことはできないと結論づけられた。それは『予稿集』の巻頭で、会長の甘粕が「今回の特別委員会の報告は、中間報告とは言え、この一年間の集中的な検証作業を受けて、捏造の全体像を基本的に明らかにするものになった」と報告したように、その目的がおおむね達成された。

ただし、この『予稿集』が出された時点では、特別委員会による座散乱木遺跡の検証発掘が、まだ終了していなかった。その座散乱木遺跡の検証発掘は、二〇〇二年四月二六日に開始され、同年六月一四日に終了した。その結果、前・中期旧石器時代研究の先駆けとなり、「前期旧石器存否論争は、ここに終結した」と喧伝された座散乱木遺跡は、後期旧石器時代以降から古墳時代までの遺構・遺物は発見されたが、肝心の前・中期旧石器時代の遺跡であるとする根拠は、考古学的にも、地質学的にもまったく根拠をもたない、つまりねつ造されたものであると結論づけられた。

一方、特別委員会の検証部会による検証作業も、その後もつづけられ、『予稿集』での報告をさらに補強する形で、二〇〇三年五月に『前・中期旧石器問題の検証』全六二五頁が最終報告書として刊行された。

その最終報告書の総括で、副委員長の春成が「藤村新一が「発見」あるいは関与した「遺跡」約一八六ヵ所は、「前・中期旧石器」にかぎらず、後期旧石器・縄文にいたるまで彼による捏造であり、学術資料としては無効である」と結論づけた。それをうけて、日本考古学協会は、協会が刊行した報告・論文・記事のうち、ねつ造に直接かかわる四〇の資料を「旧石器時代研究資料としてこれらの事実や資料を利用してはならない」とし、ねつ造には直接かかわらないが、八九の資料について「今日では誤りであるものや不適当と思われる記述がありますので、注意されるよう願います」と会告した（資料名は、『前・中期旧石器問題の検証』を参照）。

4　戸沢がはたした役割

事件の発覚直後、今回の事態を招いた背景には、学派的な対立があるといった論調が紙・誌上にみられた。そして、一つの学派を代表する戸沢が特別委員会の委員長になることには、一部で疑念や反発があったのも事実である。そのことは、戸沢も十分にわかっていて、準備委員会の委員長に選任されるに際しては、自分が委員長として適任かどうか、率直に意見交換するように求めて、席を外していたことからもわかる。

戸沢は、委員長に就任するや、その疑念を払拭するのに言葉でなく、行動で示した。長くなるが、戸沢が筆者に残した日々の活動メモから主な行動をピックアップしてみたい。

二〇〇〇年一一月五日：午前中、旧石器ねつ造事件がおこったことを知る。九日：明大考古学研究室会議、ねつ造事件の対応を話し合う。一〇日：甘粕会長と話す。小林三郎・矢島國雄氏同席。明大公開講座冒頭で、ねつ造問題の見解を話す。一七日：旧石器問題について打ち合わせ。A・B・C・D・E・F参加。一九日：協会特別委構想文案作る。

一二月二〇日：一四時〜一八時　前・中期旧石器問題調査研究特別委員会準備会（以下、特別委準備会と略）①。委員長に選任。準備会の基本的な性格・役割など討議・確認。

二〇〇一年一月二一日：歴博主催、前期旧石器問題を考えるシンポに参加。二七日：J・Q氏と逢う。勅使河原氏同席。二八日：特別委準備会②。

二月一四日：協会・シンポの実施案などを作る。二五日：特別委準備会③、時間をまちがえて遅刻。

三月六日：矢島氏と特別委の件で打ち合わせ。一二日：トンボ帰りの航空便で、賀川氏葬儀に出る。一四日：一二時　仙台着、G・H・I・B氏と打ち合わせ。一四時　藤村資料（コレクション）等封印。一六時　東北歴史資料館訪問、関係者らと打ち合わせ。二三日：一五時　特別委準備会④、準備会に先立ち毎日新聞社で捏造ビデオを見る。二九日：大宮発尾花沢、柚原3遺跡調査検討委員会。一四時　会議、委員長に推される。一五時　記者会見。一八時　調査団・市関係者と懇談会。

四月一四日：八時　家を出て仙台へ。一三時　特別委準備会⑤および三学会合同旧石器検討会。一五日：九時　旧石器検討会、要検証資料続出。一五時　合同記者会見。

五月一日：協会公開討論会レジュメ原稿。七日：一斗内松葉山で、石器発見の報告入る。きわめて不自然で、埋込の痕跡も見える。安達町に連絡（明日、現地を見たいと）。八日：一一時三〇分 大宮発。一三時三〇分 一斗内松葉山の現場を見る。マスコミ対応。その後、役場に寄り、教育長と話し、説明を聞き、石器も見る。一七日：研究室スタッフらとで捏造問題について打合せ。一九日：協会総会、前・中期旧石器問題調査研究特別委員会（以下、特別委と略）の設置が決まる。一三時 記者会見に同席、方針を話す。二〇日：特別委主催、公開討論会『旧石器発掘ねつ造問題』をいかに解決するか」、冒頭で基本方針を話す。二二日：二三・二四日の件について、H・J氏に連絡。B氏に藤村氏と逢う件を内報。二三日：九時 家発。一二時四五分 仙台着。弁護士の法律事務所。一七時三〇分 病院で主治医から病状の説明を受ける。一八時 藤村氏と話す。彼、調査に協力と語る。「……と話した」の印象。二四日：八時 G・I・H氏ホテルに来る。昨日の報告と三〇日の予定について話し合う。一九時 B特別委委員と逢い、報告と相談。三〇日：一一時 上野発、B・K氏同行。一五時 原ノ町で仙台勢と合流・打合せ。一六時一五分 藤村氏と逢う。戸沢・B・K・G・I・H・J・弁護士。「……と話す」の感をさらに深める。三一日：一〇時三〇分 主治医にTEL、藤村氏の様子を聞く。

六月一日：九時 大宮発山形へ。一三時 袖原3遺跡調査検討委現地視察、打ち合わせ。鎌田・梶原氏に発見時の説明を受ける。二～三層を中心に広域・面的発掘の方針確認。二日：

一二時三〇分 山形発。一六時 考古学研究室五〇周年、閉会の辞で旧石器問題解決の決意を述べる。三日 一二時すぎ、L氏へTEL、藤村との会談報告、なおしばらく内密行動の理解をうる。一〇日：特別委総括部会①開催、委員長になる。一九日：二一時 H氏と打合せ。藤村氏面談内容六氏に、まとめと方針を送付。二五日：一九時 国学院大小林研究室で特別委三役会。二九日：九時 大宮→尾花沢。一三時 袖原3遺跡調査検討委。三〇日：一三時 特別委総括部会委員、袖原3現場視察。一六時 宿舎で石器検討、疑惑石器が多いと再確認。

七月一日：九時 特別委総括部会②。一二時 記者会見。一三時 G・H・B氏と藤村氏対応について打合せ。九日：九時〇二分 大宮発尾花沢。一三時 柚原3現地で緊急検討委。一四時 三点の資料捏造と断定。一五時 記者会見。一三日：一〇時 所沢発、秩父へ。一一時三〇分 小鹿坂・長尾根の検証発掘視察。一七日：一五時 J・G氏に二五日の面談に関する文書送る。二四日：一三時 袖原3遺跡、終了視察。一四時 袖原3遺跡調査検討委、旧石器遺跡として評価せずの結論を決議。一七時 記者会見。二五日：一五時～一七時四〇分まで、藤村氏と面談。G・J・B・I氏同席。①袖原3の埋め込みと接合資料の捏造を認める、②中島山の一部、埋め込みを認める、③秩父ほぼ全面の埋め込みを認める、④上森・座散乱木・馬場壇など認めず。二七日：一七時 特別委部会長会。

八月七日：面談概要（記録）の件でG氏と連絡。各氏に発送。九日：一三時 佐竹中原遺跡現場視察。一一日：藤村氏、九九年と〇〇年について上申書を病院長に提出、G氏経由で戸沢に転送。
　九月一日：九時　羽田発、一一時三〇分　旭川着。一三時　総進不動坂遺跡発掘視察。一五時　対策委員会にオブザーバー出席、リスト（藤村メモ）に三遺跡捏造告白のあることを極秘情報として伝える。一二日：一六時　特別委第五作業部会に顔を出す。一七時　特別委拡大部会長会、藤村氏との対応経過の概略を報告し、㊙とする。一〇／七の大会に何らかの報告の必要性を確認し、九／二九の委員会に原案を示すことにする。一三日：一六時　G・J氏とともに藤村氏と第四回面談。一七時　座散乱木について衝撃的な告白を受ける。二六日：一七時　藤村氏と第五回面談、一〇項目の質問書について全項目、メモを読みあげる。G・J同席。二〇時　ホテルに、G・H・B・M・N・O氏集まる。面談内容の詳細報告（メモの存在）と事後の対応を協議。二九日：毎日新聞のスクープ記事を受けて、一一時四〇分協会事務局で緊急記者会見。一三時　特別委総括部会③。一四時　臨時特別委員会開催。
　一〇月一日：一三時三〇分　矢島氏を同行して、埼玉県庁に経過と告白内容を報告。五日：九時〇二分　大宮発仙台。一一時　宮城県庁に経過と告白内容を報告。報道陣多数。一八時　J・I・O・H・G・B氏と今後のことについて打ち合わせ。六日：九時四〇分　盛岡に向う。一〇時三〇分　特別委全体会議①に参加。一三時　報告内容、上高森発掘、部会活動の方向性などの大筋を決める。七日：一六時　特別委員会報告会、検証活動の中間報告、藤村面談の経過、今後の方針など報告。一八時　記者会見。一〇日：九時〇二分大宮発、一三時尾花沢市長・教育長らに経過と告白内容を報告。一三日：八時 車で新潟へ。一四時 新文協大会で「日本考古学の存立基盤を考える」と題して講演。捏造問題にもふれる。一七日：一〇時 特別委検証作業部会長会議に出席。

一一月七日：一〇時三〇分 大宮発、一二時三四分 くりこま着。一三時三〇分 上高森現場視察、佐川団長の説明を受ける。一四時三〇分 座散乱木、馬場壇巡検。八日：七時 車で上高森へ。一〇時 上高森は検証発掘指導助言委にオブザーバー参加。一四時 特別委総括部会メンバー現場説明を受ける。一八時 特別委総括部会④、当面の活動方針決める。

一二月二日：一一時 特別委部会長・協会三役ら打合せ。一四日：一八時 国学院大で特別委総括部会長会議。二五日：一四時 特別委総括部会⑤、座散乱木方針、総会への対策。

二〇〇二年一月六日：九時一八分 大宮発仙台。一二時三〇分 宮城県考古学会三役と会談。一三時三〇分 県学会特別委に出席。一五日：八時三〇分 特別委第一作業部会の小野会長より詳細な報告を聞く。二三日：一七時三〇分 明大考博会議室で小林（達）、春成、矢島氏と委員長会議。二六日：一五時 諏訪・湖泉荘の長野県旧石器文化交流会に出る。

二月一四日：一四時 特別委第五作業部会に参加。二三日：一〇時三〇分 都立大で第四紀学会シンポジウムに出る。

三月二日：一四時三〇分 大宮発仙台。一七時 ホテルでP・G・J氏と藤村氏の現状、今後について意見交換。九日：特別委検証作業部会長会議（拡大）。二四日：一四時 特別委総括部会⑥。三一日：明大退職。
四月八日：一六時三〇分　国学院大小林研究室で会議。一八日：一三時三〇分　座散乱木遺跡出土石器の検証中間報告会（岩出山町）。委員長報告。一九日：一三時三〇分　座散乱木遺跡第一回調査団会議。二〇日：座散乱木調査会第一回指導委。委員長に就任。二五日：一六時　車で座散乱木へ。一八時　宿舎三階旅館でH・G・B氏と①座散乱木発掘初日のこと、②予稿集のことなどを打ち合わせ。二六日：九時　座散乱木遺跡検証発掘初日、現場であいさつ。一〇時　記者会見。一六時　J・N・Q氏と打ち合わせ。
五月一〇日：一〇時三〇分　鎌田・梶原・栗島の三氏からレポートの説明を受ける。一三時　共同記者会見（国学院大）。藤村ねつ造行為説明会で趣旨説明。一八日：一五時　宮城県考古学会研究発表を聞く。一九日：九時三〇分　座散乱木遺跡検証発掘視察。一一時　調査委員会、中間報告了承。一三時　協会委・特別委合同会議。一五時　記者会見。二四日：一三時特別委全体会議②。総括案、基本的に承認。予稿集完成。二五日：毎日、読売、共同、NHK総括案を報道。二六日：一一時　特別委総括部会⑦、総括文書一部修正の上、合意。一三時　都立大講堂で特別委報告。一八時　記者会見。
六月八日：一四時　座散乱木遺跡検証発掘最終日の現場に行く。一八時　特別委検証作業部会長会議。特別委員会委員長の辞意を表明、同意を得る。甘粕会長宛辞表を提出。九日：一一時　座散乱木遺跡発掘調査委員会、座散乱木上層部の一部を除いて、全面ねつ造という調査団の報告を承認。一三時　記者会見。一四時　現地説明会。二四日：甘粕会長より、特別委員長の辞表受理の連絡あり。三〇日：一四時　特別委総括部会⑧に出席。委員長を正式退任。

このように、戸沢は、旧石器ねつ造問題の解決のために、みずから牽引役となって行動した。そして、戸沢は、宮城県など現地を訪れた際には、地元の研究者や関係者とできるだけ機会をつくって、意見や情報の交換をおこなうことに努めた。上記のメモからのピックアップには、夜の酒を交えるなどしての懇談は、一切割愛したが、じつに多くの方と胸襟を開いて話し合いもしている。また、電話やＦＡＸ、手紙によるやり取りも割愛したが、これも尋常な数ではなかった。こうした戸沢の真摯な姿勢は、少なくとも検証作業にかかわった研究者・関係者の信頼を勝ちえて、問題の早期解決に導いた。

藤村との面談については、戸沢の「独断専行」との批判がある。確かに特別委員会に事前の相談もしないで、藤村との面談を断行したことは事実であるので、その批判も一理あることは、戸沢自身も重々承知をしていた。しかし、藤村が精神にかかわる病で入院しており、その藤村と面談するには、本人はもとより、主治医や弁護士との信頼関係の構築は不可欠なことから、戸沢は個人の責任として実行したのである。ただし、これは戸沢が一切公言しなかったことであるが、藤村との面談の前には、必ず地元の研究者と打ち合わせをし、面談も複数でおこない、面談後にも地元の研究者と話し合いをして、次回の面談に備えている。

また、第五回目の面談で、旧石器ねつ造の全体的・決定的となる四二カ所の「遺跡」名が記された藤村の告白メモについては、一〇月一一日に宮城県教育委員会が協会などの要請を無視して、マスコミに公開したことは前述した。その公開された告白メモは、一部が伏字とされていた。それは藤村のプライバシーにかかわる箇所について、その保護のために黒塗りにしたもので、当然、情報公開の基本に照らしておこなったものである。ところが、黒塗り箇所には、ねつ造の共犯者の名前など不都合なことが書かれているので、それを戸沢が隠したのではないかと邪推したり、ひどいのになると、戸沢が文書を改ざんしたとの批判もあった。後に、この伏字の箇所には、藤村の病名が判明してしまうような個人のプライバシーにかかわる内容が書かれていることが明らかになるが、それでも戸沢は、一言の言い訳もすることなく、毅然と対応した。

一方、検証作業を進めている最中に、藤村と面談し、ねつ造の告白をメモとともに明らかにしたことについて、検証作業の障害になったとの批判があった。しかし、告白を引き出すことと、学問的な検証作業とは、もともと別次元の問題で、たとえば刑事訴訟では、自白だけでは罪が問えないで、必ず補強証拠が必要であることと同じである。つまりねつ造事件の全面的な解決のためには、面談と検証の両方の作業が不可欠であったということである。とりわけ、当初から検証作業には冷淡で、非協力的であった文化庁と宮城県教育委員会をして、国指定史跡である座散乱木遺跡と県指定史跡である馬場壇A遺跡の早期の検証発掘を決断させたのは、藤村のねつ造の告白があったことを忘れてはならない。

戸沢は、特別委員会の検証作業に藤村の共同研究者を参加させたり、検証発掘の現場を見学できる機会をつくっただけでなく、共同研究者にもあらためて自己検証をおこなわせ、その検証結果を『予稿集』で報告したことは前述した。そして、共同研究者である鎌田・梶原・栗島は、二〇〇二年五月一〇日に多数の報道機関や学会関係者の前で自己検証結果を、あたらめて自己批判をこめた謝罪とともに説明した。この説明会の冒頭で、特別委員会委員長の立場で戸沢は、①今日のこの席にいる三人は、事件発覚以来、協会および関係諸機関がおこなった検証調査に積極的な協力者であったこと、②発表するレポートも、真摯にみずからを反省し、みずからを検証するためにつくられたもので、検証調査全体をとおして貴重なものと考えられること、③説明会は、基本的に三人の意見を尊重し、特別委員会もかねてからその必要性を認識していたので、この会の設定に協力したものである、との趣旨説明をおこなった。これについては、『毎日新聞』の記者が「藤村氏の共同研究者として、この一年半の間批判の矢面に立たされた三人の立場に配慮し、名誉回復の機会を与えたとも取れる発言だった」との批判がある。また、説明会そのものを、鎌田や梶原を「被害者の立場から再検証した結果を報告することで、この問題に終止符をうつとともに、戸沢の計らいにより名誉回復をはたそうとしたものであった」との批判がある。しかし、大事なことは、共同研究者の自己検証結果がねつ造問題の解決に重要な役割をはたしたかどうかであって、これについては批判者も含めて異論の余地はない。

5　考古学を未来へつなぐ

戸沢がつねづね言っていたことは、私の務めは、ねつ造問題の全面的で、かつ早期の解決を図ることであって、誰彼が事件を起こしたかといったような、いわゆる犯人探しは目的ではない。このことは、特別委員会で戸沢の最も身近にいて、献身的に補佐していた矢島國雄も「問題の正確な内容を確実に検証し、捏造の白黒をつけることを最大目的としながらも、いわゆる犯人探しがその主題でないというのが戸沢先生の考えで、関係者たちの面談等を通じても、先生はこの姿勢を守り続けた」と述懐している。この姿勢は、ねつ造を告白した藤村メモの内容の一部がリークされ、それが二〇〇一年九月二九日の『毎日新聞』のスクープ記事になり、特別委員会の総括報告の原案がリークされて、それが二〇〇二年五月二六日の『毎日新聞』の一面の記事になった時なども、戸沢は、すべては委員長の情報管理の不手際にあったとして、前者では関係自治体のもとを直接に訪れて自己の責任と詫びたが、情報がリークされたと言い訳をしたり、その犯人探しなどはけっしておこなわなかった。

戸沢は、二〇〇一年五月の日本考古学協会の総会で「向後一ヵ年を目途に、一定の判断を示すことができるように努力する」と宣言した、その一年後の二〇〇二年五月の総会では、『予稿集』

という形で旧石器ねつ造問題の実態とその真相の究明をほぼはたすことができた。そして、前期・中期旧石器研究の先駆けとなり、そのもっとも重要とされた座散乱木遺跡の検証発掘では、五月末ごろまでに前期旧石器については、すべてがねつ造されていたことが結論づけられた。さらに日本列島の前期・中期旧石器研究を含めた旧石器研究の新たな出発点として、日本旧石器学会の設立の準備が若手の研究者を中心に進められていた。

こうしたなかで、戸沢は、二〇〇一年六月八日の座散乱木遺跡検証発掘の最終日、現地で開かれた特別委検証作業部会長会議で委員長の辞意を表明し、六月三〇日の特別委総括部会で正式に委員長を辞任するとともに、協会の会員も辞めた。辞任の理由は、体調を崩したということである。もともと委員長を引き受けた時から体調が優れず、学長から引きつづいての委員長という激務から、体調が悪化していたことは確かである。それにしても、突然の辞任をけげんに思った関係者も多かったのではないかと思う。

戸沢は、ねつ造問題についてのしっかりとした道筋をつけたうえで、後を後任の小林達雄委員長をはじめとする特別委員会に託したのである。そこには、委員長の辞任という形で批判をすべて引き受けて、成果を特別委員会の参加者に帰属させようとの考えがあった。それは「考古学を未来へつなぐ」という、戸沢なりの信念にもとづいた解決の仕方であったといえる。

戸沢は、大学の研究室や自宅の書斎に閉じこもって研究するよりも、それぞれの問題や課題に応じて、外を走りまわって研究活動をする、あるいはせざるをえない研究者であった。とくに遺跡の保存など緊急的な問題に直面すると、自分の研究を後まわしにしてでも、その解決に先頭に立って奔走したが、とりわけ四〇歳代という研究者としてもっとも脂ののりきった時期は、一九七〇年代後半という開発の嵐で文化財や自然の破壊が深刻になった時期と重なっていた。活動の開始年からいうと、一九七六年の東京都東大和市の多摩湖遺跡群の総合調査、七七年の東京都東久留米市の新山遺跡や長野県諏訪郡原村の阿久遺跡、七八年の東久留米市の下里本邑遺跡、七九年の長野県佐久郡南牧村の矢出川遺跡群、一九八〇年の東京都と埼玉県境の狭山丘陵の自然と遺跡群、八四年の長野県小県郡長和町の鷹山遺跡群、八七年の茨城県稲敷郡美浦村の陸平貝塚や長野県東筑摩郡明科町の北村遺跡というように、まさに東奔西走していた。

そこでは、研究者の立場を押しつけるのではなく、地域住民や自治体職員と三位一体となり、時には開発事業者とも胸襟を開いて、問題の解決をはかった。新山遺跡や下里本邑遺跡は都史跡、矢出川遺跡や阿久遺跡、鷹山遺跡、陸平貝塚は国史跡の指定、狭山丘陵では八五ヘクタールを「緑の森博物館」という野外博物館の開設を実現させたが、これなども遺跡の保護・活用をとおして、「考古学を未来へつなぐ」という戸沢の理念が結実したものであったといえる。

一方、晩年は、病を押して、シリーズ「遺跡を学ぶ」の発刊と定期刊行に傾注した。「遺跡には感動がある」が、このシリーズのキーワードである。戸沢は言う、「専門の研究者にとっては遺跡の発掘こそ考古学の基礎をなす基本的な手段です。また、はじめて考古学を学ぶ若い学生や一般の人びとにとって「遺跡は教室」です」と。戸沢は、旧石器ねつ造問題で深く傷ついた日本考古学の信頼を回復し、ふたたび魅力あるものにするためには、発掘の原点から考古学の本質を問い続ける必要があって、その試みとして「遺跡を学ぶ」を企画したのである。それは遺跡こそが、「考古学を未来へつなぐ」懸け橋となると考えたからである。二〇一一年一一月二八日、戸沢は、シリーズ「遺跡を学ぶ」の監修者として、第六五回毎日出版文化賞を受賞した。その授賞式に、戸沢は病室にあって出席できなかった。その五カ月後に、鬼籍に入った。

シリーズ「遺跡を学ぶ」は、二〇二二年九月末現在、一五八巻を刊行している。「遺跡には感動がある」し、「遺跡は教室」だという、考古学の原点を忘れないかぎり、「考古学を未来へつなぐ」ことはできるという戸沢の意志を、これからも引き継いでいきたいと考えている。

図出典・写真提供

カバー　曽利遺跡出土の抽象文装飾土器：井戸尻考古館／曽根遺跡出土の石鏃：諏訪市博物館

図1－1　藤森栄一・戸沢充則　一九六二「茶臼山石器文化」『考古学集刊』四冊／図1－2　戸沢充則　一九六八「埼玉県砂川遺跡の石器文化」『考古学集刊』四巻一号／図1－3　戸沢充則　一九七九「先土器時代論」『日本考古学を学ぶ』3　有斐閣、戸沢充則　一九六八「埼玉県砂川遺跡の石器文化」『考古学集刊』四巻一号／図1－4・5　戸沢充則　一九七〇「狩猟・漁撈生活の繁栄と衰退」『古代の日本』7　角川書店／図1－6　明治大学考古学研究室　一九八二『報告・野辺山シンポジウム　一九八一』／図1－7　長門町教育委員会・鷹山遺跡群調査団　一九八九『長野県小県郡長門町　鷹山遺跡群Ⅰ』／図2－2　戸沢充則　一九七八「押型文土器群編年素描」『中部高地の考古学』長野県考古学会／図2－3　杉原荘介・戸沢充則　一九七一「貝塚文化―縄文時代―」『市川市史』一巻　市川市役所／図2－4　水野正好　一九六九「縄文時代集落復元への基礎的操作」『古代文化』二一巻三号／図2－5　戸沢充則　一九九〇『縄文時代史研究序説』名著出版／図3－1　諏訪市博物館／図3－2　武藤雄六・小林公明ほか　一九七八『曾利』富士見町教育委員会／図3－3　安田喜憲　一九八〇『環境考古学事始―日本列島二万年―』日本放送出版協会／図3－4　戸沢充則　一九八四「日本列島の形成と人類の登場」『日本歴史大系』1　山川出版社／図5－1・2　諏訪市博物館／図6－3・4　東久留米市郷土資料室／図6－6・7　美浦村教育委員会／図6－8・9　黒耀石体験ミュージアム

上記以外は筆者作成・所蔵など

戸沢充則（とざわ・みつのり）

一九三二年、長野県岡谷市に生まれる。一九四五年秋、旧制中学校一年生の時に、学校の裏山で縄文土器片を拾い歴史の真実に触れた感動から考古学の道を歩む。高校生時代には、藤森栄一氏が主宰する「諏訪考古学研究所」に参加。その後、明治大学文学部考古学専攻に進学。以後、明大で先土器時代・縄文時代の研究と学生の指導をつづけ、明大考古学博物館長、文学部長、学長を歴任。二〇〇〇年三月に退職。明治大学名誉教授。その一方で、「市民の考古学」をモットーに各地で市民参加の発掘調査、考古地域史研究を実践する。二〇〇〇年一二月より二〇〇二年六月にかけて、日本考古学協会の「前・中期旧石器問題調査研究特別委員会」委員長として旧石器発掘ねつ造事件の検証調査にあたる。二〇一二年四月九日、逝去。

執筆者一覧（掲載順）

大竹憲昭（おおたけ・のりあき）
（一財）長野県埋蔵文化財センター職員／著作◎「黒曜石は輝ける最古の信州ブランド」『信州を学ぶ―視野を育てる編―』笹本正治編　信濃毎日新聞社　二〇一八年、『長野県竹佐中原遺跡における旧石器時代の石器文化』長野県埋蔵文化財センター　二〇〇五年ほか

三上徹也（みかみ・てつや）
大昔調査会副理事長／著作◎『縄文土偶ガイドブック』新泉社　二〇一四年、『人猿同祖ナリ・坪井正五郎の真実』六一書房　二〇一五年、『諏訪湖底の狩人たち　曽根遺跡』シリーズ「遺跡を学ぶ」一一〇　新泉社　二〇一六年ほか

山科哲（やましな・あきら）
茅野市尖石縄文考古館学芸員／著作◎「霧ヶ峰黒曜石原産地における黒曜石採掘と流通」『移動と流通の縄文社会史』阿部芳郎編　雄山閣　二〇一〇年ほか

中島透（なかじま・とおる）
諏訪考古学研究会会員／著作◎「「極秘諸国城図」所収の高島城図について」『松江歴史館研究紀要』九号　二〇二一年ほか

藤森英二（ふじもり・えいじ）
北相木村教育委員会教育係長・学芸員／著作◎『信州の縄文早期の世界　栃原岩陰遺跡』シリーズ「遺跡を学ぶ」七八　新泉社　二〇一一年、『信州の縄文時代が実はすごかったという本』信濃毎日新聞社　二〇一七年ほか

井口直司（いぐち・なおし）
東久留米市郷土資料室特任学芸員／著作◎『縄文土器ガイドブック』新泉社　二〇一二年、『縄文土器・土偶』角川ソフィア文庫　二〇一八年ほか

追川吉生（おいかわ・よしお）
東京大学埋蔵文化財調査室助手／著作◎『江戸のミクロコスモス　加賀藩江戸屋敷』シリーズ「遺跡を学ぶ」一一　新泉社　二〇〇四年、『江戸のなりたち1　江戸城・大名屋敷』『江戸のなりたち2　武家屋敷・町屋』『江戸のなりたち3　江戸のライフライン』新泉社　二〇〇七〜二〇〇八年

勅使河原彰（てしがわら・あきら）
文化財保存全国協議会常任委員／著作◎『縄文時代を知るための一一〇問題』新泉社　二〇二一年、『縄文時代史』新泉社　二〇一六年、『ビジュアル版　縄文時代ガイドブック』シリーズ「遺跡を学ぶ」別冊〇三　新泉社　二〇〇二年ほか多数

考古地域学を学ぶ

——戸《と》沢《ざわ》充《みつ》則《のり》の考古学

二〇二二年一一月一日　第一版第一刷発行

編　者……海《かい》戸《ど》塾《じゅく》（代表　勅使河原彰）

発　行……新泉社

東京都文京区湯島一−二−五　聖堂前ビル

電話　〇三（五二九六）九六二〇

ファックス〇三（五二九六）九六二一

ブックデザイン……コバヤシタケシ

印刷・製本……萩原印刷株式会社

©Kaidojuku, 2022　Printed in Japan

ISBN978-4-7877-2206-5　C1021

本書の無断転載を禁じます。本書の無断複製（コピー、スキャン、デジタル化等）ならびに無断複製物の譲渡および配信は、著作権法上での例外を除き禁じられています。本書を代行業者等に依頼して複製する行為は、たとえ個人や家庭内での利用であっても一切認められていません。

考古学のこころ

戸沢充則　1700円＋税

旧石器発掘捏造事件の真相究明に尽力した著者がその経過と心情を語り、自らの旧石器研究を検証するとともに、学問の道を導いてくれた藤森栄一、宮坂英弌、八幡一郎、杉原荘介ら先人達の考古学への情熱と研究手法を振り返ることにより、考古学のこころの復権を熱く訴える。

考古地域史論　地域の遺跡・遺物から歴史を描く

戸沢充則　2500円＋税

狩猟とともに落葉広葉樹林が与える植物性食物の利用によって八ヶ岳山麓に栄えた「井戸尻文化」、海の幸を媒介として広大な関東南部の土地を開拓した人びとによって生みだされた「貝塚文化」の叙述などをとおして、考古資料から原始・古代の歴史を生き生きと描き出す。

歴史遺産を未来へ残す　信州・考古学の旅

戸沢充則　2500円＋税

開発優先で壊されつづけている遺跡と自然環境。それを保存・復原し未来へ伝えようとする地域の人びとと研究者の知恵と努力。信州出身の考古学者が、信州の数多くの遺跡を歩き、見聞した貴重な実践を紹介しながら、これからの考古学の歩むみちを展望する鮮烈なエッセイ集。

語りかける縄文人

戸沢充則　1800円＋税

列島の太古の歴史、そして考古学は、今、大きな曲がり角に来ている。縄文文化が〝日本国〟の先進性を示す証拠として喧伝され、その一方で教科書から縄文時代が消えている。こうした状況を〝縄文人は怒ってる〟として、縄文文化の意味をあらためて問いただす講演集。

道具と人類史

戸沢充則　1600円＋税

広い考古学的知見と、深い人間洞察が生んだ、珠玉の考古学エッセイ。アフリカで二〇〇万年前の原人が手にした礫器、数万年前の石槍、土器の発明、土偶の意味……、道具を生み出してきた過程を解説しながら、人間の歴史を浮かび上がらせる。

考古学の道標　考古学者・戸沢充則の軌跡

同編集委員会編　3800円＋税

今まで目に触れることが少なかった高校生・大学生のときの論考、地方史誌に発表された論文、新聞掲載のエッセイ、自筆メモなどを収載。端的に書かれた戸沢考古学のエッセンスは、これからの考古学の進むべき道を指し示している。